Karl Olivier Beaulieu-Marconnay

Der Hubertusburger Friede

Nach archivalischen Quellen

Karl Olivier Beaulieu-Marconnay

Der Hubertusburger Friede
Nach archivalischen Quellen

ISBN/EAN: 9783743354715

Hergestellt in Europa, USA, Kanada, Australien, Japan

Cover: Foto ©ninafisch / pixelio.de

Manufactured and distributed by brebook publishing software (www.brebook.com)

Karl Olivier Beaulieu-Marconnay

Der Hubertusburger Friede

Der Hubertusburger Friede.

Nach archivalischen Quellen

von

Carl Freiherrn von Beaulieu-Marconnay.

> Telle est la condition humaine, que souhaiter la grandeur de son pays, c'est souhaiter du mal à ses voisins ... Il est clair, qu'un pays ne peut gagner sans qu'un autre perd.
> Voltaire (Diction. phil. art. Patrie).

Leipzig
Verlag von S. Hirzel.
1871.

Vorwort.

Die nachfolgende kleine Schrift giebt die genau actenmäßige Darstellung von Friedensverhandlungen, welche bis jetzt noch nicht die eingehende Betrachtung gefunden haben, die sie verdienen. Der Hubertusburger Friede bezeichnet den Schluß der ersten dreiundzwanzig Regierungsjahre des großen Königs, der nach seiner eigenen Aeußerung (Oeuvres posth. tom. 1. p. 123) den Samen, welchen Friedrich I. durch Annahme der Königswürde ausgestreut hatte, zur Blüthe und Frucht bringen wollte; mit diesem Frieden beschloß er im wesentlichen seine kriegerische Laufbahn, um während weiterer dreiundzwanzig Jahre sorgend und schaffend die Segnungen des Friedens über sein Land zu verbreiten. So gewinnt dieser Friede die Bedeutung eines Gedenksteines, dessen Material und Form, die nähere Bekanntschaft wohl verdient.

Die königlichen Archive zu Dresden und Berlin haben dem Verfasser reichen Stoff zu dieser Arbeit dargeboten, den er mit strenger Genauigkeit benutzte; aus letzterem jedoch nur in so weit, als ihm die Veröffentlichung desselben gestattet wurde. Den Vorständen und Beamten dieser Archive seinen Dank für allzeit freundliche Willfährigkeit hier auszusprechen, ist dem Verfasser Bedürfniß.

Dresden, im Januar 1871.

Einleitung.

Schon im siebenten Jahre dauerte der Krieg, den der König Friedrich II. von Preußen im Bunde mit England gegen Frankreich, Rußland, Schweden, Oesterreich und die mit letzterem verbündeten Reichsfürsten führte, und das wechselvolle Glück hatte die Wagschale des Erfolgs bald auf dieser, bald auf jener Seite niedergedrückt. Begonnen mit dem Einmarsch der Preußen in Sachsen am 29. August 1756, hatte dieser Krieg bald die meisten deutschen Fluren überzogen, und die Zahl der historisch merkwürdigen Schlachten war in jedem Jahre reichlich vermehrt worden, während zugleich die furchtbarsten Folgen des erbitterten Kampfes nach allen Richtungen hin immer offenbarer wurden. Ganze Länderstrecken, die vor dem Kriege zu den blühendsten gezählt werden konnten, waren in Wüsteneien verwandelt; unzählige Dörfer lagen in Aschenhaufen oder waren von den wenigen überlebenden Einwohnern verlassen worden; die Felder blieben brach liegen, weil es an Allem fehlte, um sie zu bebauen, und Elend und Jammer, die treuen Satelliten der Kriegsfurie, herrschten in dem weitesten Umkreise.

Und wie der Einzelne litt, der die Feindschaft der Könige zu büßen hatte, so machte sich auch in den höheren Regionen der Stand der Dinge in einer Weise fühlbar, die nicht länger unberücksichtigt bleiben konnte. Nicht nur die Menschen fingen an rar zu werden, — auch das Geld und der Credit verringerten sich mit jedem Tage.

Im Laufe des Jahres 1762 hatte das seitherige Allianzsystem eine vollständige Zersetzung erfahren. Die Kaiserin Elisabeth von Rußland starb am 5. Januar und mit ihr die bitterste Feindin des Königs von Preußen. Ihr Nachfolger, Peter III., war ein enthusiastischer Bewunderer des Königs, und schloß mit diesem ein Bündniß, in Folge dessen von der bisher gegen Preußen im Felde gestandenen russischen Armee ein Corps von 20,000 Mann zur preußischen Armee stieß. Dieses Verhältniß dauerte freilich nur kürzeste Zeit; Peter III. verlor nach sechsmonatlicher Regierung Thron und Leben; allein seine Gemahlin und Nachfolgerin, Katharina II., hielt den Frieden aufrecht, und zog nur die Hülfstruppen zurück.

In England hatte während dieser Zeit das Ministerium Pitt den Machinationen des Lord Bute weichen müssen; jedoch dauerte der Krieg mit Frankreich und Spanien fort, und führte zu den glänzendsten Erfolgen in Nordamerika und dem spanischen Westindien. Allein die Vortheile, welche England im Kriege errungen, gab es auf während der bald nachher erneuerten Friedensverhandlungen; diese zu beschleunigen, lag im Interesse des Lord Bute, um einer neuen mächtigen Coalition im Parlamente auszuweichen. Zu dem Ende ward der Tractat mit Preußen zerrissen, durch den England sich verbindlich gemacht hatte, keinen Separatfrieden zu schließen; die Subsidiengelder wurden nicht mehr bezahlt, und am 3. November die Friedens-Präliminarien zwischen England einerseits, Frankreich und Spanien andrerseits, zu Fontainebleau unterzeichnet.

Der preußische König stand nun seinen Feinden allein gegenüber, ohne Bundesgenossen.

Die letzten Monate des Jahres 1762 waren ihm in erfolgreichster Weise günstig gewesen. Nach Osten hin vom russischen

Drucke befreit, hatte er seine ganze Kraftentwicklung nach Süden und Westen hin richten können. In der Schlacht von Burkersdorf ward das österreichische Heer unter Daun aus Schlesien getrieben und gezwungen, sich in die Grafschaft Glatz zurückzuziehen; die Verbindung desselben mit der Festung Schweidnitz war dadurch aufgehoben, und es konnte nunmehr mit aller Energie zur Belagerung dieser letztern geschritten werden; nach neun Wochen ergab sich die tapfere Besatzung am 8. October.

In Sachsen waren manche kleinere Unternehmungen geglückt; die Gefechte bei Döbeln und bei Waldheim fielen zum Nachtheil der Oesterreicher aus. Von wichtigstem Erfolge war der Sieg des Prinzen Heinrich von Preußen bei Freiberg, am 29. October; das durch österreichische Truppen verstärkte Reichsheer unter dem Prinzen von Stollberg ward total geschlagen und mußte sich nach der böhmischen Grenze zurückziehen.

Die fast gleichzeitige Eroberung Kassels durch den Herzog Ferdinand von Braunschweig (1. November) vervollständigte die günstige Lage der preußischen Macht.

Der herannahende Winter veranlaßte die Abschließung eines Waffenstillstands zwischen Oesterreich und Preußen. Für die schlesische Armee ward derselbe zu Neu=Bielau, für die Armee in Sachsen zu Wilsdruff unterzeichnet, beide am 24. November[1]). Danach bildeten die preußischen Truppen eine Postirungskette von Schmiedeberg über Gottesberg, Langenbielau, Frankenstein bis Patschkau, und besetzten die dahinter belegenen Städte und Dörfer; die österreichische Armee nahm ihre Winterquartiere in einem Theil von Oberschlesien, in der Grafschaft Glatz und in Böhmen. Der sächsische Cordon, der von den Preußen besetzt ward, zog sich von der Stadt Plauen im Voigtlande über Lengenfeld, Schneeberg, Annaberg, Marienberg, Saida, Frauenstein, Kleinhartmannsdorf,

---

[1]) Tempelhoff, Geschichte des siebenjährigen Kriegs. Band 6, S. 231, 252.

Neuendorf, Niederschöna, Mohorn, an der Triebsche entlang über Lampertsdorf nach Naustadt und an die Elbe bei Scharffenberg; an der Elbe entlang bis Meißen; dann jenseits der Elbe über Okrylla, Jessen, Geißlitz, Kunersdorf, Claußnitz, Königsbrück, Kamenz, Uebigau, Neudörfel, Klein-Bautzen, Weissenberg, Reichenbach, Radmeritz, Mark-Lissa, Greifenberg, an der Queis entlang bis an das Riesengebirge und die schlesische Grenze. Alle benannten Ortschaften und was hinter ihnen belegen, stand zur Disposition der preußischen Armee; was hingegen vor diesen Oertern nach Böhmen zu lag, verblieb der kaiserlich-königlichen Armee.

In diese Convention waren die Länder der deutschen Reichsfürsten und das Reichsheer nicht mit eingeschlossen. Dies setzte den König von Preußen in die Lage, einen Theil der nunmehr verfügbaren Truppen unter Kleist in Franken und Bayern einfallen zu lassen, um dadurch den Abfall verschiedener Reichsfürsten von der Allianz gegen Preußen zu veranlassen. Das Kleist'sche Corps streifte bis an die Thore von Regensburg, brandschatzte Bamberg, Nürnberg, Windsheim, Rothenburg a. d. Tauber und zog sich im December über Koburg, Hildburghausen und Arnstadt nach Erfurt zurück. Die österreichische Armee, durch den Waffenstillstand gebunden, sah diesem Handstreich ruhig zu; die Stände des Reichs mußten somit eine sehr klare Vorstellung von der Loyalität des Wiener Hofes erhalten, der sie nach sechsjähriger Kriegführung für österreichische Interessen hülflos dem mächtigen Feinde überließ, und sie dadurch zwang, die dargebotene Neutralität anzunehmen. Es ist mehr als wahrscheinlich, daß Oesterreich auf diese Weise sich seiner Zusicherung einer völligen Schadloshaltung der Reichsstände entledigen wollte.

So standen die Sachen, als am 6. November der König von Preußen sein Hauptquartier nach Meißen verlegte.

Das Hauptquartier der in Sachsen verbliebenen österreichischen Armee war in Dresden. Dort befand sich auch der Churprinz

Friedrich Christian, der älteste Sohn des Churfürsten August III., welcher als König von Polen während des Kriegs in Warschau residirte. Die Regierungsperiode dieses geistesträgen Fürsten und die heillose Wirthschaft seines Günstlings Brühl ist so bekannt, daß hier eine bloße Hinweisung darauf genügt. Dagegen muß ausdrücklich hervorgehoben werden, daß Friedrich Christian ein Mann von edelstem Charakter und wohlwollendstem Gemüthe war. Von der Natur stiefmütterlich bedacht, körperlich gebrechlich, gelähmt an den Füßen, hatte er sich von Jugend auf den Wissenschaften und Künsten zugewandt und die Anlagen des Geistes und des Herzens zu schönstem Gleichmaß entwickelt. Seine leider nur allzukurze Regierungszeit stellt ihm das würdigste Zeugniß aus. Mit seiner Gemahlin lebte er in glücklicher Ehe. Maria Antonia, älteste Tochter des Churfürsten Carl Albert von Bayern, spätern Kaisers Carl VII., und einer Tochter Kaiser Josephs I., stand ihrem Gemahle strebsam zur Seite, und vereinte eine reiche dichterische Begabung mit einem beachtungswerthen Organisationstalent, welches sie zu bethätigen vielfache Gelegenheit fand, da während der Regierung ihres Gemahls ihr längere Zeit hindurch die alleinige Disposition und Direction des gesammten Finanzwesens übertragen war. Mit dem König **Friedrich II.** stand sie nach Beendigung des siebenjährigen Kriegs in langjährigem Briefwechsel[1]).

---

[1]) Maria Antonia Walpurgis, Churfürstin zu Sachsen, geb. kaiserliche Prinzessin in Bayern. Beiträge zu einer Lebensbeschreibung derselben, von Dr. Carl von Weber, Ministerialrath, Director des Hauptstaatsarchivs zu Dresden. 1857.

Erste Eröffnungen.

Die allgemeine Noth war in Sachsen zu einer Höhe gestiegen, daß der Fortdauer der obwaltenden Zustände auf jede Art und Weise ein Ende gemacht werden mußte, wenn das Land vor dem vollständigen Ruin bewahrt und in die Möglichkeit versetzt werden sollte, nach und nach von dem Elend sich zu erholen. Die Ueberzeugung, daß der Friede um jeden Preis verschafft werden müsse, hatte auch an maßgebender Stelle in Warschau Eingang gefunden, und die Schilderungen und Vorstellungen des Churprinzen Friedrich Christian mögen nicht wenig dazu beigetragen haben. So war denn der Geheimerath von Saul von Warschau nach Paris gesandt worden, um bei Gelegenheit der Friedensverhandlungen zwischen Frankreich und England den Versuch zu machen, ob daran die Eröffnung von ähnlichen Schritten gegenüber von Preußen geknüpft werden könnte. Die Vorstellungen und Anträge dieses Agenten hatten in Paris einen günstigen Boden gefunden, und es war hierauf Herr von Saul direct nach Wien gegangen, um die dortigen Dispositionen kennen zu lernen und die Willfährigkeit der französischen Regierung zur Eingehung des Friedens rühmend zu erwähnen.

Als sächsischer Gesandter in Wien fungirte der wirkliche Geheimerath Cabinetsminister Graf von Flemming; ihm war der Resident von Pezold attachirt. Die Mittheilungen Sauls gaben die nächste Veranlassung, daß diese beiden Herren ihre früher schon mehrfach angebrachten Klagen über die traurigen Zustände in Sachsen jetzt wiederholt und in verstärktem Maße bei dem kaiserlichen Hofe vorstellten, und zwar zunächst bei dem Baron von Binder, da der Hof- und Staatskanzler Graf von Kaunitz durch längeres Unwohlsein verhindert war, die fremden Gesandten bei sich zu empfangen. Daß der Augenblick gekommen sei, ernsthaft an die Beendigung eines Kriegs zu denken, der die unverhältnißmäßigsten Forderungen an die Staatskräfte machte, und dabei während der letzten Zeit nur unglückliche Erfolge aufzuweisen hatte, war in Wien bereits seit dem Abfall der russischen Allianz erwogen worden. Die Erklärungen des russischen Gesandten über die neue Gestaltung der Politik seines Kaisers und über den mit dem König von Preußen abgeschlossenen Defensivtractat waren demzufolge in einer Weise beantwortet worden, welche den Wunsch nach Wiederherstellung des Friedens geradezu aussprach und den Abschluß eines Waffenstillstands sowie den Beginn der Negociationen von der Vermittlung der russischen Regierung abhängen ließ. Von letzterer blieb indeß dieser Wink unberücksichtigt[1]). Dazu kam, daß im Laufe des Sommers 1762 sich nicht übersehen ließ, was man von der Pforte zu fürchten oder zu hoffen habe. Durch die Anstrengungen des preußischen Gesandten in Konstantinopel war es bis dahin gediehen, daß in einem am 9. Juni zusammenberufenen großen Divan die Frage zur Erörterung vorlag, ob ein Offensivbündniß mit dem König von Preußen abgeschlossen werden solle. In Wien hatte man längere Zeit hindurch nur eine Copie desjenigen Schreibens, in welchem der preußische Gesandte auf ein solches Bündniß angetragen; es war aber nicht möglich gewesen, authentische Nachricht von der Antwort zu erhalten, welche von der Pforte darauf erlassen worden, und man schwebte in der Un-

---

[1]) Beilage A.

gewißheit, ob nicht die Einwendungen, welche in dem erwähnten Divan gegen ein derartiges Bündniß vorgebracht worden, blos dilatorischer Natur gewesen [1]). Obgleich sich nun später diese Besorgniß als unbegründet erwies, so traten dafür durch die Ergebnisse des Feldzugs in Sachsen andere Beweggründe hervor, welche namentlich für die persönliche Entschließung der Kaiserin-Königin maßgebend gewesen zu sein scheinen.

Nachdem der Graf Kaunitz von seinem Unwohlsein so weit hergestellt war, um einer Conferenz beiwohnen zu können, fand diese am 4. November 1762 in Gegenwart des Baron von Binder und der sächsischen Herren: Graf von Flemming, Geheimerrath von Saul und Resident von Pezold statt. Das Ergebniß derselben erhellt aus nachstehendem, athemversetzendem Protokolle:

„Das Wesentliche des discours, worinne Se. Excellenz in dem deutlichsten und bündigsten Zusammenhange alles was dabei in Erwegung kommt, zu erkennen gegeben, besteht darinne: Daß Ihro Majestät der Kayserin Königin beständig erinnerlich bleibe, durch was vor ein hartes und unverdientes Schicksal Se. Majestät der König von Pohlen aus Dero Erb-Landen verdrungen worden, und solche nun schon in das siebende Jahr auf das verderblichste behandelt sehen müssen; daß Höchstdieselben seit dem nichts unterlassen, was die Standhafftigkeit eines so treuen Alliirten erfordert und nur immer die Befreiung Seiner Lande bewirken zu können erschienen; daß aber leider alle diese Veranstaltungen den gehofften guten Ausschlag so wenig gehabt, daß vielmehr das dasige Unglück durch die Fortdauer noch immer größer werde; daß Sich Ihro Maj. die Kayserin Königin, und mit Höchstderoselben zugleich er, der Herr Hof- und Staats-Kanzler seines Orths, um so mehr dadurch lebhafftest gerührt fänden, als auch in der Allianz selbst, durch das allzufrühzeitige Absterben der Russischen Kayserin

---

[1]) Bericht des Grafen Flemming vom 10. November 1762.

Elisabeth sich eine Aenderung ereignet, welche alle vorherige Hoff=
nungen mit einmahl verrückt; Daß bis dahin man gegen sich und
die gemeinsame gute Sache nicht würde haben verantworten kön=
nen, wenn man den Krieg nicht fortsetzen und ihn vor das einzige
Mittel ansehen wollen, um eine endliche hinlängliche Schadlos=
haltung und Sicherheit vor das Künfftige zu erlangen; Daß nach=
dem aber erstlich der Nachfolger der Kayserin Elisabeth auf dem
Rußischen Trohn die von Selbiger auf ihn gestammte Verbindlich=
keiten so wenig fortzusetzen und zu erfüllen begehrt, daß er viel=
mehr dergleichen mit dem gemeinsamen Feind eingegangen, die
nunmehr in Rußland regierende Kayserin Sich zwar überhaupt
gantz freundschafftlich, jedoch dabey so benehme, daß von Ihr eine
werkthätige Unterstützung nicht zu erwarten stehe; Daß so sehr sich
nun hierdurch die auf hiesigen K. K. Hof zurückgefallene Last ver=
größert, selbiger doch bey Eröffnung der jetzigen Campagne sich
in Schlesien und Sachsen in eine Verfaßung gesetzt gehabt, daß
es blos dem in diesem gantzen Kriege beständig neu ausgebroche=
nen widrigen Schicksal zuzuschreiben sei, daß man während jener,
von einer Seite Schweidnitz verlohren, von der andern aber Sachßen
von den feindlichen Bedrückungen nicht erlöset werden können;
Daß inzwischen Ihro Maj. die Kayserin Königin auch noch durch
diese Wiederwärtigkeiten so wenig außer Stand sey den Krieg
fortzuführen, und so lange als der König in Preußen auszuhalten,
daß Sie vielmehr schon wirklich zu einer künfftigen Campagne
auf alle Fälle verdoppelte nachdrückliche Veranstaltungen machen
lasse; Daß da aber freylich klar und unläugbar sey, daß je länger
der Krieg daure, die Sächsischen Lande noch immer mehr leyden,
und vollends gantz zu Grunde gehen würden, es blos und haupt=
sächlich diese Erwegung sey, welche gedachte Souveraine bewege,
auf Herstellung eines Friedens, wenn er nur einigermaßen an=
ständig und billig sey, sobald und so gut als möglich zu denken;
Daß Selbige von dieser Mäßigung und Nachgiebigkeit schon da=

durch eine überzeugende Probe an Tag gelegt, da Sie in Folge des
hier angenommenen beständigen Grund-Satzes, und dem er, der Herr
Graf von Kaunitz, so lange er lebe folgen würde, alles gemeinschaftlich mit Ihren Alliirten zu tractiren, dem Französischen
Hofe, bald zu Anfange der zwischen selbigen und dem Englischen
Hofe obschwebenden Friedens-Unterhandlung anheim gegeben, ob
nicht dergleichen auch zwischen dem hiesigen Hofe und dem König
in Preußen zu veranlaßen seyn möchte; Daß von Seiten Englands auch deshalben ein wirklicher Anwurff geschehen, die von
letzten ertheilte Antwort aber abschläglich und so beschaffen gewesen, daß von selbst daraus in die Augen falle, daß bey dem
Verhältniß, so dermahlen zwischen ihm und dem Englischen Hof
einen Anfang genommen, er aus Verdruß, daß sich dieser von
ihm nicht mehr auf die vorige Arth wolle führen laßen, die von
selbigem herkommende Friedens-Einleitungen gewiß am aller wenig-
sten werde stattfinden laßen; Daß bei dieser Bewandniß sofort
das Kürtzste scheinen könnte, von Seiten des hiesigen K. K. Hofes
die hierinne habende Gesinnung selbst unmittelbar an den König
in Preußen zu eröffnen; Daß da ihn aber solches zu der Vor-
bildung, als ob man den Krieg allhier fortzusetzen nicht länger
vermöge, verleiten, und folglich nur noch unbiegsamer machen
möchte, dermahlen nur noch zwei Canäle zu Ernenerung weiterer
Versuche übrig blieben, nehmlich die Anträge entweder durch den
Rußischen oder den Hof zu Warschau gehen zu laßen; Daß da
aber bey der weiten Entlegenheit des ersten dies Geschäffte mit
der Geschwindigkeit, wie deßen Natur und Beschaffenheit hauptsächlich erfordre, zu betreiben nicht möglich seyn würde, hätten
Ihro Maj. die Kayßerin Königin letztern, aus dem in selbigen
habenden gäntzlichen Vertrauen, vorzüglich gewählt, und daß, wie
es mithin nun ferner darauf ankomme, die Arth und Weise davon
so zu verabreden und einzurichten, daß die Würde und Anständigkeit des hiesigen Hofes auch noch alsdann nicht darunter leyden,

und der König in Preußen auf die schon berührte falsche Meynung
gerathen möge, als ob der an ihn geschehende Antrag aus einer
hiesigen eigenen Verlegenheit herstamme, und er aus der Ursache
die Sayten noch immer höher stimmen dürfe; Also die beste
methode zu seyn scheine, daß der Hof zu Warschau zu mehr ge=
dachtem Antrage eine ausdrückliche Veranlaßung gebe, und man
sich die dermahlige hiesige Anwesenheit des Herrn Geheimen Raths
von Saul zu Nutze mache, um zur Ursache davon anzugeben, daß
er hier, so wie er bereits zu Paris gethan, von Seiten Sr. Kön.
Maj. von Pohlen die dringendsten Vorstellungen thun müßen,
dem Elende in Sachsen durch einen baldigen annehmlichen Frieden
ein Ende zu verschaffen; Daß in der Absicht die Gesandtschaft ein
Pro Memoria einreiche, und selbiges nach den Anleitungen, so
Se. Exc. der Herr Graf von Kaunitz zugleich mit anfügten, so
abfaße, damit man in der hiesigen Antwort aus einem natürlichen
Zusammenhange hinwieder alles was vors erste um über die quaesti-
onem an? eine Gewißheit und Klarheit zu erlangen erforderlich
sey, anerklären könne; Daß um nicht eines durch das andere zu
behindern und verwerffen zu machen, man in dem ersten Antrage
schlechterdings blos hiebey stille zu stehen haben, übrigens aber
solcher, die Antwort des Königs in Preußen möge ausfallen wie
sie wolle, zu einen Probir=Stein, wie selbiger des Friedens halber
überhaupt denke, dienen und gut seyn werde, auf dem Falle daß
er darauf eingehe, immer näher zur Sprache zu gelangen, oder
außer dem in der Nehmung anderer Maßregeln desto mehr fortzu=
fahren; Daß bey dergleichen obwaltenden Betrachtungen man hier
nicht zweifle, daß Se. Maj. der König von Pohlen Sich diese
Abrede gefallen laßen und genehmigen würden, in Folge derselben
nach der Rückkunft des Herrn Geh. Raths von Saul nach Warschau
die wirklichen Eröffnungen und insinuationes an den König in
Preußen durch Personen und Wege, die man dort dazu am taug=
lichsten und schicklichsten finden und erachten werde, zu vollziehen,

welchenfalls man annoch folgende Erinnerungen inständigst anempfehle: erstlich, daß diese Unterhandlung möglichst beschleunigt; sodann darinne schlechterdings nur Schritt vor Schritt gegangen, und sich an die jedesmalige Abrede allein auf das genaueste gehalten; und endlich das Secretum, als wovon der gute oder schlechte Fortgang der Sachen vornehmlich mit abhangen werde, äußerst und sorgfältigst beobachtet werden möge; Daß da inzwischen dem ohngeachtet es seyn könnte, daß man von Seiten des Hofs zu Warschau einen Anstand oder sich sonst ein Hinderniß fände, man zugleich zum Voraus feste setzen wolle, alsdann das oberwehnte Gesandtschafftliche Pro Memoria und die hierauf zu ertheilende Antwort einander in originali zurückzubehändigen, und alles hierunter verabhandelte schlechterdings als nicht geschehen zu betrachten und zu aboliren.

Zum Schluß fügten Se. Exc. der Herr Graf von Kaunitz an, daß da er schon oben erwehnt, daß man hier nichts ohne volle Communication mit seinen Alliirten thue, er auch diese vorläuffige Abrede nicht nehmen würde, wenn nicht das Kön. Französische Ministerium auf die an selbiges gebrachte Anfrage, was nunmehr da der König in Preußen den Englischen Hof mit seinen Friedens-Einleitungen so gänzlich abgewiesen, weiter vor Hand zu nehmen seyn möchte, ausdrücklich geäußert, daß ihr Hof sich alle Versuche, die man von hiesiger Seite sonst werde anstellen können und wollen, gefallen laßen würde, und daher bei obiger Abrede nur noch übrig bleibe, erwehnten Hof, von solcher zu seiner Zeit von Seiten des hiesigen sowohl als des Königl. Pohlnischen Hofs vollständige vertrauliche Nachricht mitzutheilen.

Wie nun Se. Exc. der Herr Hof- und Staats-Kanzler durch diese sämtlich angeführten Aeußerungen alles was hiebei vor der Hand in eine Betrachtung kommen kann, auf das gründlichste und deutlichste erschöpft; Also ist auch von Sr. Exc. dem Herrn Grafen von Flemming blos so viel erwiedert worden, daß davon an

Se. Maj. den König von Pohlen treulichst und ausführlichst Bericht erstattet werden, und der Geheime Rath von Saul damit sofort nach Warschau abreisen solle, als man hie auf das von Seiten der Gesandtschafft unverzüglich zu überreichende Pro Memoria die verglichene Antwort zu ertheilen werde beliebt haben[1])."

Der solchergestalt verabredete officielle Schriftenwechsel fand nunmehr statt. In einem Promemoria vom 8. November wiederholte der Graf Flemming die Vorstellungen von dem bedrängten und kläglichen Zustande der sächsischen Erblande, bezog sich auf den guten Eingang, den ähnliche Vorstellungen beim königl. französischen Hofe gefunden, und erwähnte, daß eine weitere Fortsetzung des Krieges, welcher Art auch die Erwartungen und Hoffnungen sein möchten, die man davon hege, für Sachsen nur noch mehr Schaden und Verderben mit sich führen werde, so daß man königl. polnischer Seits sehnlichst zu wünschen Ursache habe, es möchten die hohen alliirten Höfe zu alle dem, was zu einem baldigen, annehmlichen, anständigen und billigen Frieden den Weg eröffnen könne, die Hand bieten.

In der Antwort vom 9. November betonte der Graf Kaunitz, daß die Kaiserin niemals von einem billigen und anständigen Frieden entfernt gewesen, unter Hinweisung auf verschiedene Aeußerungen, die man seit einiger Zeit sowohl an den französischen und durch diesen an den englischen Hof, wie auch an den verewigten russischen Kaiser Peter III. und an die jetzt regierende Kaiserin habe gelangen lassen; wohingegen die eigentliche Gesinnung des Königs in Preußen, sowohl in Ansehung der Form als der Sache selbst, vollständig unbekannt geblieben sei. Die Kaiserin wolle jedoch, in directer Erwiederung des chursächsischen Promemoria die deutliche Erklärung hiemit erneuern, „daß Ihro Majestät nicht nur zu Stiftung eines baldigen, billigen und

---

[1]) Bericht des Grafen Flemming vom 10. November 1762.

dauerhaften Friedens wahrhafft geneigt seyen, sondern sich auch eine jede anständige Form, folglich die Unterhandlung mit oder ohne Mediation gefallen laßen würden, auch zugleich des Königs in Pohlen Majestät eigenem erleuchtesten Gutbefinden anheimstellten, von dieser gegenwärtigen Erklärung den selbst beliebigen Gebrauch zu machen; Aber weitere vertraute Anzeigen wegen der bequemsten Mittel und Wege wüsten Ihro Majestät vor dermahlen nicht an Hand zu geben, da hierunter alles auf die eigentliche Königl. Preußische Gesinnung ankommen will, solche aber bereits erwehntermaßen dem hiesigen Hofe gantz unbekannt ist."

Mit diesen Actenstücken ausgerüstet, welche ein Gesandtschaftsbericht erläuternd begleitete, reiste der Geheime Rath von Saul sofort nach Warschau ab. Hier wurden die den Frieden in Aussicht stellenden Eröffnungen mit großer Genugthuung entgegengenommen; ein Brief des Königs vom 20. November theilte dem Churprinzen die bisherigen Verabredungen und die dermalige Sachlage mit, und beauftragte Letztern, unverzüglich mit den Ministern darüber zu conferiren, in welcher Weise füglich die Unterhandlung eröffnet werden könne. Da die größte Geheimhaltung erforderlich sei, um nicht durch vorzeitige Veröffentlichung etwaige Schwierigkeiten auf preußischer Seite hervorzurufen, so dürfe es sich empfehlen, jemanden an den König von Preußen abzusenden unter dem, immerhin auch begründeten Vorwande, von demselben Erleichterungen in der Behandlung des Landes zu erbitten, wobei denn in der Unterhaltung dem Könige die beiden, in Wien ausgetauschten Promemoria mitgetheilt werden könnten. Von der Antwort, die selbiger darauf geben werde, hinge dann der weitere Verfolg ab. Diesen Auftrag auszuführen, erscheine der Geheime Rath Freiherr von Fritsch vorzüglich geeignet, nicht nur überhaupt wegen seiner Kenntnisse, sondern auch besonders deshalb, weil der König von Preußen ihn gern habe und es liebe, sich mit ihm zu unterhalten. Sollte gegen alles Erwarten der König jede Unterhandlung mit dem Wiener Hofe zurückweisen, so würden die vorliegenden Eröffnungen doch vielleicht dazu dienen, für Sachsen einen Privatvergleich oder eine günstigere Behandlung des Landes zu erzielen.

In Dresden wußte man keine schicklichere Art zur Einleitung der Verhandlungen ausfindig zu machen, und der Churprinz ertheilte daher dem Geheimen Rath von Fritsch den Auftrag, sich nach Meißen zu verfügen, wo damals der König von Preußen sich aufhielt. Durch ein eigenhändiges Schreiben des Churprinzen[1]) ward der Gesandte bei dem König eingeführt, um dasselbe mit allen denjenigen Vorstellungen zu begleiten, welche geeignet erscheinen könnten, den König zu einiger Milderung der zeitherigen und immer zunehmenden Härte gegen Sachsen zu bewegen. Eine ausführliche Instruction vom 28. November wies ihn an, vor allen Dingen auf die Evacuation der Lande hinzuarbeiten, und wenn diese nicht zu hoffen, vorzüglich darauf zu sehen, daß die Gestellung der Recruten und die Wegtreibung des Rindviehes und der Schafe vermieden werde, so wie er auch eine Verminderung der Geldabgaben und Fruchtlieferungen zu erlangen suchen solle. Ganz besonders habe er sich für die Stadt Leipzig zu verwenden und darauf hinzuweisen, wie viel den preußischen Unterthanen an der Erhaltung dieses Handelsplatzes und sämmtlicher sächsischen Lande, deren Einwohner von jeher mit ihnen in der genauesten Handelsverbindung gestanden, gelegen sei, und wie wenig es das eigne preußische Interesse befördre, wenn man fortfahre, Sachsen zu verwüsten. Dadurch werde sich vermuthlich die Gelegenheit von selbst machen, vom Frieden zu reden; die aufrichtige Neigung der sächsischen Regierung zur Wiederherstellung eines dauerhaften guten Einvernehmens könne durch Vorlegung der beiden Promemoria dargethan werden, aus denen auch die gleichen Intentionen des Wiener Hofes erhellten. Da dieselben jedoch, in deutscher Sprache

---

[1]) Beilage B.

und etwas weitläuftig abgefaßt, zu dem Bedenken Veranlassung gegeben, ob sie mit zureichender Geduld dürften angehört oder durchgelesen werden, so ward der wesentliche Inhalt beider Schriftstücke in eine besondere Instruction ostensible niedergelegt. Man hoffte, daß nach solchen Vorlagen der König von Preußen nicht weiter an der ernstlichen Bereitwilligkeit zum Frieden zweifeln und eine dergestalt zuverlässige Antwort ertheilen werde, die man an den Wiener Hof gelangen lassen könne; sei jedoch etwas Schriftliches vom König nicht zu erhalten, so möge der Gesandte versuchen, ob ihm der König gestatte, dessen Erklärung zu Papier zu bringen und ihm wieder vorzulesen, damit jede Zweideutigkeit und Ungenauigkeit vermieden werde. Im Fall der Weigerung, den Frieden zu gleicher Zeit mit Sachsen und Oesterreich abzuschließen, sei eine etwaige Erwähnung eines Particularfriedens mit Sachsen nicht von der Hand zu weisen, sondern unter nochmaliger Versicherung diesseitiger Geneigtheit zur Wiederherstellung des guten Einverständnisses ad referendum zu nehmen. Ueber Alles sei die genaueste Geheimhaltung erforderlich, und werde auch dem englischen und russischen Gesandten vor der Hand keine Mittheilung zugehen, da man zumal von deren Mitwirkung bei des Königs von Preußen Majestät nach den bereits gemachten Erfahrungen wenig Effect sich zu versprechen habe.

Am 29. November reiste Fritsch nach Meißen und erhielt sofort Audienz beim König[1]). Derselbe nahm das Schreiben des Churprinzen mit einiger Verwunderung entgegen und hörte den Vortrag des Gesandten ziemlich geduldig an, so lange es bei Empfehlungen blieb; als letzterer jedoch mit den Vorstellungen über die Behandlung des Landes hervortrat, schien die Geduld abzunehmen und er ward in seiner besten Rede gestört. Um sich wieder geduldiges Gehör zu verschaffen, erinnerte Fritsch den König

---

[1]) Bericht des Geheimen Raths von Fritsch vom 1. December 1762.

darau, daß derselbe ihm zu Anfang des verwichenen Jahres selbst gerathen, „die Sachsen sollten bei ihrem Herrn schreien, daß er bald an einem Frieden zu arbeiten Hand anlege"; dieser Rath sei befolgt worden, und es werde jetzt auf Se. Majestät ankommen, ob Sie dem Vaterlande Ruhe gönnen wollten, da der König von Polen bei den Höfen von Versailles und Wien alles Mögliche durch besondere Gesandte gethan habe. Der König unterbrach hier den Redner mit der Frage: ob er etwa von der Reise des Geheimen Raths von Saul nach Frankreich spräche? Er wolle ihm besser sagen, was dieser daselbst angetragen, und wie er empfangen worden: nichts weniger als die Herstellung der Ruhe in Deutschland und zuletzt eine ziemlich bedenkliche Anwendung der sächsischen, bisher in französischem Solde gestandenen Truppen habe er gesuchet, aber kein Gehör gefunden. Man nöthige ihn, den König, den Krieg fortzusetzen, und da müsse er Sachsen vornehmlich anstrengen, es möge so wehe thun wie es wolle; seine Lande wären auch und noch viel mehr durch die Russen ruinirt worden.

Alles, was Fritsch hiergegen sagen konnte, ward mit einigem Unwillen angehört, und es schien daher ersterem der Augenblick gekommen, um dem König vorzustellen, daß sein Gebieter auch bei der Kaiserin-Königin auf Herstellung der Ruhe angetragen und die billigsten Erklärungen in Antwort erhalten habe. Als der König mit Lächeln hieran zu zweifeln schien und Fritsch einer allzugutherzigen Leichtgläubigkeit beschuldigte, zog dieser die beiden Promemoria hervor und suchte daraus die dermalige Lage klar vorzustellen. Beim Erblicken der deutschen Schrift erklärte der König, er sei kein Verehrer dieser weitläuftigen Schreibart, und verlangte von Fritsch, dieser möge nur das Nothwendigste lesen, und zwar sehr langsam und deutlich, weil ihm diese Sprache nicht so geläufig sei wie das Französische. Mit diesem Lesen wollte es jedoch nicht recht gehen, und die Besorgniß, ganz aus der erforderlichen Fassung zu kommen, veranlaßte Fritsch, die instruction

ostensible hervorzuziehen. Die Vorlesung derselben ward mit
großem Interesse angehört, jedoch gerieth der König über die in
dem Wiener Promemoria enthaltenen Vorwürfe und Entschuldi=
gungen in heftigen Zorn; der weitere Inhalt beruhigte ihn wieder,
allein er konnte sich doch nicht des Verdachts erwehren, daß man
blos beabsichtige, den Krieg in die Länge zu ziehen. Solche Be=
schuldigungen, Zweifel, Bedenken von der einen, Erläuterungen
und Betheuerungen von der andern Seite veranlaßten ein Gespräch
von mehr als einer Stunde, dessen Inhalt wesentlich in dem vom
Könige später selbst aufgesetzten Memoire wiedergegeben ist. Denn
da Fritsch die Besorgniß aussprach, die Schwäche seines Gedächt=
nisses werde ihn hindern, die aufgegebene Antwort vollständig
richtig zu fassen, antwortete ihm der König lächelnd, er merke
wohl, was jener von ihm haben wolle, und da er den Versicherun=
gen von der Kaiserin=Königin friedliebenden Gesinnungen einst=
weilen trauen wolle, so solle ihn auch die Mühe nicht verdrießen,
die Feder zu gebrauchen, um so den Churprinzen in den Stand
zu setzen, das gute Werk des Friedens möglichst zu befördern.
Da er aber des Hofes zu Wien hergebrachte Weise zu gut
kenne, auch bereits das fünfzigste Jahr überschritten, mithin
Lehrgeld genug gegeben habe, so müsse ihm etwas Zeit gelassen
werden, um alles zuverlässig und genau auszudrücken, wie er es
meine.

Hiermit endigte die erste, ziemlich lange Audienz. Während
der darauf folgenden Tafel schien der König hauptsächlich die An=
wesenden von jeder Spur der stattgehabten Unterredung ableiten
zu wollen, und erging sich daher lange Zeit in Betrachtungen über
sein Verfahren in Sachsen, wobei er Fritsch in keiner Weise
schonte.

Am folgenden Tage erhielt Letzterer Befehl, wieder bei Tafel
und vorher beim König zu erscheinen. Beim Eintritt in das
Zimmer behändigte ihm der König das Antwortschreiben an den

Churprinzen[1]) und begleitete dies mit den verbindlichsten Versicherungen der Hochachtung und Freundschaft für den Prinzen und dessen Gemahlin. Sodann gab er ihm das schriftliche Memoire, befahl es laut zu lesen und begleitete diese Vorlesung mit verschiedenen Anmerkungen, welche seinen unabänderlich gefaßten Entschluß bekundeten, den Krieg in Sachsen so lange fortzuführen, als er noch eines seiner im Jahre 1756 besessenen Lande entbehren müsse; der Territorialbesitz, wie er in diesem Jahre bestanden, müsse vor allen Dingen wieder hergestellt werden, und Ihro Majestät die Kaiserin-Königin müsse Schlesien verschmerzen und vergessen; dann werde, so lange er lebe, ein Krieg nicht leicht wieder zu befürchten sein. Dabei wiederholte er die Versicherung, daß es ihm lieb sein werde, das erwünschte Friedenswerk durch den Dresdner Hof eingeleitet zu sehen; die weiteren Mittheilungen werde er in Leipzig mit Vergnügen erwarten; er gehe jetzt seinen Cordon zu besetzen und die ernsthaftesten Anstalten zu einer „vigoureusen Campagne" zu machen, betheure aber hoch, daß ihm nichts lieber in der Welt sein solle, als einen baldigen, billigen und dauerhaften Frieden zu erlangen.

Schließlich sprach der König den Wunsch aus, die beiden deutschen Promemoria zu behalten; Fritsch war dazu ausdrücklich ermächtigt worden, und überreichte also seine beiden Abschriften, die der König in einem Couvert versiegelte. Man ging dann zur Tafel, und nach derselben ward Fritsch entlassen.

Die Antwort des Königs in dem von ihm eigenhändig concipirten Memoire lautete folgendermaßen:

Monsieur Fritsch ayant remis un mémoire au Roi de Prusse, contenant les négociations, que la Cour de Saxe a entamées à Vienne pour acheminer l'ouvrage de la paix

---

[1]) Beilage C.

entre les parties belligérantes: on a cru devoir lui donner la reponse suivante:

On doit faire préalablement la remarque, que par les faits articulés par la Cour de Vienne, elle y avance des faits entièrement opposés à la vérité, comme sont ceux-ci: qu'elle avait fait faire des ouvertures de la paix au Roi de Prusse par le canal de la France, par celui d'Angleterre, et par celui de feu l'Empereur Pierre III; ce qui est si évidemment faux, que durant le cours de toute cette guerre, il n'y a point eu de négociation en forme avec le Roi de Prusse et la Cour de France; que l'hiver passé la Cour d'Angleterre a fait faire quelques ouvertures de paix à la Cour de Vienne, qui ont été rejettées avec une fierté accompagnée d'indécence; et que jamais durant le règne de l'Empereur Pierre III la Cour de Vienne n'a eu assez de crédit à celle de Pétersbourg, pour faire passer par elle la moindre proposition au Roi de Prusse.

On est étonné que la Cour de Vienne ose avancer des faits aussi faux, que ceux dont on vient de la convaincre dans une reponse à Son allié le Roi de Pologne.

Ceci doit causer des soupçons légitimes sur la sincérité de Ses sentimens pour la paix.

Cependant le Roi ne s'arrêtera point à ces considérations, et préférant le bien de l'humanité au juste soupçon que la Cour de Vienne pourroit faire nâitre, Il déclare: qu'Il est plus sincèrement porté que cette Cour là, à tout ce qui peut acheminer une paix juste, honorable et durable entre les parties belligérantes.

Il ne s'agit que de savoir ce que la Cour de Vienne entend par le terme vague d'équitable, qui est sujet à bien des interprétations, et dont on demande une explication claire et nette, avant que de se déclarer plus positivement.

On envisage le lieu du Congrès et la personne, que la Cour de Vienne y voudroit employer, comme des choses entièrement indifférentes, et qui ne donneroient sujet à aucune discussion, et l'on attend sur les points principaux de plus amples éclaircissemens, pour convaincre tout l'univers de la sincérité des sentimens de Sa Majesté pour la paix et pour le repos de l'Europe.

Meissen ce 29 de Novembre 1762.

In Dresden hatte man alle Ursache, mit dieser Antwort vor der Hand vollständig zufrieden zu sein. Der mehr als kaustische Eingang an die österreichische Adresse war freilich eher geeignet Oel ins Feuer zu gießen, als dasselbe zu löschen; doch blieb immer die Möglichkeit, diese Herzenserleichterung, wie der König sie bezeichnet hatte, zu unterdrücken, was um so gerechtfertigter erschien, als sie in der That auf einem Mißverständnisse beruhte. Dagegen hatte man die bündige Erklärung des Königs, daß er den Frieden wünsche; war er doch in seiner zornigen Aufwallung bis zu der Behauptung gegangen: er wünsche den Frieden aufrichtiger als der Wiener Hof. So war denn der Grund gelegt, auf welchem sich weiter bauen ließ, und man brauchte nicht mehr an das unter allen Umständen mißliche Auskunftsmittel zu denken, ob sich etwa, getrennt von Oesterreich, ein besonderer Friede schließen lasse.

Abgesehen hiervon, waren freilich die Aussichten für die nächste Zukunft nach den Eindrücken, welche Fritsch heimgebracht hatte, nicht sehr ermuthigend. Man konnte sich in Dresden der Ueberzeugung nicht verschließen, daß, so lange der Krieg mit der Kaiserin fortdaure, weder an eine Räumung des Landes, noch an einen Waffenstillstand, der die Schonung desselben herbeiführe, und eben so wenig an eine Milderung der bisherigen Härte mittelst besondern Vergleichs, wie an eine zu erlangende Entschädigung zu denken sei. Und dieser Krieg konnte nur dann beendet, Sachsen

nur dann aus den Händen des unbarmherzigen Siegers befreit
werden, wenn diesem jede Handbreit Landes nach dem Besitzstand
des Jahres 1756 zurückgegeben würde. Damit war der Weg
scharf bezeichnet, den man sächsischerseits zu gehen hatte. Es galt
vor allen Dingen, bei dem Wiener Hofe dahin angelegentlichst zu
wirken, daß dieser die Wiederherstellung des Besitzstandes vom
Jahre 1756 als Basis des Friedensschlusses anerkenne und auf
etwaige bessere Bedingungen Verzicht leiste, damit nicht etwa der
König von Preußen seinerseits ebenfalls größere Prätensionen
mache, von denen er seither nichts habe merken lassen.

Diesem gemäß ward der Graf Flemming instruirt[1]), und
dabei zugleich das Bedenken hervorgehoben, ob es rathsam sei,
das Memoire nach seinem ganzen Inhalte dem Wiener Hofe mitzutheilen. Damit jedoch die Unterlassung nicht etwa Mißtrauen
erwecke, möge dasselbe dem Grafen Kaunitz zugestellt werden, und
zwar mit dem Ersuchen, im wahren Interesse des für alle Länder
so nothwendigen Friedenswerkes über den harten Eingang sich
hinwegzusetzen, der ja doch nur auf Mißverständnissen beruhe; in
der Hauptsache sei ja alles erlangt, was man habe erwarten
dürfen.

Kaunitz entsprach diesen Erwartungen vollständig[2]). Er nahm
mit unverhohlener Befriedigung die Depesche entgegen und meinte,
es sei sehr wohlgethan, daß man sächsischerseits die Antwort des
Königs von Preußen in extenso pro fidelitate (wie sein Ausdruck war) beigelegt habe; man könne in Wien füglich den harten
Eingang derselben ignoriren und dadurch allen Discussionen aus-
weichen, durch welche die Hauptsache selbst schon offen gelitten;
dies könne man um so mehr, als die Beschuldigungen des Königs
grundfalsch seien und man die unwiderleglichen Gegenbeweise in

---

[1]) Schreiben des Churprinzen an den Grafen Flemming vom 3. Dec. 1762.
[2]) Bericht des Grafen Flemming vom 8. Dec. 1762.

Händen habe. Dahingegen erklärte er die Art und Weise, wie von Seiten des Königs von Polen und des Churprinzen die Angelegenheit in Fluß gebracht und wie seitens des von ihnen instruirten Gesandten die vorläufige Verhandlung geführt worden sei, für so gut und unverbesserlich, daß er im Voraus sich versichert hielt, der Kaiserin-Königin werde Alles „zu eben so gänzlicher Zufriedenheit als neuen Verbindlichkeit gereichen". Es solle daher auch unverzüglich eine vertraute Persönlichkeit ausgewählt und mit den erforderlichen Vollmachten und Instructionen nach Dresden abgefertigt werden; über den Inhalt dieser letztern könne man sich jedoch noch nicht aussprechen.

Nachdem noch an demselben Tage die Kaiserin Vortrag über alles dies erhalten und ihre Genehmigung ertheilt hatte, kam man überein, daß Flemming ein kurzes Promemoria überreichen solle, und zwar in französischer Sprache, um dem Könige von Preußen auch in dieser Hinsicht entgegenzukommen, worauf dann eine Gegen-Erklärung erfolgen werde.

Da Graf Kaunitz es für zweckdienlich erachtete, daß dem französischen Gesandten von der eingegangenen preußischen Antwort (natürlich ohne exordium) sofort Nachricht gegeben werde, so kam in Frage, ob es nicht an der Zeit sein möchte, auch noch den englischen und russischen Hof mit zur Hülfe zu nehmen, um den König von Preußen fügsamer zu machen. Allein da man erwägen mußte, daß dem Letztern bei dem vorliegenden Antrage hauptsächlich zu gefallen scheine, daß man sich an ihn unmittelbar gewendet, und er, nachdem England ohne sein Vorwissen Frieden geschlossen, dessen Betheiligung bei den bevorstehenden Verhandlungen als seiner unwürdig erachten könne, so ging man vorderhand davon ab.

Der Verabredung gemäß überreichte Graf Flemming am 7. December ein Memoire, in welchem, nach der einfachen Erzählung der vom Dresdner Hof genommenen Maßregeln, die

Mittheilung der preußischen Antwort mit den Worten eingeleitet ward: Sa Majesté Prussienne, après avoir fait remarquer des soupçons sur la sincérité des sentiments de la Cour de Vienne pour la paix, déclare: qu'Elle est plus sincèrement porté que cette Cour là u. s. w., worauf dann der weitere Inhalt des Memoire wörtlich folgt. Diese Antwort lasse aufs deutlichste und genaueste erkennen, daß der Wunsch des Königs von Preußen, die Ruhe in Deutschland baldigst zurückgeführt zu sehen, ebenso aufrichtig sei wie das Verlangen, das sich in Wien dafür ausgesprochen. Man sei daher überzeugt, daß die Kaiserin unverweilt diejenigen Befehle erlassen werde, die erforderlich seien, um eine so wichtige Unterhandlung in Gang zu bringen, und man erbitte vom kaiserlichen Ministerium eine rasche und günstige Antwort, damit ohne Zeitverlust der Courier nach Dresden zurückkehren könne.

Das Memoire des Grafen Kaunitz vom 9. December wiederholt die Anerkennung, welche die Kaiserin den seither beliebten Schritten des Dresdner Hofes zollt, und fährt dann fort: „Sa Majesté pense donc, qu'il seroit superflu de discuter quelle est celle des Parties qui est plus sincèrement disposée au retablissement d'une Paix, qui soit juste, honorable et durable, de part et d'autre, lorsque l'on est sur le point de voir décider cette question de la manière la moins susceptible de doutes, c'est à dire, par les faits; mais Elle n'a point de difficulté de déclarer néantmoins en attendant et d'avance, que c'est une Paix de cette espèce, et nulle autre, qu'Elle veut, et comme Elle est d'avis, que l'on ne sauroit faire connaitre plus positivement ce que l'on entend par les trois qualités que l'on désire dans la Paix à faire, que par la détermination des conditions mêmes de la Paix, Elle pense que le moyen le plus bref et le plus sûre pour accellerer un ouvrage aussi salutaire, c'est d'entrer au plûtot en Négociation sur ce sujet, et Elle est déterminée moyennant cela à envoyer à Drèsde, au plûtot, sous un autre prétexte, quelqu'un d'affidé, muni de ses Instructions et de ses Pleinpouvoirs et autorisé non seulement à y traiter de la Paix, mais même à conclurre." Dieser Bevollmächtigte, der Hofrath von Collenbach, werde in etwa sechs Tagen abreisen, und der König von Preußen brauche nur diesem Beispiele zu folgen. „Cela supposé il se manifestera bientôt et sans une longue Négociation, si de part et d'autre on est sincèrement disposé à donner les mains à une Paix juste, honorable et durable, et si l'on peut se flater, de voir dans peu la fin désirable des calamités de la Guerre, et la Tranquilité generale, ainsi que l'amitié et la bonne intelligence sincèrement et durablement retablies entre les Parties belligérantes."

Dieser fast humoristische Wettstreit über den Vorrang in der Friedensliebe und der Bereitwilligkeit zur Wiederherstellung der Ruhe ist der sicherste Beweis, daß beide Theile durchdrungen waren von der Ueberzeugung, daß es unmöglich sei, den Krieg fortzusetzen. Nach außen hin suchte freilich Jeder einen dahin gehenden Verdacht zu entkräften; nicht ohne Affectation ward auf beiden Seiten von den umfassenden Veranstaltungen zu einem bevorstehenden Feldzuge gesprochen, und dabei der günstige Zustand der eigenen, sowie die nachtheilige Lage der Gegenpartei auf das ungemessenste vergrößert. Während man im preußischen Lager sich des wiedererlangten Besitzes Schlesiens rühmte und der günstigen Lage, in die man durch die mit der österreichischen Armee geschlossene Winter-Convention versetzt worden, — schüttelte man in Wien ungläubig den Kopf, und meinte, es dürfe doch mit den dortseitigen Kräften zur Fortführung des Krieges nicht so gar glänzend bestellt sein, da nur der Mangel an solchen den König von Preußen habe veranlassen können, solche unerhörte Aushülfsmittel zu ergreifen, als der letzte Einfall in die Reichslande sei;

dagegen könne es keinem Zweifel unterliegen, daß die weitläuftigen Staaten der Kaiserin-Königin zur Verstärkung und Recrutirung der Armee über den Bedarf im Stande seien, und man daher mit den eigenen innern Kräften den Krieg ungleich länger fortsetzen könne, als dies dem Gegner möglich sein werde.

Die Kehrseite dieser officiösen Betrachtungen war jedoch für beide Theile gewichtiger. In Wien sah man sich vergebens um nach Mitteln, die unumgänglich nöthigen Gelder zusammenzubringen und die Schwierigkeiten zu besiegen, welche sich der Anschaffung der erforderlichen Magazinvorräthe entgegenstellten. Die Lage der öffentlichen Angelegenheiten in Europa ließ auch keine Hoffnung auf eine günstigere Gestaltung der Dinge aufkommen. Denn abgesehen von dem passiven Verhalten Rußlands, waren ganz neuerlich, am 3. November, zu Fontainebleau Friedenspräliminarien zwischen Frankreich und Großbritannien unterzeichnet worden, in deren 13. Artikel die pacisirenden Mächte allen fernern Hülfsleistungen bei Fortsetzung des Kriegs in Deutschland entsagten. Diese Bestimmung war weit nachtheiliger für Oesterreich als für Preußen, und beendete eine Allianz, auf welche allein der Wiener Hof die Hoffnung einer Wiedereroberung von Schlesien gründen konnte.

Gründe von nicht geringerem Gewichte bewogen aber auch den König von Preußen, die ihm entgegengetragenen Friedensaussichten in der Weise zu begrüßen, wie dies aus seinem Memoire erhellt. Der königlich preußische General von Tempelhoff[1] schildert den damaligen Zustand folgendermaßen: „Der König wünschte den Frieden mit Sehnsucht. Seine Länder waren verwüstet, von junger Mannschaft entblößt, und seine Hülfsmittel so erschöpft, daß er sich genöthigt gesehen hätte, zu ganz außerordentlichen und ihm selbst gehässigen Mitteln aller Art seine Zuflucht zu nehmen,

---

[1] Geschichte des siebenjähr. Kriegs, Bd. 6, S. 250.

um nicht völlig zu Grunde gerichtet zu werden. England und Frankreich waren im Begriff, den Frieden abzuschließen, aber der Einfluß des englischen Ministers Bute war so groß, daß bei den Unterhandlungen an den König gar nicht gedacht wurde, und England ihn seinem Schicksal allein überließ." Der König selbst spricht sich über seine damalige Lage sehr offen aus[1]): „De son côté bien des motifs concouroient à lui faire préférer des conditions de paix modestes et modérées à d'autres plus avantageuses. L'armée se trouvoit trop ruinée et trop dégénérée pour qu'on pût s'en promettre des exploits éclatans. Le nombre des bons génereaux avoit diminué, — les vieux officiers avoient péri dans un grand nombre d'occasions meurtrières où ils avoient combattu pour la patrie. Les jeunes officiers étoient d'un age à ne point promettre de grands services. Les troupes dans l'état où elles étoient, ne pouvoient s'attirer la confiance de ceux qui devoient les commander. A quels secours enfin le Roi pouvoit-il s'attendre en continuant la guerre? Il se trouvoit entièrement isolé et sans alliés. — — — Non content de fouler aux pieds les engagemens et la bonne foi des traités, le Sr. Bute intriguoit encore à la cour de Pétersbourg et y semoit des germes de méfiance et de soupçons contre le Roi, de sorte que celuici ne pouvant compter sur aucune des puissances de l'Europe, avoit tout lieu d'appréhender de nouvelles brouilleries avec les Russes."

---

[1]) Histoire de la guerre de sept ans, t. II, cap. 17.

Von Dresden bis Wermsdorf.

In Warschau war der Bericht über den Ausfall der Sendung des Herrn von Fritsch mit nicht geringerer Befriedigung aufgenommen worden, als in Wien; man machte sich sogar desto größere Hoffnungen von den bei einem Friedensschlusse zu erzielenden Vortheilen, je geringer die Mittel waren, die zu solchem Erfolge nothwendig. Nicht als ob man sich mit geschlossenen Augen der verzweifelten Lage und gänzlichen Ohnmacht Sachsens gegenübergestellt und die allseitige Machtstellung, wie sie aus den Feldzügen der letzten Jahre hervorgegangen, durchaus verkannt hätte; — darüber war man sich völlig klar; dieser Optimismus stützte sich vielmehr lediglich auf das leider erblich gewordene fatalistische Vertrauen zu der werkthätigen Hülfe und Unterstützung des Wiener Hofes. Dieser sich zu versichern, darauf war wesentlich das Bestreben in Warschau gerichtet. Schon am 11. December ward Graf Flemming angewiesen, „sich fortwährend dafür zu verwenden, daß man die Entschädigung des Königs von Pohlen als eines so getreuen und unverschuldet mißhandelten Alliirten und seiner bis zum äußersten Umsturz gebrachten Sächsischen Erblande, als eine conditio sine qua non in seriosen Vortrag bringen möge." Je weniger von dem König von Preußen eine billig mäßige, oder nur irgend hinlängliche Entschädigung des angethanen Unrechts und unbeschreib-

lichen Verlustes zu hoffen, „desto mehr erwarten Wir, daß der
K. K. Hof außer der unaufschieblichen Rettung des wenigen was
in Sachsen noch übrig geblieben und in kurzem vollends der gänzlichen und ganz unwiederbringlichen Verwüstung ausgestellt ist, sich
bei dieser Gelegenheit unserer gerechten und zuversichtlichen Erwartung nicht entziehen, und alles nur immer mögliche zu unserm
Soulagement, Wiederherstellung und andern etwa zu erlangenden
Erleichterungen und convenances versuchen und mit angehen
werde." Das königliche Handschreiben an den Churprinzen, vom
16. December, mit der Vollmacht zur weitern Behandlung des
angefangenen Werkes, gesteht freilich im Eingange, daß die dermalige Sachlage nicht so angethan sei, auf eine auch nur ver-
hältnißmäßige Entschädigung hoffen zu dürfen; doch sind die Erwartungen noch nicht so sehr herabgestimmt. „Il ne s'agit donc
que de tâcher d'obtenir ce qu'on peut:

La restitution des hommes, artilleries et autres effets
enlevés;

L'acquisition d'Erfurth moyennant un échange;

Les parcelles du Roi de Prusse dans les Lusaces;

La cession d'un bon nombre de billets de Steuer que
le Roi de Prusse a acquis à bas prix;

La cassation de la préférence qu'il avoit obtenue pour
Ses sujets par le Traité de Drèsde; de même que l'article
concernant l'échange de Schidlo;

Un Traité de Commerce reciproquement avantageux aux
Etats respectifs;

Le libre passage en tout tems par la Silésie en Pologne;

Les bons offices du Roi de Prusse à employer en Russie,
en faveur du Duc de Courlande;

La promesse d'aider d'un autre côté à accelerer l'établissement du Prince Clément dans des Evechés;

Tout cela seroient des objets qui ne couteroient pas beaucoup au Roi de Prusse et qui pourroient cependant me soulager en quelque façon.

Voyez si Vous pouvez peutêtre en trouver encore d'autres à proposer.

Déliberez là dessus avec Mes Ministres en consultant en même tems le Baron de Fritsch, puisqu'il peut juger le mieux ce qu'il croit possible ou non, d'obtenir du Roi de Prusse.

Enfin concluez jusqu'à Ma ratification le mieux que Vous pouvez. Je vous envoie à cet effet un Pleinpouvoir, avec la faculté de subdeleguer etc. etc."

Noch bevor dieses Schreiben an seine Adresse gelangt war, hatte der Churprinz den Baron Fritsch an den König in dessen jetziges Hauptquartier nach Leipzig abgesandt, um denselben von den aus Wien erhaltenen Nachrichten in Kenntniß zu setzen. Auch diese zweite Sendung ward mit einem Handschreiben des Churprinzen eingeleitet, worin dieser seine Wünsche für die baldige Beendigung der Friedensverhandlungen aussprach und seine Bitte um mildere Behandlung des unglücklichen Landes wiederholte. Fritsch hatte ein kurzes Memoire aufgesetzt, mit dem er die beiden neuesten Wiener Actenstücke begleitete und worin er die bevorstehende Ankunft des österreichischen Bevollmächtigten in Dresden meldete; mit Beziehung hierauf heißt es am Schlusse: Le soussigné a ordre de demander respectueusement à Sa Majesté Prussienne:

1. l'endroit, où Elle ordonnera, qu'il se rende de Dresde pour entamer la négociation, et

2. le tems, qu'Elle jugera le plus propre pour cet effet?

3. Qui Elle voudra autoriser pour traiter avec lui?

4. Comme il lui faudra des passeports pour lui et pour les Courriers qu'il sera obligé de depecher, aussi bien que

5. un quartier convenable pour garder le secret, en cas que la négociation se fasse dans une ville occupée par des trouppes. Sa Majesté voudra bien donner les ordres nécessaires pour tout cela, et recevoir en même tems les assurances les plus positives, que Sa Majesté Polonoise ne desire rien tant que de prêter les mains à tout ce qui pourra acheminer et accélerer un ouvrage aussi salutaire pour le bien de l'humanité.

Am 19. December, Nachmittags, kam Fritsch in Leipzig an und ward sofort beim König vorgelassen[1]). Derselbe bezeugte anfangs einige Verwunderung, ihn wiederzusehen, und gestand, er habe den in Meißen gethanen Antrag auf sich beruhen lassen; da es jedoch dem K. K. Hofe ein, ihm gewiß sehr angenehmer Ernst zu sein scheine, so wolle er sich sofort über die fünf Punkte erklären:

ad 1 und 2. Ihm wäre jeder Ort recht, den Ihro Majestät die Kaiserin zu wählen belieben möchten; da jedoch gewiß bei seiner Gegenwart viel Zeit gewonnen werde, so wolle er in Leipzig den abgesandten Herrn von Collenbach erwarten.

ad 3 wolle er den Cabinetsminister Grafen von Finckenstein zur Verhandlung bevollmächtigen, da dieser seine Entscheidungen sofort mündlich einzuholen im Stande sei.

ad 4 wolle er Päße für Herrn von Collenbach ausfertigen lassen. Da jedoch das Ab- und Zureiten der kaiserlichen Couriers Aufsehen erregen werde, so sei es besser, daß die Ritte von Leipzig bis Dresden durch sächsische Couriere besorgt würden.

ad 5. Zur bessern Geheimhaltung werde es erforderlich sein, daß Herr von Collenbach bei Fritsch wohne, wo dann auch die Besprechungen mit Graf Finckenstein stattfinden könnten.

Mit dem Inhalte der beiden Wiener Memoire war der König sehr zufrieden; er bezeichnete sie als vollständig genügend und

---

[1]) Bericht des Geheimen Raths von Fritsch vom 21. December 1762.

sehr gut abgefaßt, und übersah ganz, daß man den Eingang seiner Antwort eludirt hatte. In Betreff des Orts der Conferenz wiederholte er, daß er alle Decenz gegen der Kaiserin-Königin Majestät zu beobachten gesinnet wäre, und sogar bereit sei, einen Ambassadeur nach Wien zu senden. Ebenso kam er mehrere Male auf die Frage zurück: was denn der kaiserliche Hof unter équitable verstehe? ob man in Dresden nicht wisse oder errathen könne, was dieser Ausdruck besagen wolle? Als Fritsch seine völlige Unwissenheit in dieser Hinsicht betheuerte, fuhr der König mit Lebhaftigkeit auf: wenn ich nicht alle meine Lande wiederbekomme, so ist an nichts zu denken und der Handel wird kurz sein; was dünket Ihm? rede Er als unpartheiischer unter uns.

Fritsch: Wenn nun Ew. Majestät für Glatz ein Equivalent bekämen, da selbiges der Kaiserin nöthig ist, um Böhmen zu decken, so kämen Sie doch zu Ihrem Endzweck.

Der König: Daraus wird nichts, so lange ich lebe; denn ich will meinem Nachfolger nicht die Gefahr hinterlassen, Schlesien zu verlieren, welches allein durch Glatz von dieser Seite gedeckt wird. Auf eine Grafschaft, die 150,000 Thaler trägt, kommt es mir wahrlich nicht an.

Fritsch: Man hält doch dafür, daß Glatz mehr Böhmen als Schlesien deckt, und es mag doch der Kaiserin Majestät höchlich daran gelegen sein, vor allem Ueberfall aus Schlesien nach Böhmen gesichert zu werden.

Der König: Das sagen Leute, die das Kriegshandwerk nicht verstehen. Ich will Ihn gleich des Gegentheils vor jener Karte überzeugen.

Fritsch: Die Mühe würde umsonst sein, da meine Begriffe so weit nicht reichen.

Der König: Komme Er nur, mit Seinem bon sens soll Er es begreifen.

Man ging also zur Karte, und der König demonstrirte, daß ohne Glatz die Höhen gegen Schweidnitz und Silberberg alle gegen ihn, und Schweidnitz allein den Feind aufzuhalten nicht vermögend sei; der Kaiserin könne es aber nicht schaden, denn von Glatz aus sei das Eindringen in Böhmen unmöglich, wenn man die Posten von Poliz und bei dem schönen Hengst recht wahrnehme. Die Rücksicht auf gegenseitige Sicherheit unterstütze sein Verlangen, und die Kaiserin würde auch kein Bedenken dabei haben, wenn man nicht etwa Projecte für die Zukunft im Sinne habe, denen er aber zuvorzukommen wissen werde. Auf Fritschens Bemerkung, er könne auf alles dieses nichts sagen, und müsse die Discussion lediglich dem österreichischen Bevollmächtigten überlassen, — erwiederte der König: Nun, so mache Er nur, daß er bald komme, wir wollen in sehr kurzem klar werden.

Fritsch: Was machen Ew. Majestät aber mit uns armen Sachsen?

Der König: Ich gebe euch euer Land wieder.

Fritsch: Ist das genug, wie es jetzt aussieht? Ew. Majestät sollten den letzten Act der Tragödie zu Dero Ruhm billig zu endigen bedacht sein, da mein Hof gewiß künftig der beste und nützlichste Nachbar sein wird.

Der König: Rechnet ja nicht darauf, ein Dorf, oder einen Groschen von mir zu bekommen; machet, daß es bald alle wird, ich will dann sorgen, euch eine Convenienz zu verschaffen.

Fritsch: Wenn ich diese nur sähe! Unser Zustand ist kläglich genug. Wir müssen also auch einen Bevollmächtigten mit hierher schicken?

Der König: Er kommt ja mit; lasse Er sich Vollmacht geben.

Fritsch: Nach den Aeußerungen von Ew. Königlichen Majestät, die so betrübt für uns lauten, muß ich mich vor diesem Auftrage hüten; denn um einen so schlechten Frieden zu unterschreiben, liebe ich mein Vaterland zu sehr. Ich denke wie der maître Jacques im Avare von Molière, der es vorzog, seine geliebten Pferde unter der Hand eines Andern als unter seinen eigenen krepiren zu sehen. Den, wenn auch unverdienten Vorwürfen der Nachwelt will ich mich nicht aussetzen, und thue nichts, wenn mir nicht bessere Hoffnung gegeben wird.

Der König: Es wird es gewiß kein Anderer besser machen als Er, denn die Umstände sein nicht anders.

Fritsch: Wenn Ew. Königliche Majestät nur für jetzt ein wenig von der Schärfe des Eintreibens, zumal bei den Rekruten (deren eben eine Menge unter dem Fenster vorbeigetrieben wurden) und von den übrigen Forderungen nachließen, und wenigstens die acht Tage, binnen welcher man doch klar sehen muß, abwarteten, so könnte ich doch etwas hoffen; aber was kann ich mir bei dieser Härte versprechen?

Der König: Es wird nicht anders. Geh Er, und schicke Er sich zur Abreise; ich will meine Antwort schreiben, die Pässe bestellen und ihm sein Quartier räumen lassen. Morgen kann Er hier essen, wenn es Ihm nämlich gefällt; da will ich Ihm alles geben.

Mit diesem wenig tröstlichen Bescheide ward der Gesandte entlassen. Als er Tags darauf zur Tafel kam, fand er den König zwar ziemlich gnädig, aber etwas finster; bei Tisch sagte ihm der König ohne irgend eine besondere Veranlassung: ich will Ihm nachher eine schöne pièce zu Seiner Erbauung mittheilen. Nach aufgehobener Tafel ging der König in sein Cabinet, holte das Antwortschreiben an den Churprinzen und übergab es Fritsch mit dem Anfügen, es sei der Befehl ergangen, die aus dem Merseburger Gestüt weggenommenen eilf Beschäler dem Churprinzen zurückzugeben. Alsdann setzte er hinzu: Er kann jetzt mit dem Grafen von Finckenstein sich über alles vernehmen, und von ihm die Pässe empfangen; morgen früh reise Er ab und hol er Seinen Fremden. Ich will ihm auch noch eine schöne pièce auf den Weg zur Unterhaltung mitgeben; daraus könnt ihr lernen, wie man Länder evacuirt; ihr könnt gewiß versichert sein, daß ehe der Frieden geschlossen und ratificirt ist, an keine evacuation oder die geringste Minderung zu denken ist.

Fritsch wollte die empfangene Pièce ansehen, allein der König verbot es ihm; und als jener nochmals um weniger Strenge bei den Exactionen bat, antwortete er etwas entrüstet: ich mache keine exactions, ich lasse Contributionen eintreiben! — und ging in sein Cabinet.

Das in so auffallender Weise mitgetheilte Schriftstück erwies sich als eine Correspondenz der Regierung zu Cleve mit dem königlich französischen Commissaire ordonnateur, Mr. Jumeron de la Berlière zu Wesel; hiernach verlangte Letzterer von den Cleveschen Landen die ganze Summe der am 1. Mai d. J. versprochenen Contributionen und Lieferungen, ohne den Zeitraum der Evacuation weiter in Betracht zu ziehen; dieselben seien in ihrer Totalität als ein- für allemal für das Jahr bis zum 1. Mai 1763 als verfallen zu betrachten, und wenn die Regierung nicht binnen acht Tagen die December-Lieferung zahle und für die nächsten vier Monate genügende Garantien gewähre, so würde mit militärischer Execution vorgegangen werden.

Die Ergebnisse dieser zweiten Sendung ließen keine ferneren Täuschungen über die Stellung Sachsens in den bevorstehenden Friedensverhandlungen aufkommen. Die ganze Bitterkeit der Lage trat offen an den Tag. Man hatte den König von Preußen und seine Art und Weise zu genau kennen gelernt, um noch den geringsten Zweifel darüber zu hegen, daß er seine bisher geäußerten Absichten ohne alle Milderung ausführen werde. Jeder Gedanke an eine Indemnisation mußte aufgegeben werden; einzig und allein von der Beschleunigung der Friedensunterhandlungen durfte man noch etwas Gutes erwarten, nämlich die Räumung des Landes und die Beseitigung der Contributionen, welche nach den

Behauptungen Einzelner dem Lande täglich hunderttausend Thaler kosteten. Darauf hin mußte also vor allen Dingen gearbeitet, jede andere Verhandlung, wie über Handels-, Steuer- und dergleichen Sachen, als zeitraubend angesehen werden.

Um aber diesen Hauptzweck zu erreichen, hatte man über kein anderes Gewicht, keine andere Pression zu verfügen, als die von dem kaiserlich-königlichen Hofe vergönnt werden wollte. Konnte man diesen dazu veranlassen, daß er gleich von vorn herein das Anerbieten mache, Glatz zu restituiren, daran aber die Bedingung knüpfe, daß Sachsen sofort geräumt werden müsse und daß auf alle noch nicht bezahlten Contributionen verzichtet werde, dann, aber auch nur dann durfte man hoffen, einen nicht gar zu schlechten Frieden zu Stande kommen zu sehen.

Die gesandtschaftlichen Berichte aus Wien ließen keinen Zweifel darüber, daß man dort seit der ersten Friedensaussicht mit dem Gedanken der Rückgabe von Glatz sich vertraut gemacht habe; auch hatte man dem Gesandten gegenüber die Absicht durchblicken lassen, für eine derartige Rückerstattung von erobertem Lande desto mehr Entschädigung für den sächsischen Hof sich auszubedingen. Selbst eine persönliche Aeußerung der Kaiserin gegen einen Freund des Gesandten ließ keine andere Deutung zu, als daß der Nutzen und die Befriedigung Sachsens mit dem ganzen Einflusse des Wiener Hofes unterstützt werden solle[1]. Und endlich hatte Graf Kaunitz die Versicherung gegeben, daß sich zwar schon in dem Lauf der Unterhandlungen zu Tage legen sollte, daß kein Vortheil sei, den man nicht dem sächsischen Hofe so viel nur immer möglich zu verschaffen und zu bedingen suchen werde, daß aber sich solches vollends gänzlich durch die Instruction bestätigen solle, welche dem Hofrath von Collenbach mitgegeben sei,

---

[1] Bericht des Grafen Flemming vom 15. December 1762.

und welche mit der Zeit abschriftlich zu communiciren vorbehalten bleibe¹).

Begreiflicherweise sah man daher in Dresden der Ankunft des kaiserlichen Bevollmächtigten mit gespannter Erwartung entgegen. Er traf am 19. December dort ein, während Fritsch in Leipzig war; sein ansehnliches Gefolge ließ die nothwendige Geheimhaltung seines Reisezwecks von vorn herein als zweifelhaft erscheinen.

In Wien hatte man zum Bevollmächtigten anfangs den Hofrath von Kannegießer ausersehen, weil er schon früher zur Abschließung der Präliminarien des ersten schlesischen Friedens gebraucht worden war und wegen der ihm beiwohnenden Kenntnisse vorzüglich geeignet erschien. Allein eine kaum überstandene Krankheit brach von neuem heftig bei ihm aus, und somit mußte man von ihm absehen. Man wählte nunmehr den Hofrath von Collenbach, dritten Commis in der unter dem Grafen Kaunitz stehenden Hof- und Staatskanzlei. Von ihm hoffte man in Dresden, daß er nicht wegen jeder Kleinigkeit so übertriebene Schwierigkeiten machen werde, wie der Erstgenannte, welcher selbst bekannte, daß ihn der König von Preußen bei Gelegenheit der oben erwähnten Tractate als einen chicaneur charakterisirt habe. Des Herrn von Collenbach aber werde man sich preußischerseits vielleicht noch als eines ganz umgänglichen Mannes von der Zeit her erinnern, da er dem bei Lebzeiten des verstorbenen Königs als Ambassadeur nach Berlin gesandten Fürsten von Lichtenstein im Jahre 1736 als Secretär beigegeben gewesen und mit dem damaligen Kronprinzen in persönlichem Verkehr gestanden habe²).

Wenn man jedoch in Dresden erwartete, von dem Gesandten offene Mittheilungen und somit eine klare Anschauung von den

---

¹) Bericht des Grafen Flemming vom 18. Dec. 1762.
²) Desgleichen, vom 11. December 1762.
    Brief des Herrn von Hertzberg an Graf Finckenstein vom 11. Febr. 1763.

Intentionen des Wiener Hofes zu erhalten, so sollte man schnell und vollständig enttäuscht werden. Ueber die Instruction, die ihm ertheilt worden, war durchaus nichts zu erfahren; man mußte sich mit der wiederholt gegebenen Erklärung begnügen, daß darüber sich auszusprechen erst im Lauf der Unterhandlung selbst die richtige Zeit sein werde. Es wurde ihm dann weiter zu erkennen gegeben, wie man nach so vielen von der Kaiserin-Königin gegebenen Versicherungen, in deren Händen jetzt ausschließlich Sachsens Interesse beruhe, nichts gewisser sich versprechen dürfe, als daß er bei seinen Anträgen des Indemnifications- und Evacuationspunktes besonders eingedenk sein, bei der Unterhandlung darauf beharren und in dem Ultimatum wenigstens die Räumung des Landes, die Verschonung mit allen ferneren Contributionen und den Verzicht auf die Rückstände zur conditio sine qua non machen werde. Auf alles dieses antwortete der Gesandte nur in kurzen und abgebrochenen Worten, daß man hoffentlich daran nicht zweifeln werde, daß gewiß alles, was möglich sei, geschehen solle, daß er aber zur Stellung dergleichen conditiones sine qua non nicht instruirt sei, und daß ja des Königs von Polen Majestät Dero Interesse durch einen eigenen Abgeordneten vertreten lassen werde[1]).

Solche vage Versicherungen waren nicht geeignet, den Churprinzen und seine Räthe in der Hoffnung zu bestärken, daß man auf den Beistand des kaiserlichen Hofes rechnen könne. Als unumgänglich nothwendig erschien es daher vor allem, Herrn von Collenbach nicht allein nach Leipzig reisen, vielmehr ihn durch den soeben erst von dort heimgekehrten Geheimen Rath von Fritsch begleiten zu lassen, obgleich für diesen noch keine Vollmacht von Warschau angelangt war. Nun hatte zwar Letzterer bei Erstattung

---

[1]) Bericht aus dem Geh. Conseil an den König in Warschau vom 23. Dec. 1762.

seines Berichts über die zweite Verhandlung mit dem König von
Preußen dringend gebeten, ihn in Berücksichtigung seiner dreiund=
sechzig Jahre von der Fortführung dieses Geschäfts zu dispensiren;
doch gelang es dem Churprinzen, den von lebendigster Vaterlands=
liebe und von unermüdlichem Diensteifer durchdrungenen Mann,
der in diesem Augenblicke kaum zu ersetzen war, zur weitern Fort=
führung des von ihm begonnenen Werks zu bestimmen. In einer
unter Vorsitz des Churprinzen stattfindenden Conferenz ward in
seiner Gegenwart das Schreiben des Königs aus Warschau vom
16. December als Grundlage der ihm zu ertheilenden Instruction
besprochen und ihm aufgegeben, unverzüglich in der Begleitung
des Hofraths von Collenbach nach Leipzig abzureisen.

Dies war aber nicht so schnell und so leicht zu bewerkstelligen,
wie man glaubte: der österreichische Bevollmächtigte erklärte, er
habe die Instruction erhalten, nach Dresden zu reisen, und trage
Bedenken, ohne ausdrücklichen Befehl seines Hofes nach Leipzig
zu gehen. Die Vorstellungen, daß es gerathen sei, von der Leb=
haftigkeit und der Ungeduld, die der König von Preußen zu er=
kennen gegeben, möglichsten Vortheil zu ziehen, — daß dieser
mündlich erklärt habe, er sei bereit, einen Ambassadeur nach Wien
zu senden, — daß die Abwicklung der Sache selbst weit geschwin=
der und leichter in der Nähe des Königs von statten gehen werde,
— alles dies machte auf den streng geschulten Beamten der Hof=
und Staatskanzlei keinen Eindruck. Es bedurfte der persönlichen
Vermittlung des Churprinzen und namentlich der Churprinzessin
Maria Antonia, um Herrn von Collenbach zur Nachgiebigkeit zu
bewegen; und erst nachdem der Churprinz es über sich genommen,
das Verhalten des Bevollmächtigten seinem Hofe gegenüber zu
rechtfertigen[1]), und nachdem die Churprinzessin einen eigenhändigen
Brief an die Kaiserin dieserhalb geschrieben, willigte er darein,

---

[1]) Schreiben des Churprinzen an Graf Flemming vom 21. Dec. 1762.

mit Herrn von Fritsch am 23. December nach Leipzig abzureisen.

Dieses Reiseziel sollte aber nicht erreicht werden.

Als Fritsch seine, ihm um eine Stunde vorausgegangenen Gefährten Abends in Stauchitz einholte, fand er Herrn von Collenbach in der größten Aufregung[1]). Derselbe zog ihn in ein abgelegenes Zimmer und begann ihm auf das ernsthafteste zu Gemüth zu führen, zu welchem, ihren beiderseitigen Höfen nachtheiligen Schritte er die Veranlassung gegeben; die ganze Negociation, welche lediglich auf die strengste Geheimhaltung gebaut gewesen, könne dadurch vereitelt werden. Schon in Dresden habe er Unglaubliches über seine Reise hören müssen; aber was ihm jetzt auf der Fahrt hieher begegnet, überschreite doch alles: mit seinen eignen Ohren habe er auf der Meißner Fähre während der Elbe-Ueberfahrt vernommen, daß in Gegenwart vieler preußischer Soldaten einer derselben gesagt: „Da kommen die Wiener, die gehen zum König." Es sei ihm daher unmöglich, nach Leipzig zu gehen.

Fritsch redete dem Erregten mit vieler Geduld zu, wobei er denselben freilich nicht mit der Bemerkung verschonte, daß der Wiener Hof von dem ganzen Unglück Sachsens die Schuld trage, und daß seines Königs Standhaftigkeit, zu welcher er durch keinerlei Tractate verpflichtet, wohl mehr Berücksichtigung verdiene, als ihm seither bezeiget worden. Mit Hin- und Wiederrede verging der größte Theil der Nacht, und endlich verglich man sich dahin, daß man gemeinschaftlich nach Wermsdorf fuhr, wo Collenbach einstweilen blieb, während Fritsch seine Reise nach Leipzig fortsetzte. Als er hier am Nachmittage des 24. Decembers anlangte, ward er sogleich bei dem Könige vorgelassen, dem er ein Handschreiben des Churprinzen überreichte und über Collenbachs

---

[1]) Bericht des Geheimen Raths von Fritsch vom 24. Dec. 1762.

Bedenklichkeiten Bericht erstattete[1]). Er bediente sich dazu eines kurzen Promemoria, welches Letzterer in Wermsdorf abgefaßt. Darin war Bezug darauf genommen, daß die Geheimhaltung der Angelegenheit unmöglich geworden sei und deshalb auf einen dritten Ort außerhalb der beiden Hauptquartiere angetragen werden müsse. Da Wermsdorf ungefähr den halben Weg zwischen den beiden Quartieren ausmache, so erscheine dieser Ort bequemer als Leipzig, wo ohnehin die Messe vor der Thür und das Aufsehen nicht zu vermeiden sei. Würde Sr. Majestät dieser Vorschlag gefallen, so könnte jener Ort durch eine Acte für neutral erklärt werden. Andernfalls müsse der österreichische Bevollmächtigte nähere Weisungen von seinem Hofe erwarten.

Der König nahm diese Eröffnungen in gelassenster Weise entgegen und erklärte sich mit allem zufrieden; er gab zu, daß Leipzig kein passender Ort für die Conferenzen sei. Da er jedoch den Cabinetsminister Grafen von Finckenstein nicht entbehren könne, werde er den Geheimen Legationsrath von Hertzberg aus Berlin kommen lassen, der in vier oder fünf Tagen hier sein könne. Die Neutralität für Wermsdorf wolle er bewilligen und die für die jetzt vielfach in Bewegung zu setzenden Couriere erforderlichen Pässe ausfertigen lassen.

An dem folgenden ersten Weihnachtstage ward Fritsch, da er aus der Kirche kam, zum König gerufen[2]). Dieser theilte ihm mit, er habe das Verlangen wegen einer in und um Wermsdorf zu publicirenden Neutralität reiflich erwogen, und wolle nun weiter mit ihm überlegen, wie dies am besten und schicklichsten geschehen könne, um die Sicherheit und Ruhe der mit den Friedensverhandlungen Beauftragten so viel nur möglich zu garantiren. Die Ausstellung einer eigenen desfallsigen Acte verursache eine vor-

---

[1]) Brief von Fritsch an Herrn von Collenbach vom 24. Dec. 1762.
[2]) Bericht des Geheimen Raths von Fritsch vom 27. Dec. 1762.

eilige Publicität und werde nicht einmal unter allen Umständen helfen: denn Soldaten, die zu Excessen geneigt seien, könnten entweder nicht lesen oder gäben dieses zur Entschuldigung vor. Wollte man aber Patrouillen umhergehen lassen, so möchten die Herren in Wien dies vielleicht gar für eine Art von Bewachung halten. Er finde deshalb kein besseres Mittel, als

1. alle in Wermsdorf stehenden Executions- oder andere Commandos herauszuziehen;

2. Befehle an die Commandanten in Meißen, Torgau, Chemnitz und Leipzig als die zunächst gelegenen Orte zu erlassen, daß kein Commando oder was dergleichen nur sei, den Ort berühre;

3. etwa zehn seiner reitenden Feldjäger an die Aus- und Eingänge von Wermsdorf zu legen, welche alles Störende von dem Flecken abzuweisen, und Ruhe und Sicherheit zu erhalten bei Tag und Nacht bemühet wären.

Fritsch fand diese Vorschläge so vollständig genügend und zweckentsprechend, daß er denselben nichts hinzuzusetzen wußte, als der König ihn dazu aufforderte. In dem weiter folgenden längern Gespräch äußerte der König seine besondere Zufriedenheit darüber, daß der Churprinz den Auftrag erhalten habe, die ganze Verhandlung ohne alle Rückfragen nach Warschau zu führen, und meinte, daß ihn dieses Benehmen viel Gutes für die Zukunft hoffen lasse. Da Fritsch hieraus Gelegenheit nahm, dem Könige vorzustellen, wie dies eine Gelegenheit sei, durch ein billiges Abkommen die freundnachbarlichen Gesinnungen zu bethätigen und die blutenden Wunden verharschen zu machen, — wiederholte derselbe, daß er alles Mögliche thun wolle, um den Churprinzen zufriedenzustellen, — nur Land und Geld gebe er nicht heraus; für jetzt müsse man aber nur an den Hauptzweck denken und nicht eine Negociation durch die andere hindern; wenn diese zu Stande gekommen sei, werde es mit dem andern sich schon geben. Der König sprach dann in ausführlicher Weise über die innern Verhältnisse Sachsens und die Mittel ihrer Verbesserung, und zwar mit so vieler Einsicht, daß der sächsische Geheime Rath, wie er selbst schreibt, „seine Regungen und Wünsche zu unterdrücken große Ursache fand."

Von Dresden aus überbrachte noch an demselben Tage ein Courier die Genehmigung alles dessen, was Fritsch gethan hatte, um den neuen Incidentpunkt unschädlich zu machen, und zugleich die Ermächtigung, die besten bewohnbaren Räume des bei Wermsdorf belegenen königlichen Jagdschlosses Hubertusburg für sich und die andern Herren Bevollmächtigten in Stand setzen zu lassen[1]). Dorthin begab sich Fritsch sofort von Leipzig, um bis zur Ankunft des preußischen Gesandten eine Art Hausstand zu organisiren.

In Wien waren mittlerweile düstere Wetterwolken aufgezogen, welche darlegten, daß Herr von Collenbach eine genaue Kenntniß des jenen Sphären eigenthümlichen Barometerstandes besaß. Seinem ersten Berichte, der die Ankunft in Dresden meldete, folgte alsbald ein zweiter, welcher die Mittheilung enthielt, daß der König von Preußen für die zu beginnende Conferenz keinen andern Ort als Leipzig zugestehen wolle, und daran die Frage knüpfte, ob man in Wien sich dieses könne und wolle gefallen lassen[2]). Der Graf Kaunitz war über diese Zumuthung empört und sprach sich gegen den sächsischen Gesandten sehr determinirt darüber aus: Nach der ersten Erklärung des Königs, daß ihm der Ort und die Weise der Zusammenkunft gleichgültig sei, habe man die jetzige um so weniger erwartet, als er selbst einsehen müsse, daß es der Würde des Wiener Hofes ganz unanständig sei, bloß und allein unter seinen Augen auf eine Unterhandlung sich einzulassen. Daraus lasse sich nur die Vermuthung ziehen, der König habe es darauf angelegt, daß man, um den Frieden zu erlangen, ihm gleichsam nachlaufen und von ihm die Vorschriften abholen

---

[1]) Schreiben des Churprinzen an Herrn von Fritsch vom 25. Dec. 1762.
[2]) Bericht des Grafen Flemming vom 25. Dec. 1762.

müsse; auf eine solche Art sich zu erniedrigen, sei man aber durchaus nicht gemeint; so gern und aufrichtig man zu allem die Hand biete, was zur Beschleunigung und Beförderung des Friedens dienen könne, und man zu dem Ende auch nicht einmal einen von Preußen besetzten dritten Ort, z. B. Großenhain, ausschlagen wolle, so werde man doch an den Ort, wo der König sich in Person aufhalte, den kaiserlichen Bevollmächtigten nun und nimmermehr absenden, und wenn sich auch das ganze Geschäft darüber zerschlagen sollte; es werde sich zeigen, daß der König von Preußen in einem großen Irrthum befangen sei, wenn er glaube, daß die Umstände dazu zwängen, von ihm Gesetze anzunehmen und den Frieden zu erkaufen[1]).

Der drohende Sturm brach wirklich los, als aus Dresden die unvermuthete Nachricht einlief, daß Herr von Collenbach, ohne die Antwort auf seine Anfrage abzuwarten, mit dem Baron Fritsch nach Leipzig abgereiset sei. „Wenn ich die hiesigen Minister jemahlen betreten und aufgebracht gesehen, war es diesmal," schreibt der sächsische Gesandte[2]). Es ward denn auch sofort durch einen Courier geantwortet, daß die Würde und Anständigkeit des kaiserlichen Hofes durchaus nicht gestatte, auf den preußischen Vorschlag einzugehen, und daß man äußersten Falles lieber die ganze Unterhandlung sich zerschlagen lassen, als dazu sich bequemen werde; Collenbach habe also zu declariren, daß sein Hof seine Reise nach Leipzig desavouire. Graf Flemming suchte die erregten Gemüther zu besänftigen, und hoffte in diesem Bestreben durch den

---

[1]) Der Wiener Hof hatte im Jahre 1742 kein Bedenken getragen, seinen Frieden mit Preußen in dem königlich preußischen Hauptquartier zu Breslau unterhandeln zu lassen, und im Jahre 1745 nahm man eben so wenig Anstand, zu gleichem Behufe den Wirklichen Geheimen Rath, obersten Kanzler des Königreichs Böhmen, Ritter des goldenen Vließes, Grafen von Harrach, nach Dresden, wo damals das königlich preußische Hauptquartier war, abzuschicken. — Bericht von Fritsch vom 23. Febr. 1763.

[2]) Bericht des Grafen Flemming vom 26. Dec. 1762.

Brief der Churprinzessin an die Kaiserin unterstützt zu werden; es half aber alles nichts. Man blieb dabei, hervorzuheben, daß diese Entschließung sicher nicht aus leerer Vanité und Liebe zur Etiquette herrühre; man habe dabei neben der nothwendigen Rücksicht auf die Würde großer Höfe, besonders die Mißbräuche erwogen, die der König von Preußen nach seiner Art zu denken und zu handeln zum größten Nachtheil für den kaiserlichen wie für den polnischen Hof daraus ziehen werde, um sich in den Augen von ganz Europa als Friedensdictator darzustellen. Daneben ward auch jetzt wieder die Versicherung erneuert, daß die Instructionen des kaiserlichen Bevollmächtigten alles in sich faßten, was man von Seiten des Dresdner Hofes als Wunsch und Verlangen zu erkennen gegeben.

Die erregten Wellen glätteten sich jedoch nach und nach wieder, als man erfuhr, daß der kaiserliche Bevollmächtigte noch unterwegs sich eines andern besonnen habe und in Wermsdorf liegen geblieben sei[1]; so war doch dieser der unangenehmen Nothwendigkeit überhoben, seine eigenen Schritte zu desavouiren. Und mit nicht viel geringerer Befriedigung ward die Nachricht begrüßt, daß der König von Preußen mit der Wahl dieses Orts sich einverstanden erklärt. Man fand darin eine Rechtfertigung für den kaiserlichen Hof, die Zusammenkunft in Leipzig so schlechterdings verworfen zu haben; "jetzt könne die Unterhandlung mit weit mehr Ordnung und Gelassenheit eröffnet werden, als wenn man bei allzu naher persönlicher Gegenwart des Königs beständig neue Ueberraschungen oder gar Intimidirungen, woran er so sehr gewöhnet, zu befürchten gehabt hätte."

---

[1] Bericht des Grafen Flemming vom 29. Dec. 1762.

Hubertusburg.

Auf der fruchtbaren Ebene, die sich von Leipzig nach Oschatz erstreckt, ragt weithin sichtbar ein hoher Bergkegel hervor, mit dichtem Walde gekrönt. Es ist der Colmberg, die einzige Erhöhung in dieser flachen Gegend, ehrwürdig als Sitz der früheren Landtinge und fortwährend das beliebte Wanderziel der Einwohner rings umher. Die mit ihm im Zusammenhange stehenden Forsten erstrecken sich weit in die Umgegend und berühren nach Süden hin das Dorf Wermsdorf, etwa in der Entfernung von einer Stunde. Neben diesem Dorfe liegt das Jagdschloß Hubertusburg, vom König August II. in den Jahren 1721 bis 24 erbaut, hauptsächlich zu dem Zwecke, um dort die aus Frankreich eingeführten Parforce-Jagden zu cultiviren, wozu die weite Mutzschener Haide das günstigste Terrain darbot. In den Jahren 1739 bis 42 ward der innere Ausbau und die Einrichtung mit königlicher Pracht beendet und die herrliche Kapelle gebaut, so daß nunmehr dieses Schloß zu den schönsten Deutschlands gezählt wurde.

Dies sollte jedoch nur kurze Zeit so dauern. Am 18. Januar 1761 rückte das Freibataillon des Obersten Quintus Icilius (Guichard) in Hubertusburg ein, und es begann ein Werk der Zerstörung, welches von den früheren Herrlichkeiten kaum noch eine Spur übrig ließ. Die sämmtlichen, auf 300,000 Thaler geschätzten Mobilien, die Tapeten und Gemälde, die Thüren,

Fenster und Parquetböden wurden durch jüdische Handelsleute nach Leipzig und weiter geschafft; die kupferne Schloßbedachung ward abgerissen; nicht einmal die eisernen Treppengeländer blieben zurück. Was nicht mitgenommen werden konnte, wurde zerstört; dasselbe Schicksal hatte der schöne Garten; nur die Kapelle blieb verschont.

In so traurigem Zustande befand sich der Schauplatz, auf welchem jetzt durch eine sonderbare Verschlingung der Umstände das ersehnte Friedenswerk zu Stande gebracht werden sollte.

Dem sächsischen Bevollmächtigten lag natürlich die Verpflichtung ob, dafür zu sorgen, daß mit den zur Verfügung stehenden Mitteln möglichst gut der neuen Bestimmung entsprochen werde. Das Hauptgebäude bot in dem dermaligen Zustande zur Beherbergung der unerwarteten Besucher keine Gelegenheit. Es schließt sich jedoch an die Morgenseite des Schlosses ein Kreis von Pavillons, welche zur Aufnahme der verschiedenen Dienerschaften u. s. w. benutzt worden waren und die auch jetzt noch bewohnt wurden. Die beiden besteingerichteten Pavillons wurden für die fremden Gesandten bestimmt; der österreichische bezog sofort die Zimmer, welche bis dahin ein Kammerherr von Feulner innegehabt hatte; für den preußischen Bevollmächtigten ließ Fritsch die Wohnung des Inspectors Goetze einrichten. Er selbst nahm ein paar Zimmer bei dem Bettmeister für sich in Beschlag, und da diese sehr eng waren, die Conferenzen aber doch bei dem sächsischen Bevollmächtigten gehalten werden mußten, so vermochte Fritsch den Kammerherrn von Schulenburg, seine zwei großen Zimmer, die derselbe mit eigenem Mobiliar versehen hatte, zu diesem Zwecke einzuräumen. Die versprochnermaßen abgeordneten zehn Feldjäger stellten sich zur festgesetzten Zeit ein und begannen ihren Auftrag mit großem Nachdruck auszuführen, so daß man auf die vollkommenste Sicherheit und Ruhe in diesem vor allen Truppenmärschen bewahrten Orte getrost rechnen konnte. Diese Sicherheit

ward nach einigen Tagen noch durch eine besondere Neutralitäts-
Acte vermehrt[1]).

Am 29. December traf der als preußischer Bevollmächtigter
berufene Geheime Rath von Hertzberg in Hubertusburg ein. Die
mit dem wichtigen Geschäft betrauten Männer waren nun an dem
Orte ihrer Thätigkeit vereinigt.

Der sächsische Bevollmächtigte, Thomas Freiherr von Fritsch,
war der Sohn eines zu seiner Zeit berühmten Leipziger Buch-
händlers. Geboren im Jahre 1700, hatte er Jurisprudenz studirt
und dann viele Reisen in Deutschland, England und Frankreich
gemacht, war längere Zeit als Hof- und Justizienrath angestellt
gewesen und vielfältig zu diplomatischen Missionen in Wien und
Paris verwendet worden. Vom Kaiser Carl VI. ward er 1730
in den Adelstand, und vom Kaiser Carl VII. im Jahr 1742 in
den Freiherrnstand erhoben; der Letztere berief ihn auch als wirklichen Reichshofrath. Nach dem Tode dieses unglücklichen Fürsten
ward er vom Kaiser Franz I. im Jahre 1745 zum Reichs-Pfennig-
meister im ober- und niedersächsischen Kreise ernannt und erhielt
zu gleicher Zeit von seinem Landesherrn den Titel eines Geheimen
Raths. Er hatte sich zu zwei verschiedenen Malen aus dem
sächsischen Staatsdienst zurückgezogen, weil er sich mit der Verwaltung des Grafen Brühl nicht befreunden konnte. Während
der letzten Jahre des siebenjährigen Kriegs hatte er jedoch seine
Beziehungen mit Warschau wieder angeknüpft, in einer Reihe von
Briefen an den Grafen Brühl auf den wahrhaft verzweiflungs-
vollen Zustand der sächsischen Lande aufmerksam gemacht und die
Mittel und Maßregeln angedeutet, die sofort nach dem Frieden
ergriffen werden müßten, um dem völligen Ruin des Landes vor-
zubeugen. In Folge davon war er im April 1762 zum Präsi-
denten einer Commission ernannt worden, welche nach seinen Vor-

---

[1]) Beilage D.

schlagen alles vorzubereiten hatte, was nach dem dereinstigen Eintritt des Friedens nothwendig geschehen mußte; sein bei dieser Gelegenheit bewiesener Eifer, seine große Umsicht und die genaueste Kenntniß aller Verhältnisse, sowie die Erinnerung an vielfältige früher geleistete Dienste mag die Augen des Königs oder vielmehr des Grafen Brühl vorzugsweise auf ihn gelenkt haben, als es sich darum handelte, einen bedeutenden Mann zu finden, den man mit einem so wichtigen Auftrage betrauen konnte. Dazu kam, daß der König von Preußen schon früher, wahrscheinlich im Winter 1756 und 57, den er zum größten Theil in Dresden verlebte, die persönliche Bekanntschaft des Freiherrn von Fritsch gemacht und an dessen Unterhaltung großes Gefallen gefunden hatte. Auch mit dem Grafen von Finckenstein war Fritsch seit jener Zeit bekannt, die er als Reichshofrath in Frankfurt a. M. verlebt hatte, und Ersterer schildert ihn in dem Briefe an Herrn von Hertzberg[1]), in welchem dieser nach Hubertusburg berufen ward, als „un des hommes les plus éclairés de ce pays-ci, et en même tems un parfaitement honnête homme"[2]).

Der preußische Bevollmächtigte, Friedrich Ewald von Hertzberg, geboren 1725, hatte schon in frühester Jugend durch zwei Abhandlungen aus dem brandenburgischen Staatsrecht die Aufmerksamkeit in solcher Weise auf sich gelenkt, daß er bereits in seinem siebzehnten Jahre zum Legationsrath ernannt worden war. Andere geschichtliche und staatsrechtliche Arbeiten veranlaßten seine Er-

---

[1]) Brief des Grafen Finckenstein an Hertzberg vom 24. Dec. 1762.

[2]) Aus dem spätern Leben des Freiherrn von Fritsch sei hier erwähnt, daß er im Jahre 1763 zum wirklichen Geheimen Rathe und Conferenzminister ernannt ward, in dieser Stellung die größten Verdienste sich erwarb, namentlich durch Wiederherstellung des Credits, Organisation der Steuerverhältnisse, Einführung neuer Einrichtungen zur Hebung des Handels und der Gewerbe, und daß er im December 1775 starb. S. überhaupt: Archiv für sächsische Geschichte, Bd. 9. S. 251 ff.: Ein sächsischer Staatsmann des 18. Jahrhunderts, Thomas Freiherr von Fritsch. Nach archivalischen Quellen von Carl Freiherrn von Beaulieu-Marconnay.

nennung zum Mitgliede der Akademie der Wissenschaften, während er in seiner amtlichen Stellung im Ministerium der auswärtigen Angelegenheiten zum Geheimen Legationsrath vorrückte. Beim Beginn des siebenjährigen Krieges schrieb er das officielle mémoire raisonné zur Rechtfertigung des Einfalls in Sachsen, und ward dann zum Geheimen Rath und Unterstaatssecretär ernannt. Jetzt war er nun berufen, denselben Krieg durch einen Friedenstractat zu beendigen, nachdem er erst im eben abgelaufenen Jahre 1762 die Verhandlungen geführt hatte, welche zum Frieden mit Rußland und Schweden führten[1]). Sein offener Charakter, seine humane Denkungsart, sein feingebildeter Verstand erwarben ihm die Anerkennung und Freundschaft Aller, mit denen er in nähere Berührung trat und die solche Eigenschaften anzuerkennen wußten. So erschien er vor Vielen berufen zur Durchführung von Friedensverhandlungen, in deren Verlauf er durch weise Mäßigung manchmal die exorbitante Härte seines Königs, die dem wahren Interesse desselben mehr schadete als nützte, zu mildern verstand.

Ueber die Antecedentien des österreichischen Bevollmächtigten, Hofraths Heinrich Gabriel von Collenbach, ist nur in Erfahrung zu bringen gewesen, daß er im Jahre 1736 den Fürsten von Lichtenstein als Gesandtschaftssecretär auf einer Reise nach Berlin begleitet und dort die Bekanntschaft des damaligen Kronprinzen

---

[1]) In seiner spätern Laufbahn ward Hertzberg zum Staatsminister ernannt und betheiligte sich wesentlich bei der ersten Theilung Polens 1772, dem Frieden von Tetschen 1779 und der Errichtung des Fürstenbundes 1785. Nach dem Tode Friedrichs II. ward er vom König Friedrich Wilhelm II. in den Grafenstand erhoben; nachdem er jedoch 1790 die Reichenbacher Convention abgeschlossen hatte, zog er sich verschiedener Mißhelligkeiten halber aus dem Dienste zurück. Als Staatsmann in vielen Beziehungen seiner Zeit vorausgeeilt und deshalb ganz der Mann für einen König wie Friedrich II., konnte er den Rückschritten unter der Regierung Friedrich Wilhelms II. nicht gleichgültig gegenübertreten. Bis zu seinem Tode, im Jahre 1795, widmete er sich wesentlich den Geschäften der Akademie der Wissenschaften und der Verbesserung des Schulwesens, namentlich auf dem Lande.

gemacht hatte. Er war ein Günstling des Grafen Kaunitz, streng geschulter Subalternbeamter, ängstlich, unentschlossen, inconsequent, strenger Katholik und großer Verehrer der Jesuiten. Er tritt im Laufe der Verhandlungen so häufig vor die Augen, daß hier eine ausführliche Charakteristik dieses eigenthümlichen Diplomaten überflüssig sein dürfte.

Die erste Conferenz fand sofort am 30. December statt; sie ward von dem sächsischen Bevollmächtigten mit folgender Ansprache eröffnet: „Die Drangsale, welche dieses Land nun in das siebente Jahr betroffen, haben der Kaiserin-Königin Majestät auf meines Hofes wiederholte Vorstellungen vermocht, einem baldigen, billigen und dauerhaften Frieden die Hand zu bieten und meines allergnädigsten Herrn Königs Majestät zu überlassen, ob Sie bei Sr. königlichen Majestät in Preußen die Sachen also einzuleiten Wege finden könnten, damit dieser heilsame Endzweck baldmöglichst befördert werden möge. Bei der Entfernung Sr. Majestät haben Allerhöchstdieselben Dero königlichem Churprinzen königliche Hoheit dieserhalb Auftrag gethan, und als diese solche Aeußerung durch mich an Ihro königliche Majestät in Preußen gelangen lassen, bei Allerhöchstderoselben auch eine so erwünschte Gesinnung gefunden, daß es endlich zu gegenwärtiger Zusammentretung gediehen. Nurgedachte Se. königliche Hoheit haben zum Behufe dieses ganzen negotii von Dero Herrn Vaters Majestät ganz ohnumschränkten Auftrag erhalten, und zu Folge desselben mich zu demselben delegiret. Mir liegt also ob, Gott inbrünstig anzurufen, daß er zum Heil und Rettung so vieler unter der Kriegslast seufzenden Länder und Unterthanen, derselben mit uns vereintes Gebet erhöre und mittelst eines baldigen, billigen und dauerhaften Friedens einen neuen Grund zu einer guten Nachbarschaft in seinem Namen legen lassen wolle [1]."

---

[1] Bericht des Geheimen Raths von Fritsch vom 30. Dec. 1762.

Die Prüfung der verschiedenen Vollmachten veranlaßte zuvörderst das Bedenken, daß in der österreichischen der Titel "Dux superioris et inferioris Silesiac" sich vorfand; doch kam man sehr bald dahin überein, daß, wenn der Frieden geschlossen werden sollte, man den Titel so zu berichtigen bereit sei, wie er vor dem Kriege tractatenmäßig in Uebung gewesen. Hinsichtlich der von dem Churprinzen von Sachsen ausgestellten Vollmacht war zu bemerken, daß dieselbe zwar für jetzt genüge, jedoch für den Abschluß des Friedenstractats eine königliche Vollmacht, worin die Subdelegation des Gesandten ausdrücklich enthalten, nachzuliefern sei. Die Vollmacht des preußischen Gesandten war noch nicht eingetroffen und wurde erst später nachgebracht.

Der kaiserliche Bevollmächtigte beantragte sodann, eine Declaration auszustellen, daß, wenn man nicht zum Schluß käme, alles Verhandelte als nicht geschehen angesehen werden sollte; und da er dies als einen jetzt üblichen Gebrauch durch Vorlegung des Recueil des Pièces concernant la négociation entre la France et l'Angleterre vom Jahre 1761 nachwies, gaben die andern Bevollmächtigten ihre anfänglich dagegen erhobene Einsprache auf [1].

Derselbe Gesandte ergriff hierauf das Wort, um seines Hofes wahre und friedfertige Gesinnung darzulegen; man glaube diese nicht besser beweisen zu können, als indem man sich hier nicht mit Kleinigkeiten aufhalte, sondern gleich bei der ersten Session das Aeußerste darbieten wolle. Er erbot sich sodann, ein "Précis", welches er zu diesem Zwecke abgefaßt, den andern beiden Bevollmächtigten in die Feder zu dictiren, und begann auch damit, als diese hiezu bereit waren; nachdem er jedoch den Eingang und die beiden ersten Punkte dictirt hatte, brach er plötzlich ab und überreichte dem preußischen Gesandten das Original, demselben die Erwägung überlassend, ob er von dem weitern Inhalte dem

---

[1] Beilage E.

sächsischen Bevollmächtigten Kenntniß geben wolle. Letzterer protestirte gegen diese Geheimnißthuerei, da die Verhandlungen gemeinschaftlicher Natur seien; der österreichische Gesandte glaubte aber bei seinem Verfahren beharren zu müssen, da er den Artikel, welcher vornehmlich Sachsen angehe, mitgetheilt habe, und alles Uebrige sich auf die Verhältnisse zwischen dem Wiener und Berliner Hofe beziehe [1]).

Die Differenz ward dadurch ausgeglichen, daß der preußische Bevollmächtigte das ganze Schriftstück vorlas [2]).

Im Eingange desselben wird ausgesprochen, daß man von beiden Seiten einen gerechten, ehrenvollen und dauerhaften Frieden begehre, und daß man als Basis eines solchen den Grundsatz adoptire: daß kein Theil einen reellen Verlust durch den Frieden erleiden dürfe. Dazu aber sei erforderlich:

1. daß der Friede zu gleicher Zeit mit dem churfürstlich sächsischen Hofe auf einem billigen und angemessenen Fuße wieder hergestellt werde;

2. daß man im Friedenstractat gerechte Rücksichten gegen andere Reichsstände nehme, namentlich gegen die fränkischen, den Herzog von Mecklenburg und den Fürsten von Anhalt-Zerbst [3]);

3. daß man die Hand reiche zu allen nothwendigen Vorschlägen, um die allgemeine Ruhe in Deutschland in einer, der Würde des Kaisers als Reichsoberhaupt entsprechenden Weise wieder herzustellen;

4. daß man über eine allgemeine Amnestie sich verständige;

5. daß alle Vorgänge während des gegenwärtigen Krieges vergessen seien, und deshalb auch der Vertrag zwischen Sr. Majestät von Preußen und dem Pfalzgrafen wegen der Erbfolge des

---

[1]) Bericht von Fritsch vom 30. Dec. 1762.
   Bericht von Hertzberg vom 31. Dec. 1762.
[2]) Beilage F.
[3]) Bis hieher ward der Précis dictirt.

Hauses Sulzbach in den Herzogthümern Jülich und Berg vollständig wieder erneuert werde;

6. daß im Interesse eines dauerhaften Friedens die Grafschaft Glatz, ihrer Lage wegen, im Besitz des Hauses Oesterreich verbleibe. Dagegen wolle die Kaiserin bis zur Höhe der capitalisirten Einnahmen dieser Grafschaft einen Theil der preußischen Schulden übernehmen. Auch wolle sie alsdann auf den Titel einer souveränen Herzogin von Schlesien verzichten und den unter ihrer Herrschaft befindlichen Theil von Oberschlesien mit Mähren verbinden. Dafür müsse jedoch der König von Preußen auf jeden Titel, der sich auf den Besitz von Glatz beziehe, Verzicht leisten.

7. Um den Frieden dauerhaft zu gestalten, und zu dem Ende jede Aussicht auf Vergrößerung auszuschließen, erbiete sich die Kaiserin, den Kaiser dahin zu bestimmen, daß er sein Großherzogthum Toscana als Secundogenitur errichte und von der Erbfolge im Hause Oesterreich ausschließe, — vorausgesetzt, daß der König von Preußen sich verpflichte für sich und seine Erben, daß die bestehende Secundogenitur der Markgrafenthümer Anspach und Bayreuth auch für den Fall des Aussterbens der jetzigen männlichen Linie abgesondert bleibe und nie von dem Chef des Brandenburgischen Hauses besessen werden könne. Die Kaiserin hoffe, daß man in diesem Vorschlage ihren Wunsch erkennen werde, die altbestandene Freundschaft und das gute Einverständniß der Häuser Oesterreich und Brandenburg aufrichtig und dauerhaft wieder herzustellen.

8. Zu demselben Endzweck werde es auch nöthig sein, neuen Zerwürfnissen in Betreff der gegenseitigen Handelsverhältnisse zuvorzukommen, indem man bestimme, daß bis zum Abschluß eines Handelsvertrags jeder Theil es damit halte, wie er es für gut finde.

9. Da die Kaiserin gewillt sei, die bedeutenden, noch in ihrem Besitz befindlichen Eroberungen umsonst zurückzugeben, glaube man vom König von Preußen dagegen andere Gegenleistungen

erwarten zu können. Eine solche sei unter andern die Erneuerung des Versprechens, dem Erzherzog Joseph seine Stimme zur Wahl als König von Rom oder Kaiser geben zu wollen.

10. Und da zwischen den kaiserlichen Majestäten und dem Herzog von Modena die Heirath zwischen der Enkelin dieses Letzteren und einem der jüngern Erzherzöge verabredet worden, so werde die Kaiserin es als eine Gefälligkeit des Königs betrachten, wenn er seine Stimme versprechen wolle für den Fall, da Kaiser und Reich jenem Erzherzog die Anwartschaft auf die Lehnsfolge in den modenesischen Staaten bewilligen müsse.

11. Eine solche Gegenleistung, welche den beiderseitigen Ländern zu gute käme, würde es auch sein, wenn man die freie Schifffahrt auf der Elbe erlangen und darüber eine Vereinbarung treffen könne.

12. Im Uebrigen müßten die Breslauer und Dresdner Präliminarien und Friedensschlüsse bei den jetzigen Verhandlungen zum Grunde gelegt werden. Ein möglichst kurzer Zeitraum für Räumung der Länder und Einstellung der Feindseligkeiten sei festzusetzen; und zur Vermeidung aller Weiterungen möge man dahin übereinkommen, sämmtliche Kriegsgefangene und Geißeln ohne Entschädigung gegenseitig herauszugeben. Auf alle Contributionsrückstände könne man von beiden Seiten verzichten. Alle in früheren Verträgen übernommenen Verpflichtungen hinsichtlich der Aufrechthaltung der katholischen Religion in Schlesien, so wie der Bezahlung aller auf diesem Lande ruhenden Schulden seien zu erneuern. Ebenso würde die gegenseitige Garantie zu erneuern sein, wobei der König von Preußen diejenigen Beschränkungen fallen lassen werde, welche im Dresdner Frieden enthalten.

So weit der wesentliche Inhalt des österreichischen Friedensprojects.

Die erste Conferenz hatte demnach ein sehr anerkennungswerthes Resultat geliefert. Mit einer, den Anschauungen und

Gewohnheiten damaliger Zeit wenig geläufigen Leichtigkeit hatte man die sonst für so wichtig gehaltenen Fragen der Etiquette und des Ceremoniells beseitigt und war sofort an die Hauptsache selbst hinangetreten. So wenig freilich die Eröffnungen des Wiener Hofes den berechtigten Erwartungen der sächsischen Regierung entsprechen konnten, so günstig erschienen sie gegenüber denjenigen Ansichten, die in Hertzbergs Instruction (von der sogleich die Rede sein wird) niedergelegt worden waren. Denn es ging klar daraus hervor, daß Oesterreich bereit sei, den Frieden durch Aufopferung von Schlesien zu erlangen; der Versuch, die Grafschaft Glatz zu behalten, konnte kaum ernstlich gemeint sein, da man in Wien durch Vermittlung des sächsischen Gesandten genau davon unterrichtet war, wie der König von Preußen in dieser Beziehung dachte, und man seitdem auch nicht den entferntesten Grund hatte zu der Annahme, es werde Letzterer sich bewegen lassen, von dem ein= für allemal bestimmt ausgesprochenen Grundprincipe abzugehen, welches kurz und deutlich verlangte, daß der Besitzstand vom Jahre 1756 wieder hergestellt werden müsse. Alle übrigen mit dem abzuschließenden Frieden eng zusammenhängenden Vorschläge waren mit großer Zurückhaltung entworfen, und was die andern, mit der jetzigen Verhandlung in gar keinem Connex stehenden Forderungen und Anträge betraf, so konnte man in Dresden hoffen, sie durch geeignete Vorstellungen zu beseitigen, während man sich preußischerseits dieselben einstweilen schon um deswillen konnte gefallen lassen, weil sie eine bequeme Handhabe zur Hinausschiebung des Friedensschlusses bis zu demjenigen Termin darboten, der dem Könige von Preußen für die Dislocirung seiner Truppen und Magazine passend erschien, ohne ihn zu nöthigen, mit dieser geheim gehaltenen Absicht öffentlich hervorzutreten, und ohne ihn zu hindern, während dieser ganzen Zeit die occupirten sächsischen Landestheile mit rücksichtslosester Strenge zu brandschatzen.

Unter den oben erwähnten Anträgen, welche mit den vorliegenden Friedensverhandlungen in keiner nähern Verbindung stehen, befinden sich zwei, welche einen kurzen Rückblick auf frühere Vorgänge erfordern. Es sind dies der Artikel 5 und der Artikel 7, von denen der erstere die Succession in den Herzogthümern Jülich und Berg, der letztere die Erbfolge in den Markgrafenthümern Anspach und Bayreuth zur Sprache bringt.

In Betreff des ersteren muß man auf die preußisch-französische Allianz vom Jahre 1741 zurückgehen. Als nach der Schlacht bei Mollwitz die englische Vermittlung eine Aussöhnung der beiden kriegführenden deutschen Mächte nicht zu Stande bringen konnte, da Oesterreich auf den von England angenommenen, von Preußen gutgeheißenen Vorschlag nicht einging: dem König von Preußen einen Theil von Schlesien in Form einer uneinlösbaren Hypothek gegen Zahlung einer Geldsumme zu überlassen[1]), — nahm man französischerseits die schon früher angeknüpften Verhandlungen mit neuer Lebendigkeit auf, um eine Allianz mit Preußen abzuschließen. Lange hatte sich der König gegen die anscheinend günstigen Anträge ablehnend verhalten; jetzt aber erkannte er, daß eine Verständigung zwischen Oesterreich, England, Rußland und Sachsen einen fast europäischen Vertilgungskampf gegen ihn herbeizuführen drohe. Unter diesen Umständen ward der Allianztractat zu Breslau am 5. Juni 1741 abgeschlossen; in demselben garantirten sich beide Mächte ihre Besitzungen innerhalb Europa's, und versprachen einander ihre guten Dienste, nöthigenfalls auch Kriegshülfe, wenn sie angegriffen würden, bis dem beleidigten Theile Genugthuung verschafft sei. Einige geheime Artikel des Tractats waren von besonders bemerkenswerthem Inhalte, namentlich der erste, in welchem der König von Preußen sich bereit erklärte, seine Rechte auf die Herzogthümer Jülich und Berg an den jungen Pfalzgrafen von

---

[1]) Ranke, preußische Geschichte, Bd. II. S. 267.

Sulzbach zu cediren, wogegen Se. allerchristlichste Majestät dem Könige von Preußen und dessen Erben den Besitz von Niederschlesien mit Inbegriff der Stadt Breslau auf immer garantirte. Die Cession der Bergischen Rechte sollte nur dann Gültigkeit haben, wenn der ruhige Besitz von Niederschlesien und von Breslau auch von Seiten Oesterreichs dem Könige von Preußen gewährleistet worden sei. Ohne jedoch den Eintritt dieser letzten Bedingung abzuwarten, schloß der König unter dem 24. December 1741 in Berlin einen Vertrag mit dem Vormunde des jungen Pfalzgrafen von Sulzbach, dem Churfürsten Carl Philipp, Herzog von Baiern; Letzterer accedirte darin dem ersten geheimen Artikel des Tractats vom 5. Juni, wogegen der König seine Successionsrechte auf Jülich und Berg dem Pfalzhause von Sulzbach förmlich cedirte.

Hinsichtlich des zweiten Punktes wegen der fränkischen Succession hatte zwar Kaiser Friedrich III. der Disposition des Churfürsten Albert Achilles von Brandenburg wegen des nähern Successionsrechts an den brandenburgischen Markgrafenthümern in Franken die kaiserliche Confirmation d. d. Augsburg am Montag vor dem heiligen Auffahrtstage anno 1473 ertheilt; jedoch war dieselbe einestheils nicht zu einer Reichsconstitution erhoben worden, und anderntheils konnte sie nach ihrem Wortlaut nicht dahin ausgelegt werden, als stehe danach dem Kaiser und Reich das Recht zu, nunmehr in Folge dieser Familiendisposition ex officio sich in die Hausangelegenheiten des Churfürsten von Brandenburg zu mischen. Denn die Worte der Confirmation lauten: „Eynung, Ordnung und Satzung, die der genannte Unser Oheim und Churfürst Markgraf Albrecht hinfür bey Seinem Leben oder nach Seinem Tode, den Gott gnädiglich enthalten wolle, Seine Söhne oder Ihre Männliche Erben des Geschlechts für und für thun würden ꝛc." und weiter: „Als Sie von Worten zu Worten begriffen und geschrieben stehen, und fürter unter Ihnen begriffen und geschrieben werden mögen ꝛc."

Auch ohne ein größeres Gewicht auf diese beiden Anträge zu legen, stellte doch der ganze Inhalt des österreichischen Précis klar vor Augen, wie verschieden die Ansichten waren, welche über den einzuschlagenden Weg in Wien und in Dresden herrschten. Die weitern Verhandlungen beider Höfe werden daher anfangs abgesondert zu verfolgen sein.

Schriftenwechsel zwischen Preußen und Oesterreich.

Die Weigerung des Herrn von Collenbach, sich nach Leipzig zu begeben, und die dadurch herbeigeführte Aenderung des Ortes, an welchem die Conferenzen stattfinden sollten, hatten, wie schon früher erwähnt worden, den König von Preußen bestimmt, anstatt des Ministers Grafen von Finckenstein, der bei ihm in Leipzig weilte und dessen Gegenwart er nicht entbehren konnte, den Geheimen Legationsrath von Hertzberg aus Berlin kommen zu lassen. Die demselben ertheilte Instruction[1]) kann als ein nicht zu unterschätzendes Document gelten für die Klarheit und den Scharfsinn des Königs, der diese ganzen Unterhandlungen wesentlich selbst eingeleitet und durchgeführt hat. Was er wollte und wollen mußte, um der Früchte seiner langjährigen Kämpfe nicht verlustig zu werden, das findet sich hier in scharfen Umrissen ausgesprochen, und diesem seinem ersten Entwurfe ist er in allen wesentlichen Beziehungen so ausnahmslos treu geblieben, daß man durch alle Verhandlungen hindurch die Grundzüge der Instruction in den ausgearbeiteten Friedensinstrumenten nachweisen könnte. Selbst den Termin der Räumung Sachsens und damit zugleich die muthmaßliche Dauer der Unterhandlungen hat er im Voraus fixirt, und ist namentlich in dieser Beziehung in ausgezeichnetster Weise

---

[1]) Beilage G.

von Hertzberg unterstützt worden, der so vortrefflich zu operiren wußte, daß die Schuld der Verschleppung einer im Grunde sehr einfachen Sache wesentlich auf Oesterreich und dessen Bevollmächtigten fiel. Die Verfahrungsweise des Letztern war freilich ganz dazu angethan, dem preußischen Bevollmächtigten seine Aufgabe zu erleichtern, so daß dieser mit großer Bescheidenheit unter dem 23. Januar 1763 berichtet: tout ce que je crains, c'est que le Sieur de Collenbach ne fasse trainer la négotiation trop long temps par sa lenteur et circonspection excessives.

Der Inhalt des österreichischen Précis war nun auch vollständig geeignet, hinlänglichen Stoff für Verhandlungen darzubieten[1]). Der erste Artikel konnte füglich nur als Einleitung für den Friedensvertrag mit Sachsen angesehen werden, gab indeß dem preußischen Gesandten Gelegenheit, zu erklären, daß sein König unter dem Ausdruck „le pied réciproquement convenable et équitable" nur die einfache Räumung Sachsens und nichts weiter verstehen könne.

Hinsichtlich des zweiten Artikels erklärte Hertzberg, daß der König dem Herzog von Mecklenburg, dem Fürsten von Zerbst und den andern darin benannten Reichsständen gar nichts schulde, und daß man eine Erläuterung darüber erwarten müsse, was unter dem vagen Ausdruck justes égards zu verstehen sei. Diese ward aber eben so wenig gegeben, wie eine bestimmte Antwort auf die weitere Frage nach der eigentlichen Bedeutung des dritten Artikels. Die in dem letztern hervorgehobene Fürsorge für die Würde des Reichsoberhaupts und die Ruhe des Reichs sollte demnach wohl nur dazu dienen, ein Commissionsdecret an die Reichsversammlung und ein Circularrescript an die im Reich residirenden kaiserlichen Gesandten erlassen zu können, — während der zweite Artikel

---

[1]) Bericht von Fritsch vom 2. Januar 1763.
Bericht von Hertzberg vom 31. Dec. 1762

wohl keinen andern Zweck verfolgte, als nur den, sich den genannten Reichsständen gegenüber von dem Vorwurfe zu befreien, als habe man ihr Interesse nicht in Obacht genommen, und daneben möglicherweise das Mißvergnügen Rußlands wegen des nahverwandten Hauses Anhalt-Zerbst gegen den König von Preußen zu erregen.

Den vierten Artikel, eine allgemeine Amnestie betreffend, nahm Hertzberg einfach ad referendum, während er den im fünften Artikel zur Sprache gebrachten Successionsvertrag des Sulzbachischen Hauses in Jülich und Berg als einen Gegenstand bezeichnete, welcher den vorliegenden Verhandlungen gänzlich fremd sei und überdem mit der Garantie Schlesiens durch Frankreich im engsten Zusammenhange stehe.

Nachdem der sechste Artikel vorgelesen war, in welchem Oesterreich den Besitz der Grafschaft Glatz gegen eine Geldentschädigung in Anspruch nimmt, remonstrirte Hertzberg mit großer Lebhaftigkeit: das sei ein Artikel, auf dessen Ausführung der Wiener Hof nicht hoffen dürfe; nie werde sein König sich zu einer Abtretung oder Zerstückelung seiner Länder herbeilassen; der Krieg sei nicht so lange und nicht so unglücklich geführt worden, um einen solchen Schluß zu finden; wenn man das im Eingang des Précis aufgestellte Princip hier zur Anwendung bringen wolle, so sei das ein vollständig illusorisches Verfahren; der König befinde sich weder in der Laune noch in der Nothwendigkeit, Provinzen zu verkaufen; der Besitz der Grafschaft Glatz sei i h m wichtiger für die Sicherung der Grenzen als dem Wiener Hofe, und das Anerbieten, auf den schlesischen Titel verzichten zu wollen, sei ohne allen reellen Nutzen. Hertzberg schloß mit der Behauptung, daß er den ganzen Entwurf, wegen dieses Glatzer Artikels, seinem Könige gar nicht vorlegen könne, da er auf's genaueste davon unterrichtet sei, daß ein solches Verlangen dessen Würde und Anschauungsweise empfindlich verletzen werde. Auf die wiederholten Entgegnungen Collenbachs, daß dies doch nur ein erster Entwurf sei, über den sich weiter unterhandeln lasse, stand er zuletzt von seiner Weigerung ab.

Der Inhalt des Artikels 7 veranlaßte die Bemerkung Hertzbergs, daß die Erbfolge in den brandenburgischen Fürstenthümern Anspach und Bayreuth ein dem Wiener Hofe fernliegender, durchaus fremder Gegenstand sei; der König werde unmöglich zugeben können, daß man sich in die Angelegenheiten seines Hauses mische, und überdem liege gar keine Gleichheit der Verhältnisse in dem Anerbieten, eine Secundogenitur des österreichischen Hauses in Toscana zu errichten. Collenbach bestand jedoch auf diesem Artikel viel hartnäckiger, als man hätte erwarten können.

Ein noch viel größeres Gewicht legte der österreichische Bevollmächtigte auf den Artikel 8, in welchem auf Abschließung eines neuen Handelsvertrags gedrungen wurde, bis zu welchem Zeitpunkt jeder Staat Einrichtungen treffen könne, wie es ihm gut dünke. Hertzberg hielt ihm die desfallsigen Bestimmungen des Artikels 8 des Berliner Friedens vom Jahre 1742 und des Artikels 6 des Dresdner Friedens vom Jahre 1745 entgegen[1]); worauf Collenbach behauptete, diese Dispositionen seien durch den Krieg aufgehoben worden; seine Regierung könne die fraglichen Artikel unter keiner Bedingung erneuern, oder diejenige Auslegung derselben anerkennen, welche ihnen von preußischer Seite gegeben werden wollte; dadurch würde man den ganzen Handel der österreichischen Provinzen dem preußischen Interesse preisgeben.

Die Artikel 9 und 10, die dereinstige Wahl des Erzherzogs Joseph zum römischen König und die Verheirathung eines jüngern Erzherzogs mit der modenesischen Erbtochter betreffend, nahm Hertzberg ad referendum, bemerkte jedoch zum Artikel 11, daß Unterhandlungen über eine freie Elbschifffahrt den Friedensschluß wesentlich verzögern werden, und daß der König sich schwerlich

---

[1]) Beilage II.

entschließen dürfte, das Stapelrecht der Stadt Magdeburg zu schädigen.

Auch den Artikel 12, welcher wesentlich die unentgeltliche Auslieferung der gegenseitigen Gefangenen beantragt, glaubte der preußische Bevollmächtigte lediglich den höchsten Entschließungen des Königs unterbreiten zu sollen, ohne sich irgend eine Bemerkung darüber zu erlauben. Ein gleiches Verfahren beobachtete er hinsichtlich der übrigen Anträge, sowohl in Betreff der Präliminarien und Friedensschlüsse von Breslau und Dresden, welche den jetzigen Verhandlungen zum Grunde gelegt werden sollten, als auch namentlich über den Punkt der katholischen Religionsverhältnisse in Schlesien, auf den der österreichische Gesandte einen ganz besondern Nachdruck legte.

Hertzberg ward gleich nach Einsendung des Précis am 1. Januar 1763 zum König nach Leipzig berufen und wohnte den Berathungen bei, in denen die Antwort festgestellt wurde. Mit derselben[1]) kehrte er am 4. Januar nach Hubertsburg zurück und überreichte sie seinem österreichischen Collegen in der Sitzung des folgenden Tags.

Der Eingang erklärt sich durchaus einverstanden mit dem vom Wiener Hofe aufgestellten Princip: „daß keine der beiden Parteien durch den Frieden einen reellen Verlust erleiden solle", — und fügt als eine natürlich daraus hervorgehende Consequenz hinzu: „daß die vollständige Rückgabe aller Länder, welche beide Mächte vor dem Ausbruch des jetzigen Krieges besessen, dem Frieden zum Grunde und Ausgangspunkt dienen müsse." Dieses Princip sei jedoch nur in einigen der vorgelegten Friedensbedingungen beobachtet worden.

ad 1. Man sei damit einverstanden, daß der Frieden zugleich mit dem churfürstlich sächsischen Hofe in billiger und passender

---

[1]) Beilage I.

Weise abgeschlossen werde, d. h. man werde dem Könige von Polen alle seine deutschen Länder zurückgeben, sobald dessen Verbündete die preußischen Besitzungen geräumt haben würden.

ad 2. Es sei nöthig, zu wissen, was man unter dem Ausdruck „justes égards" verstehe. Der König sei mit dem Reiche nicht im Kriege, und die Streitigkeiten mit einigen Reichsständen fänden ihr Ende in dem jetzigen Frieden; auch verlange dieser Artikel eine vollständige Reciprocität hinsichtlich der Bundesgenossen des Königs; er erscheine jedoch überflüssig, und es sei besser, alle den unterhandelnden Parteien befreundete Mächte, Fürsten und Staaten darin aufzunehmen, zu welchem Ende man von Seiten des Königs als solche namhaft mache: die Kaiserin von Rußland, den König von Großbritannien Churfürsten von Hannover, den Landgrafen von Hessen-Kassel und den Herzog von Braunschweig.

ad 3. Ebenso müsse man wissen, was zu verstehen sei unter **den nothwendigen Propositionen, damit die allgemeine Ruhe in Deutschland auf eine der Würde des deutschen Kaisers entsprechende Weise wiederhergestellt werde.** Alles, was zu weitläuftigen Discussionen führen könne, müsse vermieden und, wie im Artikel 5 vorgeschlagen sei, in tiefste Vergessenheit begraben werden; allen etwaigen Mißverständnissen könne man begegnen durch die Bestätigung des Westphälischen Friedens und aller andern Reichsconstitutionen, so wie

ad 4. durch eine allgemeine Amnestie, welche, wie vorgeschlagen, vollständig und aufrichtig zur Ausführung gebracht werden müsse.

ad 5. Der Vorschlag, die Convention zwischen dem König und dem Churfürsten der Pfalz hinsichtlich der Herzogthümer Jülich und Berg zu erneuern, sei der vorliegenden Unterhandlung zwischen den beiden Höfen vollkommen fremd; diese Convention gründe sich auf die von dem französischen Hofe übernommene Garantie

Schlesiens und der Grafschaft Glatz, und müsse daher einer besondern Verhandlung zwischen dem König, der französischen Krone und dem pfälzischen Hofe überlassen bleiben, eine Sache, über die man sich jedoch leicht verständigen werde.

ad 6. Unter keiner Bedingung könne man auf den Vorschlag eingehen, die Grafschaft Glatz abzutreten; das sei dem ersten Principe gegenwärtiger Unterhandlung durchaus entgegen; man halte fest an einer Wiederherstellung in integrum, um so mehr, da der König sich hierzu gegenüber dem König von Polen verbindlich mache. Uebrigens hange es von der Kaiserin-Königin ab, ob sie den Titel „Herzogin von Schlesien" behalten wolle, oder nicht; dies sei um so mehr gleichgültig, als manche Fürsten gleiche Titel führen, ohne daß dies dem legitimen Besitzer schade, was man unter andern in England sehen könne, wo der Souverän den Titel „König von Frankreich" führe, ohne daß deshalb der König von Frankreich dieses weniger reell sei.

ad 7. Der König sei sehr dankbar für die Mittheilungen, welche die Kaiserin-Königin ihm in diesem Artikel über die Erbfolge im Großherzogthum Toscana einerseits und in den Markgrafenthümern Anspach und Bayreuth andrerseits habe zukommen lassen, und er sei überzeugt von der Lauterkeit der dazu bewegenden Motive; doch könne man nicht umhin, hier zu bemerken, daß die Successionsordnung in jedem Staate ihrer Natur nach eine jener Einrichtungen sei, welche jede Macht sich selbst vorbehalte, ohne zu dulden, daß andere sich darum bekümmern. In dieser Beziehung Feststellungen für die Zukunft treffen zu wollen, sei unnütz und gefährlich, denn die Regenten könnten den Rechten ihrer Nachfolger nicht präjudiciren, und sie würden dadurch ihre Nachkommen häufig in Nachtheile und Verlegenheiten bringen, welche größer seien als die, welche sie zu vermeiden suchten. Wenn die jüngere Linie aussterbe und nur ein einziger Fürst des Hauses übrig bleibe, könne man diesen einzigen legitimen Erben doch nicht der Succession berauben. Diese wichtigen Bedenken setzen den König in die Unmöglichkeit, sich mit dem vorgelegten Plane einverstanden zu erklären; er hoffe, daß man ihn dieser Weigerung wegen keiner Vergrößerungspläne zeihen werde; diese seien ihm völlig fremd; er wolle nur seinen Nachfolgern in Betreff legitimer Successionen die freie Hand wahren und Ihre Majestät die Kaiserin-Königin in keiner Weise hindern, in ihrem königlichen Hause alle diejenigen Maßregeln zu treffen, welche ihr belieben möchten.

ad 8. Hinsichtlich der schlesischen Handelsverhältnisse könne der König nicht auf das Recht verzichten, welches er durch die Verträge von Breslau und Dresden erworben; er wolle sich jedoch keine Vortheile auf Kosten der österreichischen Staaten verschaffen und sei durchaus nicht abgeneigt, zu einem für beide Staaten vortheilhaften Handelsvertrage die Hand zu bieten. Alles, was er verlange, sei, daß man jetzt sogleich, in den Friedenspräliminarien, über einige allgemeine Grundsätze sich verständige, welche einem künftigen Vertrage zur Basis dienen könnten, und er erbiete sich, das Project zu einem solchen Artikel vorzulegen.

ad 9. In der Hoffnung, daß es zum Frieden komme, werde der König sehr gern seine Stimme bei der künftigen Wahl eines römischen Königs oder eines Kaisers dem Erzherzog Joseph geben.

ad 10. Unter derselben Voraussetzung verspreche der König seine Stimme demjenigen der jüngern Erzherzöge, dem dereinst durch Verheirathung mit der Prinzessin von Modena die Anwartschaft auf die Nachfolge in den modenesischen Staaten zufalle, — in der Hoffnung, daß eine Gefälligkeit mit einer andern vergolten werde.

ad 11. Die vorgeschlagene Uebereinkunft wegen freier Elbschifffahrt könne nur unter Berücksichtigung des Stapelrechts der Stadt Magdeburg in Ausführung gebracht werden. Diese Angelegenheit könne jedoch ihrer Natur nach nicht in einem Friedensvertrage, sondern nur in einem Handelsvertrage Aufnahme finden.

ad 12. Man sei damit einverstanden, daß sowohl die Präliminarien wie die Verträge von Breslau und Dresden dem neuen Friedensinstrument zu Grunde gelegt werden müßten. Der Zeitpunkt der Räumung und der Einstellung der Feindseligkeiten werde keine Schwierigkeiten hervorrufen; und obgleich der König die größere Zahl Kriegsgefangener habe, sei er doch einverstanden mit der allgemeinen und unentgeltlichen Austauschung der Gefangenen und Geißeln, wie solche in diesem Artikel vorgeschlagen sei.

Da viele Unterthanen Sr. Majestät in der Nothwendigkeit sich befunden, Dienste bei den k. k. Truppen zu nehmen, so schlage man vor, dieselben gegen solche österreichische Unterthanen auszutauschen, welche dermalen in der preußischen Armee dienen.

Auf die rückständigen Contributionen leiste man Verzicht.

Man werde sich ohne Schwierigkeit zur Aufrechthaltung der katholischen Religion in Schlesien verpflichten, wobei jedoch alle Souveränetätsrechte vorbehalten bleiben, und man sei bereit, alle in den frühern Verträgen übernommenen Verpflichtungen hinsichtlich der Abtragung aller auf diesem Staate haftenden Schulden zu erneuern.

In Betreff der Garantien glaube man nicht, daß es Gebrauch sei, selbige in Friedensverträgen zu stipuliren; zu dem Ende würden Allianzverträge geschlossen. Doch sei der König bereit zur Erneuerung derjenigen Garantien, welche im Dresdner Vertrage ausgemacht worden seien; alles Uebrige möge einem Allianzvertrage vorbehalten bleiben, wenn die hohen contrahirenden Parteien es für nothwendig halten sollten, einen solchen abzuschließen.

Der Inhalt dieser Antwort konnte den österreichischen Bevollmächtigten nicht überraschen, denn er stimmte in allen wesentlichen Punkten mit den Erklärungen überein, welche der preußische Gesandte in der ersten Sitzung vorgebracht hatte. Die Aeußerungen Collenbachs beschränkten sich auch vorerst auf die beiden Artikel, in denen von der Erbfolge in den Markgrafenthümern und vom Handelsvertrag die Rede. In Betreff des ersten Punkts hob er hervor: Das Testament des Churfürsten Albert Achilles, welches zwei regierende Brandenburger Linien etablire, sei vom Kaiser Friedrich III. auf einem Reichstage bestätigt worden und habe dadurch den Charakter eines Reichsgesetzes erhalten, bei dessen Aufrechthaltung alle Reichsstaaten interessirt seien. Hierauf entgegnete Herzberg: Daß der Kaiser Friedrich III. das erwähnte Testament vielleicht an dem Orte und bei Gelegenheit eines Reichstags bestätigt habe, daraus gehe noch nicht hervor, daß es ein Reichsgesetz geworden; dazu sei unumgänglich nöthig, daß die Bestätigung und das Testament in einem Reichsabschiede enthalten seien, und das könne nie bewiesen werden. Ueberhaupt werde man besser thun, von diesem Verlangen abzustehen; der König fühle sich dadurch auf's empfindlichste verletzt, und Ihro Majestät die Kaiserin-Königin würde es doch auch nicht anders als höchst sonderbar finden, wenn der König von Preußen Ihr eine Erbfolgeordnung für Ihr Haus vorschreiben wollte.

Hinsichtlich des schlesischen Handels erklärte Collenbach, zur Abschließung eines Handelsvertrags weder instruirt noch vorbereitet zu sein; er werde jedoch darüber die Befehle seines Hofes einholen. Einstweilen hielt er die Behauptung fest, die Verträge von Breslau und Dresden hätten durch den gegenwärtigen Krieg ihre Gültigkeit verloren; man könne und wolle in Wien nicht mehr diejenigen Vortheile zugestehen, welche in jenen Verträgen für den schlesischen Handel stipulirt worden, und es sei nunmehr ein Zustand natürlicher Freiheit eingetreten. Darauf hin ward ihm von Herzberg erwiedert, daß die Verweigerung des status quo der schlesischen Handelsangelegenheit, wie er in den Breslauer Präliminarien ausgemacht worden, auch den Wegfall des status quo, welcher ebendaselbst zu Gunsten der katholischen Religion festgestellt worden war, nach sich ziehe, — was Jener nicht leugnen konnte [1].

Zu irgend einer Erklärung in Betreff der Restitution von Glatz und Cleve war der österreichische Gesandte nicht zu bewegen, obgleich Herzberg zu wiederholten Malen dahin sich äußerte: „auf diese Erklärung komme alles an; sei diese erfolgt, dann wäre die Negociation in einem Tage aus" [2]. Der geistreiche Mann wußte wohl, mit wem er zu thun hatte, und daß seine Pression, die im directen Widerspruch mit seiner Instruction stand, keine andere Folge nach sich ziehen werde, als die, die Verschleppung der Verhandlungen dem Wiener Cabinet aufzubürden. Denn der Gesandte war im Grunde nichts weiter als der Vermittler der Correspondenz mit Wien, und vollständig unfähig, über den Wortlaut seiner Instruction hinauszugehen. Und da nun seit der Einsendung der preußischen Antwort und bis zum Eintreffen der Replik, welche am 17. Januar mitgetheilt ward, sich gar nichts thun ließ, was der Negociation irgend förderlich hätte sein können, so benutzte er die dadurch veranlaßte Muße, mit großem Nachdruck auf verschiedene Nebenpunkte zurückzukommen, die man nach den Erklärungen in der ersten Conferenz füglich als abgemacht hätte betrachten können.

Der erste dieser Punkte betraf die Natur der Verhandlung selbst. Collenbach behauptete, es sei rathsam, auf Präliminarien zu unterhandeln, damit durch andere, in dem Definitiv-Tractat zu erörternde Punkte die Aufhebung der Feindseligkeiten und Contributionen nicht hinausgeschoben werde. Herzberg trug dagegen auf Beschleunigung der Hauptsache an, da, sobald diese in Richtigkeit gekommen, die Fassung aller zu dem Definitiv-Tractat gehörigen Artikel keinen Aufenthalt verursachen würde, — wohingegen

---

[1] Bericht Herzbergs vom 5. Januar 1763.
[2] Bericht von Fritsch vom 8. Januar 1763.

durch abgesonderte Behandlung der Präliminarien und eines
Definitiv-Tractats die Sache leicht ins Weite gezogen und grade
dadurch bei der Räumung des Landes und Einstellung der Contributionen mancherlei Aufenthalt herbeigeführt werden könnte.
Die Erledigung dieser Frage berührte natürlich auch die sächsischen
Interessen, da diese durch jeden Aufschub eines definitiven Friedensschlusses wesentlich beeinträchtigt wurden. In den Besprechungen
über diesen Gegenstand, der mit großer Beharrlichkeit von Herrn
von Collenbach von Zeit zu Zeit wieder hervorgeholt wurde, bis
kurz vor dem Schlusse der Verhandlungen, hatte der Baron Fritsch
mehrfach Gelegenheit, sein Einverständniß mit der preußischen
Auffassung auszusprechen, wobei er jedoch sich bereit erklärte, auch
auf Präliminarien einzugehen, wenn dadurch die alsbaldige Räumung des Landes erlangt werden könne. Diese oft nicht zu er-
gründenden Bedenklichkeiten, welche bei der österreichischen Art zu
unterhandeln hervortraten, kamen auch während einer Audienz zur
Sprache, welche Fritsch am 2. Februar in Leipzig bei dem König
von Preußen hatte. Letzterer äußerte sich dahin, daß er wohl
wissen möge, warum sie nur Präliminarien und keinen Definitiv-
Tractat schließen wollten? Sie müßten doch etwas dahinter suchen,
und könne er kaum glauben, daß es allein geschehe, um einem
Herrn von Collenbach und einem Hubertusburg die Ehre zu miß-
gönnen, einen Definitiv-Tractat von ihm daselbst unterschrieben
zu sehen. Fritsch antwortete darauf, auch ihm komme die Sache
sehr unklar vor, doch würde es ein gutes Expediens sein, wenn
nach geschlossenen umständlichen Präliminarien durch besondere
Declarationen denselben die Kraft eines Definitiv-Tractats beigelegt werde. Dem Könige gefiel diese Idee, und er befahl
Fritsch, einen dahin zielenden Antrag zu stellen; sollte jedoch der
kaiserlich-königlichen Majestät an einer Solennität sehr viel gelegen
sein, so sei er auch bereit, an einen neutralen Ort, wie Dresden
oder Erfurt, einen qualificirten Gesandten abzuschicken, welcher mit

einem kaiserlichen Minister „von gleichem Caliber" die wörtlich umgeschriebenen Präliminarien in einen Definitiv-Tractat verwandeln und so die Sache zu baldigem „standhaften" Ende bringen könne. Daß Fritsch von seinem Hofe zur Schließung eines Definitiv-Tractats ermächtigt worden, war dem Könige sehr angenehm, gleichwie auch sein Gesandter in ähnlicher Weise bevollmächtigt sei[1]).

Das vorgeschlagene Auskunftsmittel war jedoch schließlich nicht nöthig. Hertzberg hatte bei mehrfachen Gelegenheiten den Antrag auf Abschließung eines Tractats wiederholt, und namentlich in einem Schreiben an Collenbach vom 5. Februar diesem die Wünsche seines Königs nochmals ausführlich dargelegt und dabei den Vorschlag gemacht, daß für den Fall eines über den 11. Februar hinaus verspäteten Eintreffens der desfallsigen Wiener Entschließungen man dennoch die Acte unterzeichnen könne, indem nur alle Stellen, wo der Ausdruck „Präliminarien" oder „Friedensvertrag" vorkommen müsse, in blanco gelassen werden dürften. Collenbach hatte dem entsprechend berichtet und erhielt am 13. Februar eine Antwort, aus welcher zu entnehmen, daß man in Wien den Präliminarien den Vorzug gegeben hatte, um keinen Verstoß gegen die Rangordnung derjenigen Alliirten und Souveräne zu begehen, welche in einem besondern Artikel als garantirende Mächte aufgeführt werden sollten. Die betreffende Stelle lautet: „Man will sich keine Decision über den Rang der Souveraine anmaßen, und wenn man so viele Exemplarien ausfertigen wollte, als Alternatien zu beobachten wären, so würde es zu weitläuftig fallen; Jedoch ist kein Bedenken, den Definitif-Tractat sogleich zu schließen, wenn man Sich Königlich Preußischer Seits gefallen laßen will, den Articul (20 des Friedensvertrags) so zu faßen, daß beyde Theile nur überhaupt ihre Alliirte in dem Tractat

---

[1]) Bericht von Fritsch vom 2. Februar 1763.

einschließen, und sich dabey vorbehalten, nachhero alle in einer besondern Acte zu nennen, welche eben die Krafft haben sollte, als wenn sie von Wort zu Wort dem Tractat einverleibet wäre. Zu diesem Ende folgt auch die Vollmacht zu dem Definitif-Tractat hiebey"[1].

Preußischerseits war hiegegen natürlich nicht das geringste Bedenken vorhanden, und so ward denn diese Haupt- und Staatsaction glücklich zu Ende gebracht, nicht ohne wesentlich dazu beigetragen zu haben, daß der Vertrag erst am 15. Februar unterzeichnet werden konnte, während er dem sonstigen Verlaufe der Verhandlungen nach schon am 8. oder 11. hätte abgeschlossen werden können.

Ein zweiter Nebenpunkt, dem von Seiten des österreichischen Unterhändlers ganz unerwartet die Wichtigkeit einer Lebensfrage beigelegt wurde, trat an den Tag bei der Mittheilung eines von Ersterem entworfenen Projects hinsichtlich der dem Vertrage vorauszuschickenden Einleitung, bei welcher Veranlassung auch die Originale der Vollmachten ausgewechselt werden sollten. Schon bei der Hinausgabe der Abschriften, welche in der ersten Conferenz stattgefunden, hatte Hertzberg Anstoß daran genommen, daß darin der Titel: Superioris et Inferioris Silesiae Dux gebraucht worden; jetzt kam in der Sitzung vom 11. Januar noch dazu, daß man österreichischerseits für den Vertrag selbst das Alternat nicht zugestehen wollte, sondern den beständigen Vorrang in beiden Exemplaren des zu errichtenden Tractats verlangte. Es kam darüber zu einem ziemlich ernsthaften Wortwechsel zwischen den beiden Gesandten[2]; Collenbach erklärte, daß er befehligt sei, auf beiden Punkten unabänderlich zu bestehen. Hertzberg glaubte bei seiner Weigerung beharren zu müssen, erklärte jedoch, daß er die Antecedentien des Dresdner

---

[1] Bericht von Hertzberg vom 13. Februar 1763.
[2] Bericht von Fritsch vom 11. Januar 1763.

Friedens als Norm anerkennen wolle und darüber sofort die nöthigen Nachforschungen anstellen werde, — daß demnach diese reine Formfrage einstweilen ausgesetzt und mit der Redaction eines andern Artikels fortgefahren werden möge. Ohnerachtet dieses durchaus angemessenen Vorschlags war dennoch der Stein des Anstoßes nicht aus dem Wege zu räumen: Collenbach beharrte unabänderlich und zuletzt nicht ohne Heftigkeit darauf, er sei von seinem Hofe angewiesen, sich auf nichts einzulassen und nicht eher weiter zu procediren, bis besonders der Titel unverkürzt anerkannt worden sei.

Unter diesen Umständen mußte zur Vermeidung aller Weiterungen die Conferenz aufgehoben werden. Die so verursachte Verzögerung sollte jedoch keine dauernde sein. Schon selbigen Tages trafen die von Hertzberg bestellten Acten über den Dresdner Frieden ein, und da aus ihnen hervorging, daß damals auf das Alternat verzichtet worden, auch der anstößige Titel in der Ratificationsurkunde der Kaiserin-Königin vollständig enthalten war, so glaubte Hertzberg im Einverständniß mit dem Grafen Finckenstein seine Einsprache fallen lassen zu sollen. Der Letztere schreibt darüber unter dem 15. Januar: Nous aurions mauvaise grace dès lors à vouloir chicaner sur cet article, et je crois que le Roi lui-même désapprouveroit qu'on fit la moindre difficulté à cet égard. Je ne compte pas non plus d'en parler à Sa Majesté, puisqu'il me semble qu'il n'y a aucun reproche à nous faire dès que nous nous en tenons à ce qui s'est pratiqué dans les Traités précédents.

Ein dritter Punkt endlich, der wiederholt debattirt wurde und dessen hier ein= für allemal Erwähnung geschehen mag, war die Redaction des Artikels, in dem von der Amnestie die Rede (Artikel 2 des Friedensvertrags). Hertzberg hatte den Entwurf dazu eingebracht; Collenbach verlangte ihn vollständiger und umfassender, und zwar dergestalt redigirt, daß sich der Effect der

Amnestie auch auf alle preußischen Unterthanen, die in diesem
Kriege gegen den König von Preußen gehandelt, erstrecke, wobei
er des Grafen Schafgotsch und des von Warkotsch namentlich Erwähnung that[1]). Hertzberg beharrte bei seinem Entwurfe, mit
dem Hinzufügen, wie sein König bei der Amnestie gewiß „genereus"
denken werde, hingegen auf keinerlei Art die Hände sich könne
binden lassen. Den Grafen von Schafgotsch halte der König
„für das, was er sei"; wider den von Warkotsch sei der Proceß
zu Ende geführt, und von dem gesprochenen Urtheil könne man
nicht abgehen. Auf Collenbachs weitere Vorstellung, daß man
wenigstens die Confiscation der Güter des Warkotsch aufheben
möge, wenn man auch ihn für seine Person nicht im Lande leiden
wolle, erwiederte Hertzberg: Die Confiscation sei rechtskräftig er-
kannt, und im übrigen schon alles, was hiebei von des Königs
générosité zu erwarten, dadurch geschehen, daß der Ehefrau des
von Warkotsch ihre Illaten vorbehalten, derselben eine Competenz
ausgesetzt und ihr der ruhige Aufenthalt in den preußischen Landen, dessen sie in Breslau wirklich genösse, gestattet worden.

Im weitern Verlauf der Verhandlungen kam Collenbach auf
diese Frage zurück, indem er verlangte, daß in den betreffenden
Artikel nach der allgemeinen Erwähnung der Amnestie noch folgende Sätze aufgenommen würden: „Les sujets de part et
d'autre n'en seront jamais inquiétés, mais ils jouiront en
plein de cette amnistie et de tous ses effets malgré les
avocatoires émanés et publiés. Toutes les confiscations seront
entièrement levées, et les Biens confisqués ou séquestrés
seront restitués à leurs propriétaires qui en étaient en possession avant ces derniers troubles; un chacun sera retabli
en un mot dans la paisible possession et jouissance de tous
les Titres, dignités, Biens et Droits quelconques dont il

---

[1]) Bericht von Fritsch vom 8. Januar 1763.

aura été privé pendant cette dernière guerre ou les précédentes. Et il sera libre aussi à tous ceux, qui voudront vendre leurs Biens situés dans les Etats de l'une et de l'autre des deux Hautes Parties Contractantes, ou transférer leur domicile ailleurs, de pouvoir le faire pendant l'espace de 2 ans sans payer aucuns Droits."

Es kam endlich ein Vergleich dahin zu Stande, daß man preußischer Seits den ersten Satz annahm, dabei aber ausdrücklich erklärte, daß diese Bestimmung auf den Verräther Warkotsch keine Anwendung finde[1]); den zweiten Satz von „un chacun sera retabli" bis „cette dernière guerre ou les précédentes" ließ Collenbach fallen, und der dritte Satz mit der Bestimmung der Auszugsfreiheit ward auf die Grafschaft Glatz beschränkt und in einen besondern Artikel (Art. 10 des Friedensvertrags) verwiesen.

Am 17. Januar überreichte Collenbach die österreichische Replik[2]) auf die preußische Entgegnung. Es ist hiebei zu bemerken:

1. daß im 1. Artikel ein Anlauf genommen wird, als hänge der Frieden von denjenigen Bedingungen ab, welche Sachsen vom Könige von Preußen erlangen könne; die lebhaften Verhandlungen, die während der letzten Wochen zwischen Dresden und Wien stattgefunden, und die ziemlich unverblümten Beschwerden, welche man von Seiten des sächsischen Hofes erhoben hatte, mögen diesen Einfluß ausgeübt haben.

2. Der 2., 3. und 4. Artikel werden mit einer nichtssagenden Phrase beseitigt.

3. Der 5. Artikel über den sulzbachischen Successionsvertrag wird nur schwach betont, jedoch unter das Hauptprincip gestellt und so gewissermaßen als sich von selbst verstehend charakterisirt.

---

[1]) Bericht von Hertzberg vom 11. Februar 1763.
[2]) Beilage K.

4. Die Zurückbehaltung der Grafschaft Glatz wird festgehalten, dagegen aber als eine Entschädigung der noch unter österreichischer Herrschaft befindliche Theil des Fürstenthums Neiße angeboten.

5. Der 7. Artikel mit den Propositionen über die Erbfolge in den Markgrafenthümern wird in sehr schöne Redensarten eingekleidet, zwischen deren Zeilen man liest, daß diesem Punkte keine weitere Folge gegeben werden dürfte.

6. Sehr bestimmt wird jede Anerkennung eines Status quo in den Handelssachen abgewiesen, dagegen Bereitwilligkeit zur spätern Abschließung eines Handelsvertrags erklärt.

7. Für die Bewilligung der preußischen Churstimme hinsichtlich der Wahl des Erzherzogs Joseph und des dereinstigen Gemahls der modenesischen Erbtochter wird der Dank ausgesprochen.

8. Den im 11. Artikel enthaltenen Antrag in Bezug auf die Elbschifffahrt läßt man fallen.

9. Die Zugrundelegung des Breslauer und Dresdner Friedens wird angenommen, und ebenso der gegenseitige Verzicht auf die Rückstände der Contributionen. Die Aufrechthaltung der katholischen Religion in Schlesien wird auffallend kurz berührt. Die Anerkennung der schlesischen Schulden, die Bestimmung des Zeitpunkts für das Aufhören der Feindseligkeiten, die Auswechselung der Gefangenen und der in den eigenen Dienst getretenen fremden Unterthanen, bilden, nebst einer Ausdehnung der Garantie auf Ungarn, den Schluß des Mémoire.

Nachdem Collenbach diese Denkschrift vorgelesen, fügte er noch mündlich hinzu, daß allerdings wahrscheinlich die Einkünfte aus der Grafschaft Glatz bedeutender sein würden als diejenigen aus dem als Tauschobject dargebotenen Theile des Fürstenthums Neiße; diesen Ueberschuß aber erbiete man sich durch Uebernahme einer verhältnißmäßigen Quote der schlesischen Schulden auszugleichen.

Hertzberg ließ es nicht an allen irgend erdenklichen Vorstellungen fehlen, um den kaiserlichen Bevollmächtigten von dieser neuen Idee abzubringen; er sagte demselben zuletzt: wenn seine Instructionen es ihm erlaubten, von diesem Artikel Abstand zu nehmen, so möge er dieses doch im Interesse der Abkürzung der Verhandlungen so bald als möglich thun, denn er könne sich fest versichert halten, daß der König von Preußen sich nie dazu herbeilassen werde, irgend einen Theil seiner Lande abzutreten, die Bedingungen möchten so günstig sein wie sie wollten[1]. Collenbach beharrte jedoch dabei, daß er sich an sein Mémoire halten müsse, und kam wiederholt auf die schon mehrfach bestrittene Behauptung zurück, daß der Friede nicht von Dauer sein könne, wenn die Grafschaft Glatz nicht abgetreten werde; dieselbe sei der Kaiserin-Königin zur Sicherung Böhmens unumgänglich nöthig, während der König von Preußen eine Menge anderer Festungen habe, welche Schlesien deckten.

Es war dem preußischen Gesandten auffallend, daß Herr von Collenbach bisher fast nie von Cleve und Geldern gesprochen hatte, daß er aber bei dieser jetzigen Veranlassung mit großem Nachdruck auf das Opfer hinwies, welches sein Hof durch Rückgabe dieser Provinzen darbringe, wobei er mit Emphase hervorhob, es seien alle Maßregeln getroffen, um diesen Besitz für Oesterreich zu sichern. Es lag demnach die Vermuthung nahe, daß es hauptsächlich diese letztere Hoffnung war, welche den Wiener Hof auf die Abtretung von Glatz so hartnäckig bestehen ließ, und daß er davon abgehen werde, wenn er seine Absichten auf Wesel scheitern sehen würde.

Aber auch in dieser Beziehung nahmen die öffentlichen Angelegenheiten gerade zu dieser Zeit eine Wendung, welche den preußischen Interessen durchaus günstig war. Während der letzten

---

[1] Bericht von Hertzberg vom 17. Januar 1763.

Monate hatte das mehr als kühle Verhältniß zur englischen Regierung fortgedauert; die Politik des Lord Bute konnte keine andere Wirkung haben. Jetzt aber erschien plötzlich und ganz unerwartet eine Depesche, welche im Namen Frankreichs und Englands dem Könige die Rückgabe seiner westphälischen Provinzen anbot, unter der einzigen Bedingung der Neutralität dieser und der niederrheinischen Provinzen, gegenüber einer gleichen Neutralität der österreichischen Niederlande, welche man der Kaiserin-Königin anbieten werde, alles dies unter der gemeinschaftlichen Garantie der beiden Könige von Frankreich und England [1]). Der Bericht des preußischen Gesandten in London, Herrn von Knyphausen, meldete zugleich, daß man beschlossen habe, die genannten Provinzen bis zum Eintreffen der Antwort des Königs von Preußen im Besitz der französischen Truppen zu lassen, und daß der französische Gesandte, Duc de Nivernois, mit der größten Verehrung vom Könige gesprochen und ihm gesagt habe, daß dieses Anerbieten ohne Vorwissen des Wiener Hofes geschehe, und dazu beitragen werde, den König von den günstigen Dispositionen des Versailler Hofes zu überzeugen.

Preußischer Seits fand man natürlich diese Vorschläge so übereinstimmend mit den eigenen Interessen, daß die erforderliche Vollmacht zur Abschließung einer Convention sofort nach London abgesandt wurde.

Dieser wichtige Incidenzfall konnte nur dazu beitragen, die Hoffnung auf eine baldige Nachgiebigkeit der österreichischen Regierung in der Glatzer Frage zu bestärken, und deshalb um so nachdrücklicher auf die Rückgabe der Grafschaft zu bestehen.

Wie geringen Erfolg alle bisherigen Propositionen des Wiener Hofes in dieser Beziehung gehabt hatten, konnte Herr von Collenbach

---

[1]) Schreiben des Königs an Hertzberg vom 26. Januar 1763. Schreiben des Grafen Finckenstein an denselben vom 30. December 1762 und vom 26. Januar 1763.

aus der preußischen Duplik[1]) entnehmen, welche ihm in der Conferenzsitzung des 24. Januar vorgelesen und eingehändigt wurde.

Die ersten vier Punkte boten keine Schwierigkeiten, da hierüber ein Einverständniß anzunehmen war. Im 5. Artikel erklärt sich Preußen bereit, die Convention wegen Jülich und Berg zu erneuern, sobald man über die Glatzer Frage einverstanden sei, doch natürlich unter denselben Bedingungen, welche bei der ersten Abschließung stattgefunden. Diese, etwas überraschende Nachgiebigkeit veranlaßte den sächsischen Bevollmächtigten, seine bereits gegen die erste österreichische Auffassung dieser Angelegenheit eingelegte Verwahrung nochmals ausdrücklich zu wiederholen.

In dem 6. Artikel ergeht sich die Denkschrift in ausführlichster Weise über die Nothwendigkeit, welche der Besitz von Glatz für die Sicherheit Schlesiens habe, und provocirt dabei auf das Urtheil des Feldmarschalls Daun, daß Glatz für Preußen ein defensiver, für Oesterreich dagegen ein offensiver Platz sei. Aus diesen Gründen besteht der König auf's bestimmteste auf die Rückgabe der Grafschaft und fügt die neue Forderung hinzu, daß Stadt und Festung Glatz in dem Zustande, in welchem sie sich befinden, und mit der Artillerie, die bei der Eroberung dort vorgefunden, ausgeliefert werden müssen. Collenbach begnügte sich mit der Bemerkung, er müsse die Befehle seines Hofes erwarten.

Ebenso passiv verhielt er sich bei dem 7. Punkt, der jedes Arrangement über die Succession in den Markgrafenthümern Anspach und Bayreuth entschieden zurückweist. Dagegen gerieth er ganz unerwartet in große Hitze, als der 8. Artikel die Grundzüge eines neuen Handelsvertrags darlegte und über die gegenseitige Ein- und Ausfuhr Schlesiens und der österreichischen

---

[1]) Beilage L.

Provinzen ausführliche statistische Nachrichten gab[1]). Hertzberg führte mit großer Gelassenheit aus, wie das ganze Verhältniß auf dem Fuße einer gleichmäßigen Billigkeit einzurichten sei, wobei Oesterreich nach den vorliegenden statistischen Notizen nur gewinnen könne, da die Handelsbalance ihm vortheilhaft sei, — allein seine Vorstellungen waren nicht hinreichend, um eine ruhige Discussion herbeizuführen: Collenbach blieb bei seiner Vehemenz, erklärte, daß er durchaus gegen Alles, was in diesem Artikel vorgebracht worden, Verwahrung einlege, und daß es mit den gegenseitigen Handelsbeziehungen vorläufig auf den status libertatis naturalis kommen müsse. Hertzberg deducirte hierauf mit gleichbleibender Ruhe: es seien in dem Breslauer Frieden wegen Schlesiens zwei Punkte auf den statum quo gesetzt worden und in dem Dresdner Frieden darinnen gelassen, nämlich der status der katholischen Religion und der status der Handelsbeziehungen. Der König wolle den erstern Punkt unverändert lassen, und wenn man gegenseitig bei letzterm davon abgehen wolle, zu einem billig mäßigen Einverständniß die Hand bieten; wolle man aber den letztern ohne irgend einen andern Vergleich einfach auf den status naturalis bringen, so müsse nicht minder in Ansehung der Religionsverhältnisse der status quo wegfallen und der König in dieser Beziehung seine volle natürliche Freiheit wieder erhalten.

Dieser Darstellung gegenüber wollte Collenbach den Unterschied zwischen den beiden genannten Punkten und die größere Verbindlichkeit und Kraft des status quo in den Verhältnissen der katholischen Religion weitläuftig beweisen; doch ließ sich Hertzberg darauf nicht ein, sondern beharrte darauf, daß beide Gegenstände völlig gleichmäßig behandelt werden müßten; daß letzterer status quo in die absolute freie Willkür verwandelt,

---

[1]) Bericht von Fritsch vom 24. Januar 1763.

ersterer dagegen unverändert beibehalten werden solle, daraus werde schlechterdings und niemals etwas werden.

Es mag hier gleich angeführt werden, daß am folgenden Tage Collenbach sich mit der Frage an Hertzberg wandte: ob er glaube, daß der König den Abschluß des Friedens von diesem Artikel als einer conditio sine qua non abhängig machen werde. Hertzberg erwiederte, der Artikel sei ihm als ein sehr wesentlicher vorgeschrieben worden, und er sei in keiner Weise instruirt, davon abgehen zu dürfen; die Frage berechtige ihn jedoch zu der Gegenfrage, ob denn der Wiener Hof eine conditio sine qua non aus der Cession der Grafschaft Glatz machen werde? Collenbach entgegnete, das werde sich binnen weniger Tage aufklären; doch gesetzt den Fall, daß sein Hof in der Glatzer Frage nachgebe, wäre es ihm sehr lieb, im Voraus zu wissen, ob der König dann ein Gleiches in Betreff des Artikels über den Handel thun werde? Hertzberg suchte eine directe Beantwortung dieser Frage zu umgehen, indem er versicherte: zu der Zeit, wo die schlüssige Antwort des Wiener Hofes über den Glatzer Artikel eintreffen werde, wolle er versuchen, eine solche über den Handelsartikel zu erhalten; doch hoffe er noch immer, daß man österreichischerseits diesen Artikel als völlig conform mit den dortigen Interessen zuletzt noch annehmen werde [1]).

Bei dem 9. und 10. Punkt beantragte Collenbach, daß wegen der Kaiserwahl und der modenesischen Expectanz Separatartikel angefertigt werden möchten, womit Hertzberg sich einverstanden erklärte.

Da der 11. Punkt ausgefallen war, hatte man nur noch über den 12. zu verhandeln, der im Allgemeinen die österreichischen Propositionen billigte, jedoch hinsichtlich des Verzichtes auf die Contributionsrückstände erklärte, daß darunter die Wechsel nicht einbegriffen seien, die für auferlegte Contributionen ausgestellt

---

[1]) Bericht von Hertzberg vom 25. Januar 1763.

worden, weil dieselben schon als eine Art Bezahlung zu betrachten. Gegen diese Interpretation protestirte Collenbach, doch bestand Hertzberg darauf, indem er noch hinzufügte, daß damit auch die von Nürnberg und Erfurt und andern reichsständischen oder reichsstädtischen Orten ausgestellten Wechselbriefe gemeint seien.

Dieser Incidentpunkt ward im weitern Verlaufe der Verhandlungen in einer Weise zu Ende geführt, die einen nicht geringen Vortheil für die preußischen Finanzen gewährte. Sobald die erwähnte Protestation des österreichischen Bevollmächtigten zur Kenntniß des Königs kam, etwa am 25. Januar, ließ dieser ein genaues Verzeichniß sämmtlicher vorhandenen Wechsel, außer den sächsischen, aufstellen, und von denselben so viele als davon angebracht werden konnten, an Privatpersonen namentlich nach Holland hin verkaufen. Schon am 3. Februar konnte er daher an Hertzberg schreiben: „J'ay tout fait ce qui m'a été possible pour prendre de bonnes mesures par rapport à la sureté des lettres de change de Nuremberg, d'Erfurth, et de Fulda; ainsi que Ma renonciation aux lettres de change des sujets Autrichiens et des Etats de l'Empire, hors de la Saxe, pourra consister." Hertzberg zog nun die in der preußischen Duplik enthaltene Interpretation zurück, und acceptirte den österreichischen Antrag auf gegenseitige Annullirung resp. Herausgabe der Wechsel. Collenbach mochte inzwischen von diesem Verfahren irgend eine Nachricht erhalten haben, oder von der Gesammtgröße der in österreichischen Händen befindlichen Wechsel unterrichtet worden sein, — genug, er schien es zu bereuen, sich gegen den Vorschlag der Duplik ausgesprochen zu haben; er erklärte daher am 8. Februar: sein Vorschlag habe nur den Zweck gehabt, das sächsische Interesse zu wahren; da man aber hierauf nicht eingehen wolle, so sei es billig, daß man gegenseitig mit gleichen Summen tausche, und zu dem Ende Verzeichnisse der Wechsel mittheile. In der Folge beharrte er jedoch nicht auf dieser Behauptung, und so kam es denn schließlich zur gegenseitigen Auslieferung der Wechsel, wobei sich ergab, daß in der kaiserlichen Reichsoperationskasse dreizehn Wechsel aus preußischen Landen vorhanden waren, welche die Summe von 843,516 Thlr. 20 ggr. repräsentirten, während man preußischerseits nur noch sechs bambergische Wechsel zur Summe von 575,266 Thlr. 9 ggr. in Händen hatte, welche dagegen ausgewechselt wurden.

Nachdem nun der Schriftenwechsel zwischen den contrahirenden Mächten, und zwar gleichzeitig auch zwischen Preußen und Sachsen, bis zur Duplik gediehen war, ward die Abrede genommen, nur noch mündlich in den Conferenzen zu verhandeln, um so über einen Artikel nach dem andern sich vereinigen zu können.

Sehen wir nun, wie weit bis zu diesem Zeitpunkt (26. Januar) die Verhandlungen zwischen Preußen und Sachsen gediehen waren.

Schriftenwechsel zwischen Preußen und Sachsen.

Der Wunsch des Geheimen Raths von Fritsch, nach der Einführung des österreichischen Bevollmächtigten in die zur Unterhandlung bestimmten Localitäten von der Fortführung des Geschäfts dispensirt zu werden, hatte aus überwiegenden Gründen von dem Churprinzen nicht berücksichtigt werden können, und der ergraute Staatsmann hatte sich dieser Entscheidung gefügt. Indem er seine Bereitwilligkeit zur Uebernahme dieser schwierigen Aufgabe aussprach, hatte er jedoch daran die Bitte geknüpft, einen Beamten beigesellt zu erhalten, mit dem er alle erforderlich scheinenden Schritte und Maßregeln besprechen könne und der ihm eine wesentliche Hülfe bei allen vorkommenden Geschäften gewähre. Als solcher war von ihm der Hofrath Gutschmid in Vorschlag gebracht worden, der früher als Professor der Staatswissenschaft in Leipzig sich als hervorragende Capacität bewährt hatte und der später nach seiner Versetzung in das Ministerium bei den Vorarbeiten für den in Aussicht genommenen Augsburger Congreß im Jahre 1761 gebraucht worden war. Da die Entschließung auf diese, zuerst mündlich angebrachte Bitte nicht so rasch erfolgte, als dies von Fritsch erwartet sein mochte, erneuerte er sie am Schlusse eines Berichts vom 27. December 1762 mit folgenden Worten: „Ich muß zu meiner Schande gestehen, daß ich mich um die hohe Wissenschaft des Ceremoniels Zeit Lebens nicht bekümmert, auch keine von derselben handelnde Bücher kenne, zur Hand habe, noch zu erlangen weiß. Der Herr von Collenbach und der ihm zugegebene Herr von Lederer sind von dergleichen recht umschanzet, wie ich bey der Erörterung der verlangten Neutralitäts-Acte mehr als hinlänglich erfahren. Trost und Rath von ihnen zu erwarten, würde wohl nicht rathsam, noch auch hinlänglich seyn, meine Zeit auch nicht zureichen, wenn ich alle Aufmerksamkeit auf Besorgung des Hauptgeschäfts wenden soll. Ich muß derohalben mein unterthänigstes und inständigstes Suchen wiederholen, mir den Hofrath Gutschmid, sobald nur immer möglich, zuzugeben, damit er mir durch seine bey Gelegenheit des intendirten Augsburger congresses geschöpfte mir bekannte große Einsicht und Fähigkeit, auch bey der Arbeit mit der Feder zu Statten komme. Es ist mir schlechterdings unmöglich, bey meinem Alter alles, wie ich wünsche, allein zu besorgen, und die Fehler zu vermeiden, welche mir bey dem größten Eifer zu Schulden kommen könnten."

Dem alten Herrn ward dieser Wunsch nunmehr sofort gewährt, und ein Rescript des Churprinzen vom 29. December normirte die Stellung des neuen Adjuncten in folgender Weise: „Meine Absicht hiebey gehet dahin, daß er zwar nicht ordentlicher Weise als zweiter Bevollmächtigter sich geriren, auch weder die zu erstattenden Berichte, noch den künftigen Tractat selbst unterzeichnen, jedoch dem Herrn Geheimen Rath sowohl mit consiliis als sonst werkthätig assistenz leisten, auch wenn es in diese Wege zu richten, so oft nöthig denen Conferenzen beywohnen und demselben darinnen notanda notiren helfen; wo mir in pressanten Fällen mündlich raport abzustatten, sich der Reisen anhero unterziehen, und wenn des Herrn Geheimen Raths Gegenwart zu Leipzig nöthig seyn dürfte, und das Ermessen davon lediglich Ihnen überlassen bleibt, desselben Stelle einsweilen bey seiner Abwesenheit zu Hubertusburg vertreten möge."

Der Hofrath Gutschmid trat erst nach der Eröffnung der Conferenzen seinen neuen Posten an, immer noch früh genug, um gleich an den ersten dadurch hervorgerufenen bedeutenden Arbeiten sich betheiligen zu können. Die Enttäuschung der sächsischen Bevollmächtigten nach der Mittheilung der so sorgfältig verheimlichten österreichischen Propositionen war sehr groß. Während man sicher darauf gerechnet hatte, daß Oesterreich als wesentliche Vorbedingung des Friedens die sofortige Räumung Sachsens und die damit zusammenhängende Beendigung der furchtbaren Kriegserpressungen verlangen werde, um sich so doch einigermaßen dankbar zu bezeigen gegen seinen treuen Bundesgenossen und Leidensgefährten, und um so den vielen schönen Versicherungen, die in Wien gemacht worden, eine entsprechende Folge zu geben, — mußte man jetzt erfahren, daß alles, was man von jener Seite für Sachsen thun zu müssen glaubte, sich darauf beschränkte, die gleichzeitige Abschließung des Friedens zu verlangen, daneben aber sich erbot (sub 9), die noch im Besitze habenden Eroberungen gratuitement und blos gegen Bedingung eigener Convenienzen zurückzugeben, da sie doch auch als Mittel zur Erreichung günstiger Bedingungen für Sachsen hätten dienen können. Die Einmischung verschiedener anderer Gegenstände, die dem vorliegenden Friedensgeschäfte im Grunde ganz fremd waren, wie die Succession des Sulzbachischen Hauses in Jülich und Berg (sub 5), die Succession in den Markgrafenthümern Anspach und Bayreuth (sub 7), die Abschließung eines Handelsvertrags (sub 8) und die Verhandlungen über die freie Schifffahrt auf der Elbe (sub 11), waren nicht dazu geeignet, das Vertrauen der sächsischen Regierung auf einen reellen Beistand von jener Seite her zu erkräftigen.

Das persönliche Verhalten des Herrn von Collenbach trug auch nicht dazu bei, den übeln Eindruck zu vermindern. Bereits vor Eröffnung der Conferenz hatte er vertraulich bei Herrn von

Hertzberg angefragt, ob man denn von vorn herein den sächsischen Bevollmächtigten zu den Berathungen zulassen wolle? Hertzbergs Antwort ging dahin, daß dies durchaus passend sein werde, besonders weil die ganze Unterhandlung durch den sächsischen Hof eingeleitet worden sei[1]). Nachdem er dann in der Conferenz die beiden ersten Punkte des Précis dictirt hatte, weigerte er sich, wie oben erzählt worden, von dem weitern Inhalte desselben dem sächsischen Gesandten Kenntniß zu geben, und gerieth dadurch von vorn herein mit dem Letztern in eine Differenz, welche wieder durch Hertzbergs taktvolle Vermittlung gehoben ward. Ueber die Bedeutung des in Artikel 1 gebrauchten Ausdrucks: „sur un pied réciproquement convenable et équitable" wollte Collenbach keinerlei Erklärung geben, sondern verwies einfach auf die Anträge, die von dem sächsischen Bevollmächtigten gestellt werden würden. Und als dieser auf die einer verbündeten Regierung schuldigen Rücksichten Bezug nahm, äußerte er: Der König von Polen und seine sächsischen Lande seien durch ihren eigenen, der Reichsgrundverfassung gemäßen Willen in dieses Unglück gerathen, **hätten aber keinen Tractat mit der Kaiserin-Königin Majestät anzuziehen**[2]).

Unter diesen Umständen schien es dem Baron Fritsch vor allen Dingen erforderlich zu sein, eine schriftliche Erklärung über einzelne Punkte des Wiener Précis dem österreichischen Bevollmächtigten zu überreichen und davon eine Abschrift an Hertzberg gelangen zu lassen. Denn dadurch erhielt er Gelegenheit, noch vor Herausgabe der eigentlichen Friedensvorschläge dem Wiener Cabinet die Erwartungen des sächsischen Hofes nochmals umständlich ins Gedächtniß zurückzurufen und zugleich einem Verlangen des preußischen Bevollmächtigten zu entsprechen, welcher

---

[1]) Brief von Hertzberg an Graf Finckenstein vom 31. Dec. 1762.
[2]) Bericht von Fritsch vom 1. Januar 1763.

über die Auslegung jenes 1. Artikels eine Erläuterung gewünscht hatte, die er dem Könige vorlegen könne. Hertzberg wollte unter dem beregten Ausdruck nur die einfache Räumung Sachsens verstanden haben, während Fritsch behauptete, daß derselbe vornehmlich la prompte suspension d'exécution, l'évacuation et la restitution in sich fasse.

Diese Note[1]) ward am 4. Januar überreicht; sie enthält folgende drei Punkte:

1. Der österreichische Bevollmächtigte wird aufgefordert, darauf zu bestehen, daß die Feindseligkeiten sofort ohne weitern Aufschub eingestellt werden, — daß als Termin der Beendigung jeder Art von Kriegsleistungen der 1. Januar 1763 bestimmt werde, — daß die Räumung des Landes gleichzeitig mit denjenigen Rückerstattungen erfolge, welche der König von Preußen von der Kaiserin-Königin zu erwarten habe, — und daß man sich über die Maßregeln einige, welche geeignet seien, dem Könige von Polen eine Entschädigung für die immensen Verluste während des gegenwärtigen Kriegs zu gewähren.

2. Daß durch die Erwähnung der Succession in den Herzogthümern Jülich und Berg die Kaiserin-Königin kein Präjudiz habe aussprechen können gegen die unleugbaren Ansprüche des Hauses Sachsen, welche auf den Belehnungen so vieler Kaiser und auf feierlichen Versprechungen des Hauses Oesterreich beruheten; man müsse deshalb darauf dringen, daß dieser den gegenwärtigen Unterhandlungen völlig fremde Gegenstand gänzlich beseitigt werde.

3. Die Schifffahrt auf der Elbe, von der gleichfalls in dem Précis gesprochen werde, könne nie der Gegenstand einer unmittelbaren Uebereinkunft zwischen der Kaiserin-Königin und dem König von Preußen werden, und sei daher gleichfalls aus den gegenwärtigen Verhandlungen auszuscheiden.

---

[1]) Beilage M.

Diese Note hatte wenigstens den Erfolg, daß Herr von Collenbach die im Anhange derselben enthaltenen Forderungen unterstützte; Herzberg sandte sie dem Könige mit der Bemerkung: „L'un et l'autre ont fortement insisté pour que la cessation des contributions soit fixée au 1ᵉʳ janvier 1763, en faisant valoir que le pays de Cleve en profiteroit ou en souffriroit par la réciprocité¹).‟

Der König antwortete jedoch unter dem 6. Januar: „Quant au mémoire du Baron de Fritsch, qu'il a remis au Sieur de Collenbach et dont vous m'avez envoyé copie, Je vous dirai, que c'est une demande du tout inacceptable, et contraire à tout ce qui est de coutûme en pareille occasion, que de vouloir prétendre, à ce que la cessation de toutes les prestations de guerre en Saxe y soit fixée au premier de Janvier de l'année présente. Aussi ma résolution est fermement prise, de ne m'y prêter autrement, que tout au plus du jour que les ratifications des préliminaires des Cours respectives auront été échangées. Vous insinuerez pour cela convenablement au susdit Baron de Fritsch, que sa Cour pourroit s'estimer heureuse, de ce qu'on lui rendoit la Saxe à de si bonnes conditions, et que sa demande en question était d'autant plus hors de toute règle, qu'il était constaté, que les Autrichiens, malgré qu'on traitoit de paix, continuoient à lever des contributions dans la Comté de Glatz, et que les Français, non obstant les préliminaires de paix ratifiés, exigoient des contributions énormes de mes provinces de Cleve.‟

Leipsic, 6 janvier 1763.   Fédéric.

An demselben Tage hatte Fritsch seinen Entwurf eines Friedensvertrags dem preußischen Bevollmächtigten in der Sitzung

---

¹) Bericht Herzbergs vom 6. Januar 1763.

überreicht[1]); die Forderungen seines Königs und Herrn in dem Handschreiben vom 16. December 1762[2]) hatte er so gewissenhaft dabei beobachtet, wie ihm diese nach seiner Kenntniß der augenblicklichen Lage und der Gesinnung des Königs von Preußen nur irgend erreichbar geschienen hatten. Daß er sich in letzterer Hinsicht wesentlich getäuscht hatte und in den gewöhnlichen Fehler lebhafter Naturen verfallen war, welche das heiß Ersehnte auch für leicht erreichbar halten, sollte er nur zu bald erfahren.

Der Artikel 1 enthält die gewöhnlichen Versicherungen von Wiederherstellung der völligen Freundschaft mit Hinzufügung einer allgemeinen Amnestie.

Im Artikel 2 ist der Punkt wegen Einstellung der Feindseligkeiten und Contributionen sehr vollständig enthalten; dabei zugleich wieder der 1. Januar als terminus a quo in Vorschlag gebracht, und schließlich die Cassation und Rückgabe der an preußische Unterthanen aus Veranlassung der Kriegsforderungen ausgestellten Verschreibungen verlangt.

Art. 3 bezieht sich auf die Räumung Sachsens und bezeichnet eine Frist von 10 Tagen nach der Ratification, binnen welcher dieselbe ausgeführt sein könnte.

Art. 4 bedingt die Rückgabe aller Kriegsgefangenen, Effecten und Schriften, in dem Umfange, welchen man erwarten zu können glaubte. Auch der Geißeln und Schuldner ist gedacht, weil Mitglieder verschiedener Kreisstände als solche in preußischen Festungen detinirt wurden.

Art. 5 spricht die Erwartung aus, es werde für den Verlust der sechsjährigen Steuern und übrigen Einnahmen eine Entschädigung gewährt werden[3]).

---

[1]) Beilage N.
[2]) Siehe oben S. 29.
[3]) Man muß Herrn von Fritsch die Gerechtigkeit widerfahren lassen, daß er in seinem Berichte vom 2. Januar die Zwecklosigkeit dieser Bedingung vor-

Im Art. 6 werden die Entschädigungsversprechen in Erinnerung gebracht, welche der Stadt Leipzig und der sächsischen Ritterschaft früher ausgestellt worden.

Art. 7 bringt die Handelsverhältnisse beider Staaten zur Sprache, jedoch nur ganz im allgemeinen, da die Discussion über einzelne Punkte zu weitläuftig und die bloße Verweisung auf künftige Unterhandlungen ohne Nutzen sein werde.

Im Art. 8 wird ein Arrangement wegen der wichtigen Steuerschulden in Vorschlag gebracht, wie man nach der Natur der Sache und einigen vom König von Preußen früher gegen Fritsch gethanen Aeußerungen dasselbe am füglichsten zu erlangen hoffen konnte.

Art. 9 umfaßt die Garantien der beiderseitigen Alliirten.

Nach der Ueberreichung und Vorlesung dieses Entwurfs beschränkte sich der österreichische Bevollmächtigte darauf, ganz im allgemeinen zu erklären: daß er von seinem Hofe befehligt sei, die chursächsischen Anträge zu unterstützen und darauf zu beharren, daß der Frieden mit diesem Hofe und dem seinigen zu gleicher Zeit geschlossen werde.

Hertzberg nahm den Entwurf einfach ad referendum, erbat sich jedoch sofort die betreffenden Beweisstücke, auf welche sich die Forderung des Art. 6 stützte, worauf ihm von Fritsch die Abschriften der in den Jahren 1756 und 1757 ergangenen Correspondenzen und Resolutionen mitgetheilt wurden, laut welcher der König die Schadloßstellung wegen der als Darlehn und don gratuit bezahlten Summen versprochen hatte[1]).

Der erste Eindruck, den dieser Entwurf auf den König machte, war ein sehr ungünstiger. Gleich nach der ersten Einsicht, bereits am 7. Januar, schreibt er darüber an Hertzberg: „— — — Quant

---

hersagt. So vollkommen gerecht und billig die Entschädigungsforderung sei, so positiv habe gleichwohl der König von Preußen erklärt, daß er dazu weder Land noch Geld hergebe. Auch von Oesterreich sei in dieser Beziehung gar nichts zu erwarten.

[1]) Beilage O.

à l'évacuation de la Saxe par mes Trouppes, Je ne saurois les en retirer, quand même J'aurois envie de le faire, avant la fin du mois de Mars qui vient, vû qu'il n'y a point à présent de Magazins arrangés pour leur subsistance, ni dans la Marcke, ni en Poméranie et jusqu'aux frontières de la Prusse; Que nous avons eu d'ailleurs une mauvaise recolte l'année dernière, et que ne sachant jusqu'à présent, si notre paix prendra consistance ou non, Je ne puis faire aucun arrangement pour faire faire des transports dans mes susdites provinces, ni d'y arranger, ce qui est absolument indispensable à ce sujet.

Sur ce qui regarde l'article 4, il faudra bien que les Saxons y mentionnés, restent comme ils sont actuellement, vû qu'on n'en a pas, pour nous les donner en échange.

Vous insinuerez d'ailleurs au Baron de Fritsch dans vos conversations privées, que les conditions que sa Cour prétendoit, étoient moulées sur une forme, comme si ma situation étoit extremement mauvoise; ce qui, grace à Dieu! n'étoit cependant point du tout, qu'ainsi Je ne me laisserois point donner des lois dures par sa Cour, et qu'il ne falloit pas qu'elle prétendit de moi des choses impossibles et contraires à toute usance, relativement à l'évacuation de la Saxe, et à la cessation des contributions, que Je continuerai à tirer, tout comme Je me suis exprimé la dessus, et ne ferai au reste point de préjudice à leur faveur, aux droits et priviléges de mes villes, dont celles-ci jouissent actuellement."

à Leipsic (Eigenhändiges Postscript.)
ce 7 janvier. Il faut une bonne foy detromper les Saxsons
de leur prétentions chimériques, et quand à
l'article du Commerce, j'atans quelquun de
Breslau pour le faire minuter sous mes yeux.
Federic.

In Dresden war man während dieser Zeit auch nicht unthätig geblieben.

Die dem Geheimen Rath von Fritsch mitgetheilten Actenstücke über die Art und Weise, wie in den cleveschen Landen die Contributionen und Lieferungen von dem commissaire ordonnateur Fumeron zu Wesel eingetrieben wurden, hatten sofort den Churprinzen veranlaßt, den Grafen Flemming in Wien mit sehr bestimmten Instructionen zu versehen[1]). Er sollte dem französischen Gesandten daselbst die dringendsten Vorstellungen machen, daß man durch Aufstellung solcher Grundsätze vielleicht einen Vortheil von einigen hunderttausend Livres für die französischen Kassen sich verschaffe, dadurch aber zugleich den sächsischen Landen für viele Millionen Thaler Schaden verursache; es dürfe daher erwartet werden, daß man wenigstens von jetzt an alles verhüte, wodurch weiterer Nachtheil für Sachsen entstehen könne, daß man die Maßregeln, welche in Cleve zur Ausführung gebracht werden sollten, zurücknehme, und daß hievon dem preußischen Hofe Mittheilung gegeben werde unter der ausdrücklichen Erklärung, daß dies in Folge sächsischer Vermittlung geschehe.

Das Auftreten des Herrn von Collenbach in Dresden, sein undurchdringliches Schweigen über die ihm ertheilte Instruction, insoweit sie die von Sachsen in Anspruch genommene Assistenz des kaiserlichen Hofes betraf, sein stetes Zurückkommen auf die Versicherung, wie sein Hof alles nur Mögliche im sächsischen Interesse gewiß thun würde: — alles dies war unverzüglich dem Grafen Flemming mitgetheilt worden, mit dem Auftrage, dem Grafen Kaunitz die wiederholt gegebenen Versicherungen ins Gedächtniß zurückzurufen und dabei die sichere Erwartung auszusprechen, daß Herr von Collenbach die gemessenste Anweisung erhalten werde, die sächsischen Entschädigungsansprüche nicht allein unter seinen

---

[1]) Schreiben des Churprinzen an Graf Flemming vom 22. Dec. 1762.

Anträgen namentlich zu erwähnen, sondern auch während der Unterhandlung darauf zu insistiren und sie zur conditio sine qua non zu machen.

Mit welchen Empfindungen demnach die Berichte über die Eröffnung der Conferenzen und über den Inhalt der österreichischen Friedensvorschläge in Dresden aufgenommen wurden, läßt sich leicht denken.

Gleich nach Eingang derselben ward dem Grafen Flemming davon Mittheilung gegeben und ihm eröffnet[1]): daß der erste Artikel des Précis ganz unzulänglich für das sächsische Interesse gefaßt sei, und die Versicherungen, welche man noch jüngsthin in Wien ertheilet, dadurch keineswegs in Erfüllung gegangen; daß der Art. 5 den feierlichen Beleihungen so vieler römischer Kaiser sowohl, als auch den verbindenden Versprechungen und Reversen des Hauses Oesterreich zuwiderlaufe; daß der Art. 11 auf nichts minderes abziele, als mit Vernachtheiligung des Leipziger Handels ein unmittelbares commercium zwischen Böhmen und den brandenburgischen Landen auf dem durch Sachsen fließenden Elbstrom einzurichten.

Graf Flemming berichtete unter dem 8. Januar, daß in Betreff der cleveschen Angelegenheit der französische Botschafter ihm die Erläuterung gegeben: jene Verfügung des Mr. de Fumeron sei zu einer Zeit erlassen worden, wo diesem die Gesinnung seines Hofes noch nicht bekannt gewesen; es sei zu vermuthen, daß diese Ordre in der Folge widerrufen worden sei, denn der königlich preußische Gesandte in London, Herr von Knyphausen, habe seine in derselben Angelegenheit vorgebrachte Klage wieder zurückgenommen.

Sodann zur Hauptsache übergehend, spricht der Gesandte sein äußerstes Befremden über die erhaltenen Nachrichten aus und

---

[1]) Schreiben des Churprinzen an Graf Flemming vom 2. Januar 1763.

referirt, daß er, ohne Instruction eine formelle Erklärung zu verlangen, es für angezeigt gehalten habe, zuvörderst für seine Person die mündliche Beantwortung einiger bestimmten Fragen sich zu erbitten. Letztere habe er folgendermaßen formulirt:

1. Woher es komme, daß Herr von Collenbach, als man ihn vor seiner Abreise von Dresden sondiret, ob er das Anverlangen einer Entschädigung für Sachsen zu einer conditio sine qua non zu machen, instruirt sei? das Gegentheil deutlich zu verstehen gegeben?

2. Warum er mit den gethanen Propositionen nicht nur zu Dresden, sondern sogar noch zu Hubertusburg gegen den Baron von Fritsch dergestalt zurückgehalten, daß selbiger das Précis nicht aus seinen, sondern aus des preußischen Bevollmächtigten Händen empfangen?

3. Warum in dem Art. 1 das, was das Interesse des Churhauses Sachsen betrifft, so kurz und unzulänglich gefaßt sei, und warum man sich dabei des Wortes réciproquement bedienet, da doch einzig und allein von sächsischer Seite alle Billigkeit in Anspruch genommen werden könne.

4. Warum man im Art. 5 auf die neue Bestätigung eines zwischen dem Berlinischen und dem churpfälzischen Hofe wegen Jülich und Berg geschlossenen Tractats dringe, der wider die so klar erwiesenen gerechten Ansprüche des Hauses Sachsen augenscheinlich streite?

5. Warum man ohne alle vorherige Abrede die Eröffnung der Elbfahrt, wovon für die sächsischen Handelsinteressen so unendlich viel abhange, auf die Bahn gebracht, und dadurch dem Könige von Preußen selbst Anlaß gebe, seine ohnehin schon in Ansehung derselben gemachten ungerechten und ungegründeten Ansprüche nur noch desto heftiger zu betreiben?

6. Warum man in dem Art. 12 so schlechthin gesetzet, daß der Dresdner Friede zur Basis der neuen Pacification dienen

solle, ohne bei der Gelegenheit zu berühren, daß nach den von sächsischer Seite sorgfältigst geschehenen Erinnerungen selbiger in Rücksicht auf den chursächsischen Hof in verschiedenen Punkten, und besonders wegen des darin den preußischen Unterthanen, welche Steuerscheine in Händen haben würden, vorbehaltenen Vorzugs einige nothwendige Modificationen erfordere?

Diese Fragen, die nicht an den Grafen Kaunitz direct, sondern allem Anscheine nach an dessen Vertrauten, den Baron Binder, gerichtet waren, riefen anfangs eine etwas lebhafte Debatte hervor, welche sich zu der Klage gipfelte, daß man in Wien auch mit den besten und unschuldigsten Intentionen, die man wegen Sachsen hege, am Ende keinen Dank erhalte, da auf letzterer Seite die Sachen nicht aus dem richtigen Gesichtspunkte betrachtet würden. Doch ließ man sich endlich zu folgenden bestimmten Erwiederungen herbei:

ad 1. Der Hofrath von Collenbach gestehe in seinen Berichten, daß er über die vielerlei Fragen und Zuredungen, die an ihn seit seiner Ankunft in Dresden geschehen, beinahe confus werde, und man müsse sich daher nicht an das, was er mündlich geäußert, sondern lediglich und allein an dasjenige halten, was das von ihm herausgegebene Précis besage.

ad 2 und 3. Daß der Hofrath von Collenbach von diesem letztern keine vorläufige Mittheilung gegeben, sei aus der guten Absicht geschehen, damit der König von Preußen von dessen Beschaffenheit nicht das mindeste voraus merken und um so mehr sich gleichsam frappirt finden solle, wenn er darin mit einemmal Propositionen antreffe, die er so nachgiebig sich zum voraus gewiß nicht werde vorgestellt haben. Indem man daher hoffe, daß er dadurch in sich zu gehen und zu einer größern Nachgiebigkeit bewogen werden solle, sei man der Meinung, daß man sich von Seiten Sachsens vielmehr könne lieb sein lassen, daß man in dem Précis sich begnügt, nur überhaupt einen billigen und convenabeln Frieden für Sachsen als eine conditio sine qua non vorauszu-

setzen. Hätte man zu gleicher Zeit die Forderungen des chursächsischen Hofes dem Précis einverleiben wollen, würde daraus
die Inconvenienz entstanden sein, daß man erst über deren Maß
und Art unter sich auf allerhand weitläuftige Discussionen würde
geführt worden sein, und daß, wenn man österreichischerseits dabei
einige Erinnerungen gemacht habe, der Verdacht entstanden sein
würde, daß selbiger in die sächsischen Ideen nicht genugsam eingehe. Auch sei zu befürchten, der König von Preußen könne,
wenn er so viele Forderungen erblickt, das Kind mit dem Bade
ausschütten und eins mit dem andern zusammen verwerfen. Jetzt
sei dem sächsischen Hofe vorbehalten, seine Forderungen, wie er
dies nach der Gegenerklärung des Königs von Preußen auf das
Précis nur immer thunlich und gut finde, besonders zu formiren
und anzubringen, ohne daß er sich hierin in eine Abhängigkeit
vom Wiener Hofe begeben zu haben scheinen könne; und dabei
könne derselbe fest darauf rechnen, daß man ihm von österreichischer
Seite alle nur mögliche Unterstützung leisten werde. Freundschaft-
licher und vorsichtiger habe man nicht handeln zu können geglaubt;
sollte man sächsischerseits etwa vermeinen, daß durch Einschaltung
der dortigen Forderungen wenigstens mehr Zeit gewonnen werden
könne, sei man im Gegentheil überzeugt, daß aus den angeführten
Erwägungen sich solche nunmehr desto kürzer würden fassen und
also auch geschwinder abthun lassen; käme aber ja ein kleiner
Verzug heraus, würde man sächsischerseits denselben nicht dem
Wiener Hofe, sondern sich selbst zuzuschreiben haben, weil der
Hofrath von Collenbach melde, daß, als der preußische Bevollmächtigte nach Ueberreichung des Précis gefragt, worin die Vorschläge Chursachsens beständen, der Baron von Fritsch ausdrücklich
zur Antwort ertheilt, daß er dergleichen zu thun noch nicht instruirt sei. So wenig nun der Hofrath von Collenbach möge
geglaubt haben, daß, nachdem sich der preußische Bevollmächtigte
in der ersten Conferenz in seinem Beisein zu einer Abschrift von

dem Précis an den Baron von Fritsch erboten gehabt, er auch noch seinestheils, wie es allerdings die Ordnung erfordert, dergleichen mitzutheilen habe; so wenig sei auch in dem Worte „réciproquement" das mindeste Verfängliche zu supponiren, indem man sich bei dessen Niederschreibung die Auslegung, die man demselben geben könne, gewiß nicht habe einfallen lassen; es werde aber auch bedürfenden Falls nichts leichter sein, als nach der unstreitigen Regel, daß Jeder seiner Worte bester Dolmetsch sei, solches so auszudeuten, daß keine Anstößigkeit übrig bleibe.

ad 4. Es könne dem Hofe zu Dresden nicht unbekannt sein, daß Oesterreich auf dringende Veranlassung des französischen Hofes schon bei Gelegenheit des Aachener Friedens sich, wenn auch sehr ungern, dazu habe bequemen müssen, den zwischen dem Berliner und dem churpfälzischen Hofe geschlossenen Tractat anzuerkennen; letzterer könne übrigens den Rechten eines Dritten, also auch Sachsens, nicht präjudiciren. Zu Anfang des jetzigen Kriegs habe man in Mannheim schlechterdings verweigert, an der guten Sache wider Preußen so lange theilzunehmen, bis man ausdrücklich sich verpflichtet, nicht Frieden zu schließen, ohne vorher von dem Könige von Preußen die fernere Bestätigung des von Seiten Churpfalzes während des Kriegs hintangesetzten erwähnten Tractats erlangt zu haben, — Beweis genug, daß dieser Antrag als fremd und hieher nicht gehörig keineswegs zu betrachten, und wie sorgfältig man in Wien seine Verpflichtungen und Versprechungen zu erfüllen gewohnt sei.

ad 5. Eben so wenig habe man durch Erwähnung der Elbfahrt etwas Verfängliches für Sachsen auf die Bahn zu bringen vermeint, vielmehr grade im Gegentheil geglaubt, bei der jetzigen Gelegenheit vielleicht ein für die Elbfahrt günstiges Abkommen zu treffen, weil der König von Preußen der letzteren durch den hervorgesuchten Magdeburger Stapel so gewaltigen Abbruch zu thun unternommen habe; der Vortheil, der aus einer solchen Combinirung zugleich für die sächsischen Lande entspringe, sei die natürliche Veranlassung gewesen, diesen Punkt zu berühren, während man im Uebrigen dem sächsischen Hofe wegen seiner anzubringenden Postulate keineswegs vorzugreifen gemeint sei. Daß es damit keine andere Absicht als diese habe, zeige sich aus der Art der Abfassung, welche man diesem Artikel gegeben, und sei man daher auch bereit, denselben fallen zu lassen, sobald man von Seiten Sachsens dabei unüberwindliche Anstände finde; man werde dann zu der auch schon von Preußen früher an die Hand gegebenen Idee zurückkehren, den Handel zwischen den österreichischen, schlesischen und brandenburgischen Landen vermittelst der Oder zu verbinden und aus dieser eine Communication nach der Elbe unterhalb Sachsens mittelst Canälen zu etabliren.

ad 6. Daraus, daß man den zwischen Oesterreich und Preußen geschlossenen Dresdner Frieden jetzt wieder zur Basis der neuen Unterhandlungen haben wolle, folge ja nicht, daß dasselbe auch von Seiten Chursachsens in Ansehung seines besondern Dresdner Friedens gleichfalls geschehen müsse. Diese beiden Frieden seien separat, und daß in dem letztern einige Abänderungen höchst nöthig seien, erkenne man in Wien so vollkommen, daß man auch dazu, wie überhaupt zu allen sächsischen Anverlangen, alles nur Mögliche treulichst mit beitragen wolle.

Es ist schwer zu glauben, aber dennoch wahr, daß der Graf Flemming sich durch diese Antwort vollkommen beruhigen ließ und ganz übersah, daß darin mit großer Feinheit überall der eigentliche Beschwerdepunkt umgangen und mit schönen Redensarten das Nebensächliche hervorgehoben worden war. Seine Befriedigung vermehrte sich noch bedeutend, als am 10. Januar der Graf Kaunitz ihn zu sich bescheiden ließ und ihm die erste Mittheilung von den sächsischen Friedenspropositionen machte[1]). Nachdem dieselben vorgelesen

---

[1]) Bericht des Grafen Flemming vom 11. Januar 1763.

worden, sprach der österreichische Minister darüber sich folgendermaßen aus: "Mit so viel äußerster Rührung er das harte und unerhörte preußische Verfahren in Sachsen vernehme, so sehr erfreue ihn dagegen, daß von Seiten des königlich churfächsischen Hofes demohnerachtet die gedachten Propositionen mit einer solchen Mäßigung und Präcision gefaßt worden, wie sie mit den dermalen vorliegenden Umständen übereinstimmten; daß er alles, was dieselben enthielten, vollkommen billig und begründet finde, und daß daher der Dresdner Hof nicht nur zuverlässig versichert bleiben dürfe, daß man solches von österreichischer Seite möglichst werde unterstützen lassen, sondern daß er sogar im Namen Ihrer Majestät der Kaiserin-Königin declarire, daß, was auch der König von Preußen in Ansehung des mit Höchstdemselben zu schließenden Friedens sonst Annehmliches anbieten könne, sie doch mit Hintansetzung Dero eignen Interesses alles so lange ausschlagen werde, als er sich nicht vorher mit dem churfächsischen Hofe gesetzt und dieser bezeuget habe, daß er es dabei beruhen lassen wolle; daß in Folge dessen der Hofrath von Collenbach theils schon instruirt sei, theils noch weiter instruirt werden solle, seine Final-Erklärung nach derjenigen des Baron von Fritsch lediglich abzumessen, und daß, da mithin Ihro Majestät die Kaiserin-Königin keine größere Probe, wie nahe ihr das Interesse des königlichen Churhauses Sachsen am Herzen liege, zu geben wisse, als daß sie in dessen Hände resignire, ob dem Krieg ein Ende gemacht oder selbiger fortgesetzt werden solle, Alles nunmehr darauf beruhe, daß man von Seiten desselben wohl und reiflich mit sich selbst zu Rathe gehe, welche von diesen beiden Eventualitäten vorzuziehen sei, um darauf hin den Baron von Fritsch mit solchen definitiven Anweisungen zu versehen, damit, was solcher dem Hofrath von Collenbach erkläre, diesem zur Richtschnur diene, ob er schließen oder die Unterhandlung aufhalten oder gar abbrechen solle. Hierin werde und wolle man sich nun dem Befinden und

Ermessen des Dresdner Hofes gänzlich fügen und hoffen, daß, da man von Seiten desselben in den gethanen Propositionen so große Mäßigung erwiesen, auch der König von Preußen in sich gehen und sich hinwieder billig erfinden lassen werde; daß, da inzwischen aber auch bekannt sei, wie er sein Herz zu erhärten pflege, hiebei die Betrachtung nicht werde aus den Augen verloren werden müssen, daß solchenfalls eine weitere Einlassung auf den Krieg bei ihm einen bessern Eindruck gewiß nicht wirken, alsdann aber die bloße Fortdauer des Krieges, ohne die damit verknüpften möglich weiteren widrigen Zufälle und Ungewißheiten zu rechnen, die sächsischen Lande vollends in ein gänzliches Verderben werde stürzen können."

Diese vagen Aeußerungen, die das Eingehen auf jede besondere Frage, durch deren Beseitigung das Friedensgeschäft wesentlich erleichtert und beschleunigt werden könnte, mit äußerster Vorsicht vermeiden, — die mit scheinbarer Resignation die Entscheidung über Krieg und Frieden in die Hände des Dresdner Hofs legen, als ob dessen Machtlosigkeit und Erschöpfung nicht hinlänglich bekannt und durch die Initiative der gegenwärtigen Unterhandlungen auf's neue documentirt worden sei, — diese Aeußerungen charakterisirt der Graf Flemming als „von ganz besonders afficirender Cordialität" und er läßt sich dadurch vollkommen zufriedenstellen, um so mehr, „da ihm auch noch sonst im engsten Vertrauen zuverlässig zugekommen, daß, wenn alle Stränge reißen, man auch noch die Rückgabe von Glatz eingehen, hingegen aber den preußischen Antrag wegen Feststellung vorläufiger General-Principien in Betreff der künftigen Commerz-Einrichtungen schlechterdings ablehnen werde."

In Dresden war man weit entfernt, diese Verblendung zu theilen, sondern drang wiederholt darauf, über die einzelnen wichtigen Punkte eine Erklärung zu veranlassen. So äußert ein Befehlschreiben des Churprinzen an den Graf Flemming vom 10. Januar:

„Da der König von Preußen das Schicksal hiesigen Landes blos von der Erklärung des Kaiserlichen Hofes wegen Glatz abhängend machen will, so kann des Königs, meines Herrn Vaters Majestät dadurch von dem Kaiserlichen Hofe eine reelle Freundschafts-Probe erzeiget werden, wenn letzterer seine Erklärung wegen Glatz theils nicht verzögert, theils nicht anders als unter der Bedingung, wenn der König von Preußen sich hinwiederum in Ansehung diesseitiger Demandes annehmlich erklären würde, hinausgiebt. Wenn sonst der Kaiserin-Königin Majestät Glatz dem Frieden aufzuopfern willens sind, so kostet Ihnen dergleichen Bedingung nichts mehr; dem diesseitigen Interesse hingegen kann sie wirklichen Nutzen schaffen, wenn der König von Preußen siehet, daß, um zu seinem Hauptzweck zu gelangen, er der Billigkeit wenigstens einigermaßen statt geben müßte."

In der Conferenz vom 11. Januar überreichte Herr von Hertzberg die preußische Antwort auf den sächsischen Friedensentwurf[1]).

Zum Art. I. wird die Verzichtleistung Sachsens auf jede Art von Entschädigung verlangt.

Zum Art. II. wird der Termin des 1. Januar als Endpunkt der Contributionen verworfen und der Tag der Ratification des Friedensvertrags oder der Präliminar-Artikel als solcher hingestellt. Zugleich reservirt sich Preußen alle Wechsel und sonstigen Zahlungsversprechen, welche von sächsischen Unterthanen ausgestellt worden.

Im Art. III. verspricht der König, im Zeitraum von drei Wochen nach Auswechslung des Friedensvertrags das Land von allen Truppen zu räumen. Früher sei dies nicht möglich, weil in den preußischen Provinzen keine Magazine vorhanden.

Zum Art. IV. wird die Bemerkung gemacht, daß es ganz unmöglich sei, die verlangten Truppen zurückzugeben, weil dieselben

---

[1]) Beilage P.

nicht mehr existirten. Doch sollten die Geißeln und andern Gefangenen in Freiheit gesetzt und ebenso die zu den sächsischen Archiven und sonstigen Behörden gehörigen Schriften zurückerstattet werden.

Zum Art. V. wird jede Entschädigung verweigert, da die preußischen Staaten durchweg ruinirt seien; der Könige verlange im Interesse des Friedens seinerseits keine Entschädigung, werde aber gern dazu beitragen, wenn Sachsen in anderer Weise entschädigt werden könne, nur nicht auf seine Kosten.

Zum Art. VI. wird behauptet, der Vorschuß der Stadt Leipzig sei für die lausitzer Stände geleistet, und diese beiden Körperschaften müßten sich hierüber arrangiren.

Zum Art. VII. wird verlangt, daß in Handelssachen der status quo, wie er vor dem Kriege bestanden, wiederhergestellt werden müsse.

Zum Art. VIII. wird die Zusicherung gegeben, der König wolle denjenigen Einrichtungen, welche wegen der sächsischen Steuerschuld getroffen würden, beitreten und auch veranlassen, daß die preußischen Gläubiger denselben beiträten; doch müsse ein solider Amortisationsfond zur successiven Rückzahlung des Capitals gegründet, und müßten die Zinsen pünktlich bezahlt werden.

Zum Art. IX. werden die vorgeschlagenen Garantien angenommen, doch werde man erfahren müssen, welche der genannten Mächte diese Garantie übernehmen wollten.

Wenn man sächsischerseits wirklich gehofft hatte, durch den bewiesenen Eifer zur Einleitung der Friedensverhandlungen und durch die an das Billigkeitsgefühl appellirenden Vorschläge einen Frieden unter einigermaßen erträglichen Bedingungen erhalten zu können, so mußte diese Hoffnung sich jetzt auf ein Minimum reduciren. Von allen Anträgen war nur ein einziger, das Arrangement wegen der Steuerschulden (Art. VIII.) betreffend, einer günstigen Berücksichtigung gewürdigt worden; alle übrigen waren als zurückgewiesen zu betrachten. Man machte sich darüber jetzt auch

keine weiteren Illusionen; der Baron Fritsch erörterte in mehreren
Berichten jeden einzelnen Punkt, unter Hervorhebung derjenigen
thatsächlichen Verhältnisse, welche bei der Erwiederung in den
Vordergrund gestellt werden müßten, und der Churprinz ließ es
nicht an den dringendsten Schreiben an den Grafen Flemming
fehlen, um durch diesen den Wiener Hof zu einem wirklich er-
sprießlichen Auftreten für die sächsischen Interessen zu vermögen.
Der Erfolg dieser letztern Schritte konnte jedoch selbstverständlich nicht
abgewartet werden, und so ward denn die sächsische Replik von
Fritsch redigirt und in der Sitzung vom 17. Januar übergeben[1]).

Im Art. 1 begnügt man sich, hinsichtlich der Entschädigungen ꝛc.
auf den Inhalt des Art. 5 Bezug zu nehmen, und rechnet dabei
auf die Gerechtigkeit und Billigkeit des Königs von Preußen.

Im Art. 2 bezieht man sich auf die Bemühungen Sachsens,
daß andere Höfe, welche Rückerstattungen an Preußen zu machen
hätten, mit dem 1. Januar 1763 alle Contributionen aufhören
ließen. Jedenfalls sei es allgemeiner Grundsatz, daß die Feindseligkeiten und Kriegsleistungen mit dem Tage der Unterzeichnung
des Friedenstractats oder der Präliminarien aufhörten. Gleicher-
weise endigten auch alle andern Forderungen so wie die Beitreibung der Rückstände, und da der König sich in der Antwort
auf den österreichischen Précis hiezu bereit erklärt habe, so hoffe
man für Sachsen ein Gleiches. Es seien von sächsischen Unterthanen vielfache Wechsel ausgestellt worden, und zwar erzwungener
Weise, und nicht blos für verfallene Contributionen, sondern selbst
für zukünftige, und für solche, deren Erlangung unmöglich geschienen. Von der Billigkeit des Königs werde erwartet, daß er
hierauf verzichten werde.

Im Art. 3 wird die Hoffnung ausgesprochen, daß der Zeitraum zwischen der Unterzeichnung des Tractats und der Ratification

---

[1]) Beilage Q.

genügen werde, um die Räumung Sachsens von den Truppen zu bewerkstelligen, und daß während dieser Zeit die Armee aus den Magazinen unterhalten werde.

In Art. 4 beschränkt man die Forderung der Auslieferung aller sächsischen Kriegsgefangenen ꝛc. auf diejenigen, welche sich noch vorfinden, und besteht auf der Rückgabe der Artillerie und sonstigen Kriegsgeräths, da das nicht mehr vorhandene durch ähnliches ersetzt werden könne. Auch wird das Versprechen acceptirt, die Geißeln und andern verhafteten Personen, so wie die amtlichen Papiere zurückgeben zu wollen.

Im Art. 5 wird daran erinnert, daß der König durch die Besitznahme Sachsens als Depot sich verpflichtet habe, die Einnahmen zurückzuerstatten und die Verluste zu ersetzen, die daraus entstanden. Aus Liebe zum Frieden wolle man wohl auf einen Theil derselben verzichten, jedoch nicht auf alles.

Im Art. 6 wird das Versprechen des Königs, bei künftig erfolgendem Frieden selbst für die Schadloßstellung der Stadt Leipzig besorgt zu sein, in Erinnerung gebracht; von einem Zusammenhange der Leipziger Contributionen mit denen der lausitzer Stände wisse man gar nichts. Man rechne daher sicher auf die Erfüllung der königlichen Versprechungen, sowohl in Betreff der Stadt Leipzig, wie hinsichtlich der sächsischen Ritterschaft.

Im Art. 7 wird ausgeführt, daß es unmöglich sei, einen status quo in den Handelsbeziehungen vor dem Ausbruche des Krieges festzustellen. Im Jahre 1755 sei man übereingekommen, jede neue Auflage von Zoll u. s. w. auszusetzen und sich mittelst einer Commission zu einigen. Letztere sei im December in Halle zusammengetreten, jedoch im Mai 1756 ohne Resultat auseinandergegangen. Dadurch sei Alles wieder auf den früheren Fuß gekommen, d. h. der gegenseitige Handel sei durch Zölle und Verbote aller Art gestört worden, und von preußischer Seite habe man selbst neue Schwierigkeiten hinzugefügt. Dann sei der Krieg ausgebrochen, der diejenigen Maßregeln unthunlich gemacht, die man in Folge jener Mißverständnisse habe ergreifen wollen. Der Zeitpunkt des Kriegsanfangs biete daher keinen status quo, der den gegenseitigen Handelsbeziehungen genügen könne. Um eine gute und nützliche Nachbarschaft zu begründen, müsse man Grundsätze aufstellen, die auf Billigkeit und gegenseitigem Vortheil beruhten; solche seien diesseits vorgelegt worden; man könne dieselben noch eingehender prüfen und nach dem Frieden Commissare ernennen, welche alle Mißbräuche abschaffen und einen Zustand schaffen könnten, welcher den wirklichen Interessen der beiden Staaten entspräche.

Im Art. 8 wird die Erklärung des Königs acceptirt, den Einrichtungen hinsichtlich der Steuerschulden beitreten zu wollen. Um jeden Zweifel, jedes Mißverständniß zu beseitigen, erkläre man, daß von einem Abzug an den Capitalien, die man den Gläubigern schulde, nicht die Rede sein könne; daß man aber wegen der Zinsen, welche pünktlich bezahlt werden sollten, mit den Gläubigern eine gütliche Vereinbarung treffen werde, und daß die Vortheile, die man ihnen versprechen könne, vom Ausfall der Friedensbedingungen und namentlich vom Art. 2 abhingen.

Im Art. 9 lasse die Erklärung des Königs wegen der Garantien nichts zu wünschen übrig, und genüge es, diesem Artikel den Schlußsatz beizufügen: daß der Friedensvertrag in allen Punkten und Artikeln in voller Geltung bleiben solle, wenn auch die Garantien nicht erlangt werden könnten.

Nach Entgegennahme dieser Replik reiste der preußische Bevollmächtigte in das Hauptquartier des Königs nach Leipzig, um dort an der Redaction der schriftlichen Antwort theilzunehmen. Es erschien unter den obwaltenden Umständen dem Baron Fritsch sehr rathsam, zu gleicher Zeit seinen Gehülfen, den Hofrath Gutschmid, dorthin zu senden, unter dem naheliegenden Vorwand, seine dortigen Verwandten zu besuchen und einige Privatangelegenheiten zu besorgen, in Wirklichkeit aber, um die persönliche Verbindung mit Herrn von Herzberg ununterbrochen lebendig zu erhalten und um zu verhindern, daß nicht aus Mangel beständiger Vorstellungen und dienstamer Erläuterungen etwas festgesetzt werden möge, was in der Folge weit schwerer abzuändern, als im voraus abzulehnen sein werde. Auch richtete Fritsch zwei ausführliche Noten an Herzberg, in denen er die Verhältnisse der Steuerschulden und die Unmöglichkeit der Festsetzung eines status quo in den Handelssachen nochmals ausführlich entwickelte; in beiden Beziehungen sollte er, wie wir später sehen werden, sich eines vollständigen Erfolges erfreuen.

Mit diesen beiden Angelegenheiten hatte es folgende Bewandtniß.

Die öffentliche Steuerschuld belief sich auf 28,400,000 Thaler, deren Zinsen zu 4 Procent aus den Einnahmen der Landsteuer, Pfennigsteuer und Quatembersteuer entrichtet wurden. Ein sehr großer Theil dieser Schuld befand sich in den Händen von Ausländern, vorzüglich Schweizern und Holländern; auch in Braunschweig und im Brandenburgischen waren ansehnliche Capitalien in dieser Weise angelegt. Im Frieden von Dresden (1745) hatte man sächsischerseits die Unvorsichtigkeit begangen, den preußischen Inhabern von Schuldverschreibungen gewisse Vorrechte einzuräumen, wodurch natürlich das ursprüngliche Verhältniß alterirt worden war; die nachtheiligen Folgen dieser Maßregel auf den sächsischen Credit im Auslande konnten nicht ausbleiben und waren schmerzlich genug empfunden worden. Dazu kam, daß während der letzten sechs Jahre die Zinsen nicht hatten bezahlt werden können, weil die dazu bestimmten Intraden gleich allen übrigen öffentlichen Einnahmen in die preußischen Kassen geflossen waren. So war allein von den oben genannten drei Steuern aus den Jahren 1756 und 57 nach den Quittungen des preußischen Kriegsdirectorium die Summe von 2,297,686 Thalern titulo depositi aus dem Lande gezogen worden[1]). Die Aufmerksamkeit und Besorgniß der sächsischen Regierung war längst auf diesen wunden Fleck gerichtet gewesen, und die Art und Weise, wie hier zu helfen sei, hatte einen der wichtigsten Gegenstände gebildet, mit denen sich die im April 1762 zu Dresden niedergesetzte Commission zur Wiederaufhelfung des Landes unter dem Vorsitz des Geheimen Raths von Fritsch beschäftigte. Letzterer hatte es durch seine unermüdlichen Vorstellungen beim Grafen Brühl durchgesetzt, daß die Vorschläge der Commission die königliche Genehmigung erhielten[2]), welche darauf hinausliefen, das Einverständniß der Gläubiger mit der Herabsetzung des Zinsfußes auf 3 Procent sowie mit der Caducirung der Reste herbeizuführen, dagegen aber eine jährliche Summe von 1,100,000 Thaler festzusetzen, von denen die Zinsen bezahlt und der Amortisationsfond gebildet werden sollten; durch jährliche Ausloosungen würde dann die ganze Steuerschuld in verhältnißmäßig kurzer Zeit zurückbezahlt sein.

Die Handelsbeziehungen Preußens und Sachsens waren seit der Convention vom Jahre 1728 nach und nach durch gegenseitige Erhöhung der Eingangszölle und gänzliche Verbote einzelner Waaren in einen Zustand gerathen, der dem Interesse beider Länder durchaus schädlich war und von beiden Seiten die lebhaftesten Beschwerden herbeiführte. Ein Rescript an den sächsischen Gesandten in Berlin, Conferenzminister von Bülow, brachte unter dem 19. August 1755 diese Angelegenheit zur Sprache und erwähnte, daß zwischen dem Ministerium und dem preußischen Gesandten in Dresden, von Malzahn, verschiedene Unterredungen über die Beseitigung aller dem Handel nachtheiligen Streitpunkte stattgefunden hätten, in Folge deren dem Letztern ein Vorschlag übergeben worden sei, wonach unverweilt Conferenzen in Halle

---

[1]) Rescript des Churprinzen an Fritsch vom 18. Januar 1763.
[2]) Ausführlich sind diese Verhandlungen dargestellt in der Biographie des Freiherrn von Fritsch: Archiv für sächs. Geschichte, Bd. 9. S. 320 ff.

über einen neuen Handelsvertrag stattfinden, und zugleich, ohne das Resultat derselben zu erwarten, jetzt gleich, und zwar vom 1. September an, alle neuen Zölle und Verbote, die seit 1753 von beiden Seiten ergangen, ohne alle Ausnahme suspendirt werden sollten. Am 18. September erfolgte eine Note des preußischen Gesandten, worin statt des 1. September der 10. October vorgeschlagen wurde als derjenige Termin, von welchem an die Aufhebung aller Verbote u. s. w. in Sachsen zu geschehen hätte, worauf dann die gleiche preußische Verordnung am 12. October erscheinen solle. Eine Verbalnote des Ministeriums in Dresden vom 19. September acceptirte diese Vorschläge, und es erging dann eine entsprechende Verordnung vom 24. September 1755. Hierauf erließ die preußische Domainenkammer in Magdeburg eine Bekanntmachung vom 5. October, worin von dieser sächsischen Verordnung Kenntniß gegeben und ausgesprochen wird, daß zwar alle diejenigen Verbote, welche gegen die sächsische Handlung vor der diesjährigen Leipziger Ostermesse ergangen, aufgehoben seien, daß jedoch der Transit- und Grenzzoll hievon ausgenommen sei, wie es auch hinsichtlich aller frühern Verbote bei deren Bestehen sein Bewenden behalte. Ein beigefügtes Register bezeichnet als gänzlich verbotene Waaren u. a.: alle sächsischen Tücher, alle Landwolle, alle Glaswaaren, alle Messing- und Kupferwaaren, alle Sammete und Velpe, alle Messer und Scheeren, alle Barchente, alle weiße und gestreifte Leinwand und alle gedruckte Zitze, Kattune und baumwollenen Tücher. Alle Goldschmiedarbeiten werden mit 35 Procent, alle Tressen mit 70 Procent, alle seidenen und halbseidenen Waaren mit 18 Procent besteuert.

Hiergegen erging unter dem 10. November 1755 eine Ministerialnote an den preußischen Gesandten von Malzahn, worin ausführlich das Ungenügende dieser Verfügung und der gänzliche Mangel der Parität in den beiderseitigen Anordnungen nachgewiesen wird.

Eine Antwort hierauf scheint nicht erfolgt zu sein; man überließ die Regulirung der Conferenz zu Halle, allein diese ward durch den transgressus innoxius durch Sachsen im August 1756 ihrem Ende zugeführt, ohne ein Resultat gehabt zu haben.

Diese thatsächlichen Verhältnisse machten es der sächsischen Regierung unmöglich, einen status quo in Handelssachen vor Beginn des Krieges anzuerkennen.

Der Aufenthalt des Hofraths Gutschmid in Leipzig erwies sich als eine sehr nützliche Maßregel. Derselbe hatte vom 19. bis 21. Januar mehrere Besprechungen, theils mit Herrn von Hertzberg allein, theils mit diesem und dem Grafen von Finckenstein gemeinschaftlich. Die einzelnen Artikel der letzten Replik wurden genau durchgegangen und es trat dabei klar an den Tag, daß der Einfluß der preußischen Staatsmänner in allen Fragen, welche auf finanzielle Verhältnisse sich bezogen, vollständig paralysirt war durch Spekulanten, welche in der nächsten Umgebung des Königs eine mächtige Unterstützung sich zu verschaffen gewußt hatten. Hertzberg bezeichnete als solche die Kaufleute Goßler und Leveaux aus Magdeburg und Gotzkowsky aus Berlin, welche die von den Kreisen, Städten und Privatpersonen zur Bezahlung der Contributionen ausgestellten Wechsel an sich gebracht hatten und nicht nur unmittelbar bei dem König ihr Interesse eifrig betrieben, sondern auch darin von dem Geheimen Cabinetsrath von Eichel dergestalt unterstützt wurden, daß Andere mit Vorstellungen dagegen etwas auszurichten nicht vermochten[1]). Ein Erlaß aus diesen Ansprüchen ward von Hertzberg wiederholt als vollständig unerreichbar geschildert; er stellte es sogar als möglich dar, daß der Ausdruck im 4. Artikel: „les ôtages et les autres personnes qui ont été arrêtées à l'occasion de la présente guerre" nicht vollständig nach seinem Inhalte in Ausführung gebracht werden

---

[1]) Bericht des Freiherrn von Fritsch vom 22. Januar 1763.

dürfte, indem der Kaufmann Goßler, der von dem Geheimen Cabinetsrath von Eichel unterstützt werde, bei dem Könige darauf dringe, daß die in Magdeburg im Wechselarrest sitzenden thüringischen Stände darunter nicht begriffen, sondern vielmehr ausdrücklich ausgenommen werden möchten.

Dagegen ward andrerseits doch so viel erreicht, daß die Zusicherungen ertheilt wurden: der Termin der Cessation aller Feindseligkeiten solle auf den Tag der Unterzeichnung des Friedens oder der Präliminarien festgesetzt werden; die Evacuation solle so rasch als möglich geschehen, und sollten dabei die Truppen ihre Verpflegung aus den Magazinen erhalten; der Commerzialpunkt solle zu besondern Verhandlungen ausgesetzt werden; wegen der Steuerschulden wolle man es bei der ersten Erklärung bewenden lassen, doch müsse man auf der Erörterung der folgenden Fragen bestehen: wie viel Procent Interesse zukünftig gezahlt werden sollten? in wie viel Jahren man auf Bezahlung des Capitals rechnen könne? und welche Sicherheit und Bürgschaft den zu treffenden Einrichtungen in Ansehung der Fonds und der Verwaltung verschafft werden würden?

In Verbindung mit diesen Zusicherungen eröffnete Hertzberg dem Hofrath Gutschmid noch weiter, daß man preußischerseits auch die endliche Abschließung des Schidlo'schen Austauschvertrags verlange, sodann die Fortdauer des Cartells vom Jahre 1741 in Gemäßheit des Dresdner Friedens, und endlich eine ausdrückliche Verbindlichkeitserklärung, daß in Zukunft den preußischen Unterthanen prompte Justiz administrirt werden solle.

Gutschmid war in der Lage, hierauf sofort erwiedern zu können, daß die Beendigung des Austausches von Schidlo und Fürstenberg nur durch den Umstand gehindert worden sei, daß man preußischerseits kein Tauschobject dargeboten habe; daß die Erneuerung des Cartells vom Jahre 1741 eine völlig neue Forderung sei, da jenes Cartell zur Zeit des Dresdner Friedens (1745) nur noch zwei Jahre zu dauern gehabt; und daß man eben so wenig den Gedanken hege, den preußischen Unterthanen die prompte Justiz zu verweigern, so wenig man besorge, es könne den sächsischen Einwohnern dieselbe in Preußen verweigert werden.

Die hier neu auftauchende Frage wegen Beendigung des sogenannten Schidlo'schen Austauschgeschäfts beruht auf einer Bestimmung des Dresdner Friedens vom Jahr 1745. Im Artikel 7 desselben ward festgesetzt: der König von Polen Churfürst von Sachsen tritt an den König von Preußen die Stadt Fürstenberg nebst dem Zoll und das Dorf Schidlo mit den beiden Ufern der Oder ab, gegen ein Aequivalent an Land und Leuten, welches aus einigen in der Lausitz enclavirten Theilen Schlesiens zu nehmen ist.

In Gemäßheit dieser Bestimmung ward im November 1746 eine gemeinschaftliche Commission niedergesetzt, welche diesen Austausch bewerkstelligen sollte; dieselbe erreichte aber ihren Zweck nicht, da man sich über die zu Grunde zu legenden Principien nicht vereinigen konnte; sächsischerseits beharrte man auf der Bestimmung, das Aequivalent in Land und Leuten zu erhalten, während man preußischerseits sich nicht entschließen mochte, einige ziemlich bevölkerte Landestheile abzutreten, hauptsächlich aus dem Grunde, weil man dadurch eine bestimmte Anzahl Rekruten verlor. Nach Aufhebung der Commission ward dann zwischen den Ministerien der beiden Länder direct verhandelt und schließlich von Sachsen der Vorschlag gemacht, man möge die Stadt Fürstenberg von den Tauschobjecten ausschließen und den Zoll auf Schidlo übertragen, wodurch die Entschädigungssumme sich viel geringer stellte. Preußischerseits verlangte man jedoch außerdem noch die Abtretung des gesammten Oderufers, über Fürstenberg und Schidlo hinaus, und da man sich hiezu in Sachsen nicht bereitwillig finden ließ, so wurden die Unterhandlungen abgebrochen und es war seitdem von dieser Angelegenheit nicht mehr die Rede gewesen.

Herr von Hertzberg kam am 23. Januar nach Hubertusburg zurück und brachte in der Sitzung des folgenden Tages die preußische Duplik[1]) zur Kenntniß der gegentheiligen Bevollmächtigten.

Im Art. 1 wird wiederholt jede Bewilligung einer Entschädigung als unmöglich hingestellt und die Erwartung ausgesprochen, daß man sächsischerseits darauf nicht wieder zurückkommen werde.

Im Art. 2 wird zugegeben, daß alle Feindseligkeiten und Kriegsleistungen mit dem Tage der Unterschrift des Friedensvertrags oder der Präliminarien aufhören und die bis dahin noch rückständigen Contributionen u. s. w. nicht eingefordert werden sollen. Alle ausgestellten Wechsel, schriftlichen Zahlungsversprechen und dergleichen müßten jedoch bezahlt werden.

Art. 3. Sobald die Präliminarien unterzeichnet seien, werde der König sofort alle Regimenter aus Westphalen, Preußen, Schlesien und Magdeburg abmarschiren lassen. Da jedoch in der Mark und in Pommern keine Magazine vorhanden, könnten die dorthin bestimmten Regimenter erst dann abmarschiren, wenn die Flußfahrt zum Transport der Magazine wieder frei sei. Immerhin hoffe man, im Laufe von drei Wochen ganz Sachsen geräumt zu haben; sollte es durch unvorhergesehene Hindernisse einige Tage länger dauern, so sei das unerheblich. Vom Tage der Unterzeichnung an würden die Truppen aus den Magazinen verpflegt werden. Die Hospitale könnten ebenfalls erst nach Eröffnung der Schifffahrt transportirt werden. Für den Marsch der Truppen müsse Sachsen den Vorspann stellen, und es verstehe sich von selbst, daß auch die österreichischen Truppen zu derselben Zeit die sächsischen Gebiete räumen müßten, welche sie bis jetzt innegehabt.

Art. 4. Die Mannschaft, welche freiwillig in den Dienst des Königs getreten sei, könne man nicht zurückgeben; ebenso

---

[1]) Beilage R.

wenig die sächsische Artillerie, die nicht mehr existire; was sich jedoch von letzterer noch vorfinde und mit dem sächsischen Wappen bezeichnet sei, solle herausgegeben werden.

Im Art. 5 wird die Ueberraschung ausgesprochen, daß das Verlangen einer Entschädigung wiederholt worden sei, nach alle dem, was der König darüber bei jeder Gelegenheit, und namentlich in der letzten Antwort geäußert. Der Grund, den man aus dem Depot Sachsens geltend machen wolle, sei ohne Gewicht, da der König von Polen die Partei der Feinde des Königs ergriffen und seine Truppen gegen ihn ins Feld gestellt habe. Der König wolle jedoch gern die Versicherung erneuern, daß er eifrig bemüht sein werde, dem König von Polen oder seinem Hause einen Vortheil zu verschaffen, sobald es nicht auf Kosten des Königs von Preußen geschehe, und sei es Sache des Königs von Polen, dergleichen in Vorschlag zu bringen.

Art. 6. Der König könne in eine Streitigkeit zwischen der Stadt Leipzig und den lausitzer Ständen nicht eintreten; er habe sich nicht verpflichtet, die genannte Stadt zu entschädigen, und alle angerufenen Gründe könnten nicht mehr Geltung haben, da die zwischen den beiden Königen ausgebrochenen Streitigkeiten die Sachlage vollständig verändert hätten.

Art. 7. Der König sei einverstanden, daß sofort nach Abschluß des Friedens eine neue Commission ernannt werde, um die gegenseitigen Handelsbeziehungen nach billigen und beiderseitig nützlichen Principien zu regeln.

Art. 8. Man erneuere die Erklärung der vorhergegangenen Antwort in Betreff der Steuerschulden, wünsche jedoch noch einige weitere Aufklärungen zu erhalten über die Einrichtungen, die man in Sachsen treffen wolle, um den preußischen Unterthanen die Zahlung der Capitale und Zinsen zu sichern.

Art. 9. Ueber die vorgeschlagenen Garantien könne man keinen besondern Artikel in dem Friedensvertrage machen; dieselben müsse man später zu erlangen suchen. Uebrigens müsse der Friede so fest und dauerhaft sein, als wenn ganz Europa ihn garantirt habe.

Art. 10. Da der im Dresdner Frieden stipulirte Austausch von Fürstenberg und Schidlo noch nicht ausgeführt sei, so verlange man jetzt die definitive Regelung dieser Sache.

Art. 11. Man wünsche, daß in einem besondern Artikel den beiderseitigen Unterthanen gute und prompte Justiz in Processen zugesichert und der Aus- und Einwanderung derselben aus einem Staate in den andern kein Hinderniß in den Weg gelegt werde.

An die Vorlesung dieser Replik knüpfte sich eine lebhafte Discussion[1]. Der sächsische Bevollmächtigte hob zum Art. 2 hervor, wie unbillig es sei, wenn diejenigen Verschreibungen und Wechsel, welche seit Eröffnung der Friedensverhandlungen über Leistungen für das ganze Jahr 1763 hätten ausgestellt werden müssen, trotz des nunmehr im Anfange desselben Jahres eintretenden Friedens dennoch völlig bezahlt werden sollten. Hertzberg konnte dagegen nur einwenden, daß in diesem Punkte nichts auszurichten sei, weil der König von den dabei interessirten Privatpersonen und denen, die ihre Partei nähmen, beständig angegangen werde.

Zum Art. 3 urgirte der Baron Fritsch die Ungewißheit, welche aus dem Zusatze hinsichtlich des Evacuationstermins: si elle trainait quelques jours de plus hervorgehe, — verlangte die Zusicherung, daß überhaupt vom Tage der Unterzeichnung an die Truppen dem Lande keine weitern Kosten verursachen dürften, und beantragte, daß zur Regulirung der Räumung des Landes ein Officier erwählt werde, dessen etwaige Erinnerungen zu berücksichtigen seien.

---

[1] Bericht des Geheimen Raths von Fritsch vom 24. Januar 1763.

Ueber den Vorbehalt im Art. 4 wegen der zurückzubehaltenden sächsischen Unterthanen konnte sich Fritsch nicht beruhigen und erhob dagegen die lebhaftesten Einwendungen, worauf Hertzberg entgegnete, daß die im Dresdner Frieden Art. 4 befindlichen Worte: „excepté ceux qui ont pris service dans les troupes de S. M. le Roi de Prusse" auch gegenwärtig zur Richtschnur würden dienen müssen.

Hinsichtlich der Entschädigungsansprüche der Stadt Leipzig und der Ritterschaft ward wiederholt an die gegebenen Versprechen erinnert, jedoch dadurch nur die Erwiederung veranlaßt, daß davon eine Wirkung nicht zu erwarten sei.

Wegen der Steuerschulden brachte Hertzberg dieselben Fragen zur Sprache, welche er einige Tage früher dem Hofrath Gutschmid mitgetheilt. Fritsch erinnerte dagegen sofort, daß die Bestimmung der Frist, innerhalb deren die Capitalien der preußischen Gläubiger zurückbezahlt werden sollten, nur dann mit Sicherheit festgestellt werden könne, wenn man einen festen Betrag der Summengröße angeben könne. Da sich Hertzberg hierauf nicht einlassen wollte, so ward ihm vorgestellt, daß alsdann auch unmöglich sei, eine gewisse Anzahl von Jahren zur Rückzahlung zu bestimmen, und daß die preußischen Gläubiger diejenigen Feststellungen sich gefallen lassen müßten, welche überhaupt in dieser Beziehung getroffen werden würden. Hertzberg konnte gegen die Richtigkeit dieses Satzes nichts einwenden und abstrahirte demnach von dem weitern Andringen auf Bestimmung gewisser Jahre.

Bei der Besprechung des Schidlo'schen Tausches kam Hertzberg auf den schon früher ausgesprochenen Vorschlag zurück, die Stadt Fürstenberg vom Tausch auszuschließen, dagegen aber die Oderufer in ihrer ganzen Ausdehnung abzutreten. Sächsischerseits ward dagegen die Forderung gestellt, daß 17 Dörfer aus den Kreisen Beeskow, Storkow und Cottbus, und 14 Dörfer aus dem Kreise Pribus, welche sämmtlich sächsische Enclaven waren, abgetreten würden, und da hiedurch die finanzielle Einbuße noch nicht gedeckt sei, außerdem noch die enclavirten Dörfer Wolckenberg, Stradau, Jessen und Spreda, so wie das sogenannte Bärwalder Ländchen, zwischen Jüterbogk, Dahme und dem Churkreise enclavirt, an Sachsen fielen. Hertzberg unterstützte diesen Vorschlag in einem ausführlichen Memoire an den König und hob zur Begründung seiner Ansicht folgende Punkte besonders hervor: es sei zwar nicht zu leugnen, daß man auf diese Weise 3000 Unterthanen abtrete, jedoch hätten sich die Rekruten aus den enclavirten Landestheilen stets auf das sächsische Gebiet geflüchtet; man beendige durch diesen Tausch alle die mannigfachen Grenzstreitigkeiten, und es werde leicht sein, den Oderzoll viel einträglicher zu machen, da derselbe seither von den Sachsen nur sehr nachlässig gehandhabt worden sei. — Dieser ganze Incidentpunkt kann hier mit der Bemerkung beseitigt werden, daß zwar dieses Tauschproject in der zuletzt besprochenen Weise in den Art. VIII des Friedenstractats aufgenommen wurde, daß jedoch auch dieses Mal die Ausführung desselben auf Schwierigkeiten stieß und vollständig unerfüllt blieb.

Der Inhalt des 11. Artikels veranlaßte Fritsch zu der Bemerkung, daß es vor der Welt ein Uebelstand sein werde, in Tractaten sich einander etwas zu versprechen, was sich von selbst verstehe und eine Folge einer jeden guten und gerechten Regierung sei; er hob dabei hervor, wie sehr manche preußische Unterthanen während des Kriegs mit Selbstverschaffung der vermeintlichen Justiz über die Schranken des Rechts und der Billigkeit hinausgegangen. Hertzberg schien das Treffende dieser Bemerkungen selbst zu fühlen und äußerte, daß er dem Antrage durch wörtliche Hervorhebung der Reciprocität alles Harte und Verletzende zu nehmen bemüht gewesen, — daß jedoch von der Sache selbst nicht abzukommen sein werde, weil der König von einer Menge Leute angegangen und belästigt werde, die beständig die Besorgniß aussprächen, daß ihnen künftig in Sachsen keine Justiz widerfahren werde. Fritsch entgegnete hierauf, daß es zuletzt doch immer schicklicher sein werde, ein paar allgemeine Worte dem Artikel 1 oder einem passenden andern anzuhängen. Dies ist denn auch später geschehen, und es kann dieser Gegenstand mit der Hinweisung auf den zweiten Absatz des Artikels VI des Friedensvertrags verlassen werden.

Vor Beendigung dieser Sitzung vom 24. Januar ward, wie bereits oben erwähnt, die Abrede genommen, nunmehr nicht weiter schriftlich zu verfahren, sondern nur mündlich in den Conferenzen zu verhandeln.

Am Schlusse des Berichts, worin die sächsischen Bevollmächtigten dem Churprinzen von diesen Verhandlungen Rechenschaft ablegen, machen sie ihrem bedrängten Herzen Luft durch eine Schilderung des Verhaltens ihres österreichischen Collegen. „Ueberhaupt können Ew. Königl. Hoheit wir in treuester Devotion nicht verhalten, daß die Negotiation besonders durch die Zurückhaltung und das zweideutige Betragen des Oesterreichischen Plénipotentiaire, welcher bei den besten Zusicherungen dennoch einige reelle Vertraulichkeit und wahre cordialité nicht äußert, immer weitaussehender und gefährlicher wird. Der König von Preußen sieht wohl ein, daß ihm Glatz am Ende nicht entstehen werde, und man ihm durch die Verzögerung der Negotiation K. K. Seits die erwünschteste Gelegenheit verschaffe, hiesige Lande vollkommen zu entkräften, dagegen aber seine Armée zu ergänzen und zu ernähren, auch noch überdies durch weggeschleppte Menschen, Vieh und Vorräthe die Herstellung seiner Lande zu befördern. Durch eine glimpfliche Schreibart und Behandlung der Negotiation sucht er seinem Verfahren einen guten Anstrich zu geben, und spahrt sich auch auf den Fall eine gute Vertheidigung und Entschuldigung, wenn ihn etwa bei Eintretung der rechten Operationszeit die Umstände anlocken sollten, die Negotiation abzubrechen und sich durch die Waffen noch bessere Bedingungen zu verschaffen, als er anjetzo anzunehmen bereit gewesen. Man kann aus dem Zeitherigen leicht schließen, daß es bei dem K. K. Plénipotentiaire noch vieles Hin- und Herschreiben erfordern dürfte, ehe man über Dinge einig werden wird, welche ein mit erforderlicher Instruction versehener geschickter négociateur ohne Rücksprache hätte abthun können. — Wenn überdies, wie sehr zu besorgen, ernannter K. K. Plénipotentiaire auch bei Abfaßung der Artikel nicht das geringste auf sich nehmen, sondern Alles von Wien erwarten will oder muß, so dürfte auch nach erfolgtem Einverständniß in der Hauptsache noch viele Zeit verstreichen, ehe man mit denen Worten und Puncten des Tractats zu Stande kommt. Es ist überdies zu besorgen, daß man selbst K. K. Seits auf den Fall, da man entweder wider Vermuthen die Negotiation abzubrechen oder den Verzug zu entschuldigen gut finden sollte, noch immer denke, die Sache dergestalt einzurichten, damit man mit Wahrscheinlichkeit sagen könne, man habe auf Sachsen gewartet, und sei dieses mit seinen zuerst zu berichtigenden Friedens-Bedingungen zurückgeblieben. Immittelst werden die Umstände hiesiger Lande täglich schlimmer und bedrängter, und die zu Erlangung einigen Nachlasses bei denen heurigen Ansinnungen gebrauchten Gründe, welche vielleicht noch einigen Eindruck und Nutzen gehabt haben würden, wenn in den ersten Wochen des Jahres abgeschlossen worden, wie wohl hätte geschehen können, verlieren vollends alle Kraft. Hiezu kommt, daß bei dergestaltigem Verzug und Aufenthalt, wie die Erfahrung bereits gelehrt hat, theils der König von Preußen selbst Zeit gewinnt, auf mehrere unangenehme Anträge und Zusätze bei denen Friedens-Bedingungen zu fallen, theils eine Menge privat-Personen sich die Gelegenheit zu Nutze machen, ihren privat-Absichten ein Genüge zu leisten."

Schlußverhandlungen.

Nach Beendigung des Schriftenwechsels zwischen den contrahirenden Mächten blieben im Wesentlichen folgende Fragen einer schlüssigen Uebereinkunft vorbehalten:

Zwischen Oesterreich und Preußen:
1. Die Zurückgabe der Grafschaft Glatz;
2. die Handelsbeziehungen zwischen Schlesien und den österreichischen Ländern;
3. die Verhältnisse der katholischen Religion in Schlesien.

Zwischen Sachsen und Preußen:
1. Die Bezahlung der Wechselbriefe und Obligationen;
2. die vollständige Herausgabe der weggenommenen Leute und Artillerie;
3. das auf die Natur eines Depot gegründete Entschädigungsgesuch im Allgemeinen.

Mit den Verhandlungen über diese Punkte ward vom österreichischen Bevollmächtigten die Zeit vom 25. Januar bis zum 15. Februar verbracht, und es konnte auch nur durch die äußersten Anstrengungen von Seiten der sächsischen Bevollmächtigten, so wie durch das wiederholte Andringen des Churprinzen beim Wiener Hofe vermieden werden, daß nicht noch mehr Zeit der unnützesten Bedenklichkeit geopfert wurde. Und es hätten selbst diese Mittel nicht genügt, das Friedenswerk in der Mitte des Februars zu

Stande zu bringen, wenn man sich nicht sächsischerseits dazu entschlossen hätte, die Hoffnung auf eine wirksame und thatsächliche Unterstützung Oesterreichs fahren zu lassen und sich mit den Bedingungen zu begnügen, welche von Preußen zu erreichen waren.

Es ist eine eigenthümliche, charakteristische Erscheinung dieser Friedensverhandlungen, namentlich in ihrem jetzigen Stadium, daß nicht etwa die vereinten Anstrengungen Oesterreichs und Sachsens die Erlangung des Friedens zu beschleunigen bestrebt waren, sondern daß Sachsen und Preußen gewissermaßen gemeinschaftliche Sache machen mußten, um das Friedenswerk seinem Ende zuzuführen.

Nachdem einmal der Vorschlag, Frieden zu schließen, gemacht und angenommen worden war, kam es vor allen Dingen darauf an, zu wissen, ob Oesterreich die Grafschaft Glatz behalten oder herausgeben wolle. Nun hatte der König von Preußen von Anfang an erklärt, daß er nur auf Grund der Wiederherstellung des Besitzstandes von 1756 unterhandeln werde; ohne Rückgabe von Glatz war demnach nicht an Frieden zu denken. Das Wiener Cabinet war scharfsichtig genug, um ermessen zu können, daß diese Erklärung des Königs ernsthaft gemeint sei und daß er davon nicht ablassen werde. Wenn also der Wiener Hof auf Friedensunterhandlungen einging, so muß der Entschluß gleich anfangs gefaßt worden sein, dieses Opfer zu bringen; seiner wahren Würde und seinen Verpflichtungen gegenüber Sachsen hätte es mehr entsprochen, von vorn herein seine wirklichen Entschließungen aufrichtig kund zu geben, die Ausführung derselben aber von festen Bedingungen zu Gunsten Sachsens abhängig zu machen. Letzteres hatte während des ganzen langen Krieges eine so unbeschränkte Ergebenheit gegen das Haus Oesterreich bewährt und im Interesse des letzteren so unsäglich gelitten, daß es zur Forderung vollster Rücksichtsnahme berechtigt erscheint. Hier war nun die Gelegenheit gegeben, für Erlangung eines vortheilhafteren, oder richtiger gesagt, weniger nachtheiligen Friedens einzutreten. Die Zahlung der auf drittehalb Millionen Thaler sich belaufenden Wechsel hätte vermieden werden können; der Verzicht auf die rückständigen Contributionen hätte bei rascher Abschließung des Friedens einen größern Erfolg gehabt, und die harten und grausamen Bedrückungen der besetzten Landestheile während der sechswöchigen Friedensverhandlungen hätten nicht stattgefunden. Bei so bestimmt ausgesprochenen, aus den Verhältnissen und der politischen Lage ganz natürlich hervorgehenden Bedingungen erscheint die Annahme begründet, daß trotz der entgegenstehenden preußischen Instruction dennoch der Einfluß der billig und versöhnlich denkenden Staatsmänner Finckenstein und Hertzberg den König von einer unbegründeten und immerhin gehässigen Verschleppung der Unterhandlungen zurückgehalten haben würde.

Statt dessen begnügte man sich in Wien mit Versprechungen und leeren Declamationen und erklärte, den Frieden nicht eher abschließen zu wollen, ehe nicht Sachsen Frieden gemacht, gleichsam als ob dies den König von Preußen bestimmen könnte, billigere Bedingungen anzubieten. Die Erfolglosigkeit dieser Politik war durch den Schriftenwechsel, welcher fast vier Wochen in Anspruch genommen, klar genug hervorgetreten; nur in Wien verschloß man sich hartnäckig dieser Einsicht und blieb auf dem von Anfang an betretenen Wege. In einer Privatunterhaltung am 25. Januar gab Herr von Collenbach dem Baron Fritsch die Mittheilung, er befinde sich nach einem soeben erhaltenen Befehl seines Hofes in der Nothwendigkeit, eine deutliche Erklärung darüber zu verlangen: „ob er völlig instruirt und im Stande sei, mit dem Könige von Preußen abzuschließen?" Sein Hof sehe vollkommen ein, daß jeder Tag für Sachsen kostbar und der Verlust unersetzlich sei, und da er aus Rücksicht für Sachsen die Friedensunterhandlungen angetreten, wolle er auch den Vorwurf nicht haben, daß durch ihn die Sache einen Tag aufgehalten sei.

Fritsch wies in seiner Antwort auf den bisherigen Gang der Verhandlungen hin, und daß ihm, Collenbach, daraus bekannt sein werde, daß nur noch wegen Herausgabe der Soldaten und der Artillerie, und wegen des Entschädigungsgesuchs die endliche Entschließung des Dresdner Hofes zu erwarten sei; doch liege die Gegenfrage nahe, „ob denn auch er, wenn Sachsen abzuschließen im Stande sei, seinerseits dasselbe zu thun bereit und im Stande wäre?" Ohne mit einer deutlichen Antwort herauszugehen, gab Herr von Collenbach zu verstehen, daß die Umstände im Reiche immer schlechter würden, und obwohl seinem Hofe durch den Abfall der Reichsstände kein großer Nachtheil zuwachse, so werde dennoch die Sache unangenehm und verdrießlich. Man habe sich nicht entbrechen können, durch ein Commissionsdecret die Reichsstände ihrer vorher übernommenen Verbindlichkeiten in gewisser Maße zu entlassen, und er sei instruirt und beordert, wenn nur erst Sachsen mit seinem Frieden zur Richtigkeit gekommen, alsdann alles Mögliche zu versuchen und nachzugeben, um auch seinerseits zum endlichen Abschluß zu gelangen. Aller im Verlauf der Unterredung genommenen Wendungen unerachtet, war es nicht möglich, eine offenherzige und vertrauliche Erklärung darüber zu erlangen, ob eventuell die Rückgabe von Glatz bewilligt werden würde. Hierbei blieb es auch in der Conferenz desselbigen Tages; Collenbach gab in derselben nur die Erklärung, daß er nicht eher abschließen könne, bis man mit Sachsen zur Richtigkeit gekommen[1]).

Eine unmittelbare Folge davon war, daß in der am 26. Januar stattfindenden Conferenz der preußische Gesandte gar nicht erschien und sein Ausbleiben damit entschuldigte, er habe die Zusammenkunft für unnöthig gefunden, weil nunmehr Alles auf die sächsischen Entschließungen ankomme, die er erwarten wolle.

---

[1]) Bericht des Baron von Fritsch vom 25. Januar 1763.

Auch an diesem Tage wiederholte Herr von Collenbach seine früheren Auslassungen, und begleitete sie mit manchen Aeußerungen der Unruhe und Verlegenheit, ob nicht der König von Preußen, bei der immer schlechter werdenden Gestalt der Sachen, Gelegenheit nehmen werde, die Unterhandlungen unvermuthet abzubrechen oder auf Bedingungen zu verfallen, die noch beschwerlicher sein könnten als die, welche gegenwärtig zu erlangen seien¹).

Solchem Behaben gegenüber glaubte man in Dresden die Schuld vorerst mehr dem kaiserlichen Gesandten in Hubertusburg, als dem leitenden Gedanken in Wien zuschieben zu sollen. Dem Grafen Flemming wurden unter dem 27. Januar die letzten Berichte der sächsischen Bevollmächtigten mitgetheilt und ihm aufgegeben, die dringendsten Vorstellungen anzubringen, „da der k. k. Bevollmächtigte dabei, wie man sich diesseits mit Preußen vergleichen oder von selbigem mißhandeln lassen wolle, blos einen Zuschauer abgebe, keineswegs aber gebetener- und zugesichertermaßen hiesiges Interesse mit dem Interesse seines Hofes verbinden und seinem Ultimato als conditio sine qua non anhängen will, dabei vielmehr blos darauf treibet, daß man nur mit Preußen abschließen möge, ohngeachtet er leicht sich vorstellen kann, was man auf solche Weise und ohne einige habende solide Unterstützung vor Conditiones erlangen werde."

Gleichzeitig erging an Fritsch der Befehl, dem Herrn von Collenbach das billige Befremden des Churprinzen darüber zu erkennen zu geben, daß seine Aeußerungen gar nicht mit den früheren guten Versicherungen übereinstimmten. „Dadurch, daß derselbe blos nicht weiter progrediren zu wollen declariret, bis man hiesigen Orts mit Preußen übereingekommen sein würde, und daß er am Ende noch dazu den Abschluß von seiner Seite ins Ungewisse stellet, wird des Königs, meines Herrn Vaters Majestät

---
¹) Bericht von Fritsch vom 26. Januar 1763.

im mindesten nicht geholfen, wohl aber durch Verzögerung der Sache geschadet[1])."

Als diese Mittheilung unter möglichster Beibehaltung der gebrauchten Worte von dem sächsischen Bevollmächtigten dem Herrn von Collenbach eröffnet wurde, holte dieser zu seiner persönlichen Rechtfertigung seine letzte aus Wien erhaltene Depesche hervor und theilte daraus Nachstehendes mit: „sein Hof verlange, daß, ob ihm wohl nicht unbekannt, welchergestalt die Umstände die Beschleunigung des Friedens erforderten, er auch dergestalt instruirt sei, daß man keinen Tag an dessen Verzug Schuld sein wolle, dennoch von ihm der Ehre und Würde seines Hofes gemäß, darauf bestanden werden solle, daß zuvörderst mit Sachsen annehmliche Richtigkeit getroffen werden müsse, ehe er mit seinem ultimato herausgehe, inmaßen außerdem mit Grund zu besorgen, daß, wenn der König von Preußen durch sothanes ultimatum, wie weit er seinen Zweck bei Oesterreich erreichen werde, im Voraus sähe, und solches annehmlich fände, er sodann Sachsen desto weniger nachgeben, vielmehr durch äußerste im Lande vorzukehrende Härte es zwingen würde, alles einzugehen, was er verlange, und den Abschluß des Friedens mit Oesterreich nach dem ihm solchergestalt zum voraus bekannt gewordenen Ultimato zu betreiben." Herr von Collenbach fügte weiter hinzu: „er könne nicht sagen, daß er zur Abtretung von Glatz beschliget, wohl aber, daß er zum völligen Abschluß dergestalt instruiret sei, daß, wenn nur erst nach der in dem Précis festgestellten und der Natur der Sache gemäßen Ordnung zwischen Preußen und Sachsen die Friedensbedingungen reguliret worden, er sogleich zu Stande kommen könne. Die Sachen würden immer schlechter; im Reiche gehe die ganze Verbindung auseinander; es würde darauf ankommen, ob nicht in Wesel und Geldern der König von Preußen mit Besetzung

---

[1]) Befehlsschreiben des Churprinzen vom 27. Januar 1763.

dieser Plätze, welche Frankreich evacuiren müßte, denen Oesterreichischen Trouppen zuvorkommen dürfte; wenn der König von Preußen die Negotiation abbrechen sollte, so würde Sachsen in der größten Gefahr sein, und es würde vielleicht schwer fallen, später die jetzt zu erlangenden Bedingungen zu erhalten. Er habe gehofft, daß in ein paar Tagen der Abschluß erfolgt sein werde; nunmehr sehe er sich aber in der Verlegenheit und Nothwendigkeit, seinem Hofe melden zu müssen, daß der Sächsische Hof, welcher gleichwohl die Sache am meisten pressirt und sich über ihn wegen der Verzögerung beschweret, an dem Aufenthalt Ursach und mit dem Ultimato nicht gefaßt sei[1]."

Die dringendsten Vorstellungen des sächsischen Gesandten über diesen modus procedendi konnten eine Aenderung oder Modification nicht hervorbringen; Collenbach verlangte die Herausgabe des sächsischen Ultimatums, damit er an dessen Bewilligung sein Ultimatum binden und verknüpfen könne; er verlangte dasselbe schriftlich, damit er sich dadurch rechtfertigen könne, nach der ihm von seinem Hofe vorgeschriebenen Ordnung weder den Frieden verzögert noch Sachsen zurückgelassen zu haben.

Ein solches Ultimatum abzugeben, war man sächsischerseits weder in diesem Augenblicke, noch überhaupt im Stande, da es unter allen Umständen blos darauf ankam, den Frieden so rasch als möglich zu schließen, und es einzig von der größern oder geringeren Geneigtheit Preußens abhing, die sächsischen Anliegen zu gewähren, ohne daß man von letzterer Seite über irgend eine Pression verfügen konnte. Es erschien daher dem sächsischen Bevollmächtigten geeignet, in einer Note dem Befehle des Churprinzen entsprechend nochmals auf die Erwartungen hinzuweisen, die man in Dresden von der Mitwirkung des Wiener Hofes hegen zu dürfen glaubte. Dieselbe lautet:

[1] Bericht von Fritsch vom 27. Januar 1763.

„Nachdem mir von meinem Hofe die ausdrückliche Ordre zugekommen, dem Herrn K. K. Plénipotentiaire von Collenbach zu erkennen zu geben, daß, wenn er von seinem Hofe Befehl habe, diesseitiges Interesse werkthätig zu unterstützen, und wenn er wegen der Final-Entschließungen seines Hofes in Ansehung Glatz instruirt sey, man nicht umhin könne, ihn zu ersuchen, damit ohne weitern Anstand herauszugehen, und dabei diesseitige Befriedigung als conditio sine qua non zu appendiciren, als wodurch Ihro Königl. Majestät meinem allergnädigsten Herrn vielleicht noch einiger Nutzen geschafft, der Kaiserin Majestät aber, wenn sie sonst Glatz wegzugeben entschlossen, nichts geschadet werden könne: Als habe solches hierdurch anbefohlenermaßen zu bewerkstelligen keinen Anstand nehmen sollen.

Schloß Hubertsburg am 27. Januar 1763.

Freiherr von Fritsch."

Nach Durchlesung dieser Note erklärte Herr von Collenbach: er habe von seinem Hofe, wie er bereits mehrere Male versichert, den ernstlichen Befehl, das sächsische Interesse werkthätig zu unterstützen; er sei auch von den Final-Entschließungen seines Hofes völlig instruirt, obwohl er noch nicht sagen könne, in wie weit sich dieselben auf Glatz erstreckten; er sei nicht angewiesen, die sächsische Befriedigung seinem Ultimatum als conditio sine qua non anzuhängen, sondern vor Herausgabe seines Ultimatums auf der besten Berichtigung derselben zu bestehen. Er könne sich daher mit dieser Note nicht begnügen und müsse die schriftliche Erklärung erwarten: was man sächsischerseits verlange?

Während man so in Dresden die noch immer nicht ganz aufgegebene Hoffnung auf nützliche Unterstützung von Seiten Oesterreichs nach und nach als völlig illusorisch erkannte, mußte man dort von der andern Seite täglich die betrübendsten Nachrichten über die Zustände in den von Preußen besetzten Landestheilen entgegennehmen. Man erhielt durch Hertzbergs Vermittelung¹) Kunde von einer preußischen Cabinetsordre, des Inhalts, daß zur Zahlung der restirenden Contributionen sämmtliches Vieh im thüringischen Kreise weggenommen, nach Halle transportirt und dort an den Meistbietenden verkauft werden solle; sollte hierdurch der Zweck noch nicht völlig erreicht werden, so werde die Abbrennung derjenigen Rittergüter und Dörfer erfolgen, die den ihnen zugetheilten Rückstand nicht entrichteten. Auch war ein Erlaß des General-Feldkriegs-Directoriums zu Leipzig an den Landjägermeister von Preuß in Dresden ergangen, worin die Bezahlung einer Summe von 200,000 Thaler für Schonung der königlichen Wälder an den Kaufmann Leveaux, der solche vorzuschießen sich erboten hatte, binnen drei Tagen verlangt ward, widrigenfalls sogleich zur völligen Devastation der königlichen Forste und zu andern sehr unangenehmen Veranstaltungen geschritten werden solle²).

Dem Drange dieser Verhältnisse nachgebend, entschloß sich der Churprinz, jeden Anspruch auf Entschädigung definitiv fallen zu lassen und seinen Gesandten zu ermächtigen, den Abschluß des Friedens nach allen Kräften zu befördern, deshalb sofort das Project eines Tractats zu entwerfen und einen Artikel nach dem andern mit dem preußischen Bevollmächtigten durchzugehen. Das Schreiben des Churprinzen vom 29. Januar, in welchem dieser Entschluß dem sächsischen Gesandten mitgetheilt wird³), enthält wieder eine klare Darlegung der Beziehungen Sachsens zu Oesterreich und der in dieser Hinsicht erfahrenen Täuschungen; es unterliegt keinem Zweifel, daß man damals in Dresden vollkommen die Gründe durchschaute, die in Wien zu einer so auffallenden Art der Unterhandlung geführt hatten: ängstlich bemüht, jeden Rückblick auf einen Krieg zu vermeiden, der so lange gedauert und so

---

¹) Bericht von Fritsch vom 25. Januar 1763.
²) Rescript des Churprinzen vom 22. Januar 1763 mit Beilage C.
³) Beilage S.

geringe Resultate herbeigeführt hatte, und darum doppelt eifrig, die traditionelle Würde zu wahren, gab man sich das Ansehen, als suche man den Frieden nur aus Rücksicht auf Sachsen und auf dessen dringendes Verlangen; zugleich aber wollte man in der Lage sein, aus etwaigen günstigen Zwischenereignissen Nutzen zu ziehen, entweder um bessere Bedingungen zu erhalten, oder um den Krieg mit Aussicht auf bessern Erfolg fortzusetzen. Und wenn man in Dresden die berechtigten Beschwerden auch jetzt wieder gegen den Bevollmächtigten wandte, so konnte man doch nicht umhin, am Schlusse eines mit dem Erlaß an Herrn von Fritsch gleichlautenden Schreibens an den Grafen Flemming in Wien die Bemerkung hinzuzufügen: „Vermuthlich wird man sich übrigens zu Wien von selbst die Rechnung machen können, daß die Erkenntlichkeit, so man außerdem hiesigen Orts vor die geleistete Bundesmäßige Assistenz beizubehalten sich verbunden erachtet haben würde, nicht sowohl mit denen ertheilten guten Versicherungen, als mit demjenigen, was die That bewähret, in Verhältniß stehen werde."

Da auch in der Conferenz am 28. Januar der österreichische Bevollmächtigte dieselbe Sprache zu führen fortgefahren und sich namentlich dahin ausgesprochen hatte, wie es ein großes Unglück sei, daß man sächsischerseits mit dem Ultimatum nicht gefaßt und dadurch an dem Verzuge schuld sei, — verlor der Baron Fritsch nach Empfang des letzterwähnten Befehls keine Zeit, die entscheidenden Schritte ins Werk zu setzen. Für ihn war die Ueberzeugung zur unzweifelhaften Gewißheit geworden, daß von dem Könige von Preußen keine eigene Indemnisation irgend einer Art zu erlangen und auf die österreichische Unterstützung in diesem Punkte nicht zu rechnen sei, — und so entschloß er sich, mit der geforderten Final=Erklärung in der Weise hervorzutreten: „daß er sein Ultimatum erhalten habe und danach angewiesen sei, von der an des Königs von Preußen Majestät gerichteten Forderung einer Entschädigung abzustehen, die übrigen Punkte aber bei der Redaction des Tractats, so wie die Umstände gestatteten, zu behandeln und anzunehmen."

Um seinerseits die vorgeschriebene Communication mit Oesterreich auf's genaueste zu beobachten, obgleich dieselbe von jener Seite stets außer Acht gelassen worden, ging Herr von Fritsch in Begleitung seines Adjuncten Gutschmid zu Herrn von Collenbach und eröffnete ihm, nach vorgängiger Schilderung des betrübten Zustandes des Landes und der daraus erwachsenden Nothwendigkeit, den gefaßten Entschluß unter Mittheilung der Erklärung.

Collenbach gerieth dadurch in eine sichtbare Verwirrung, beklagte, daß durch das Unglück der Waffen die gehabte Intention, Sachsen eine vollständige Entschädigung zu verschaffen, vereitelt worden, und wagte dann einen Versuch, die einstweilige Zurückhaltung des Ultimatums zu veranlassen. Er machte nämlich den Vorschlag, man solle doch darauf bestehen, den 1. Januar 1763 als Zeitpunkt der aufzuhörenden Executionen festzustellen; er wolle dies durch die Erklärung unterstützen, daß österreichischerseits der gleiche Termin für die etwa an Preußen zurückzugebenden Länder anerkannt und alles nach demselben Erhobene zurückerstattet werden solle.

Ihm wurde geantwortet, daß er aus den bisherigen Verhandlungen davon unterrichtet sei, mit welchem Eifer Sachsen dahin bemühet gewesen, jenen Termin zur Anerkennung zu bringen; ihm sei nicht unbekannt, wie durch die Veränderung mit den preußisch-westphälischen Landen die Sache eine schlimmere Gestalt angenommen; und wegen etwaiger Abtretung der Grafschaft Glatz habe er sich nicht nur immer noch nicht erklärt, sondern auch niemals die geringste vertrauliche Andeutung gegeben.

Collenbach that letzteres auch jetzt nicht, sondern suchte allerlei Nebenwege, um die sächsischen Bevollmächtigten zur Zurückhaltung ihrer Schlußerklärung zu bewegen, während diese ihm entgegenhielten, daß sie die Verantwortlichkeit nicht übernehmen könnten, das Ende des Elends vom Lande nur um einen Tag zu verzögern, — und zwar um so weniger, als er ihnen erst vor zwei Tagen aus seiner Depesche vorgelesen habe, „daß Ihro Majestät die Kaiserin-Königin keinen Tag am Verzug des Friedens schuld sein wolle."

Alles dies konnte den Herrn von Collenbach zu einer offenen Erklärung über sein weiteres Verhalten nicht bewegen; jedoch wußte er seinen Mißmuth über das ebenso unerwartete wie unangenehme Drängen der sächsischen Herren nicht zu verbergen.

In der darauf folgenden Conferenz nahm nun Fritsch Gelegenheit, die mehrerwähnte Erklärung förmlich abzugeben, dieselbe dahin erläuternd, daß es noch hauptsächlich auf die Punkte des Aufhörens der Feindseligkeiten, der Rückgabe der Leute und der Entschädigung ankomme; die letzte müsse man der Nothwendigkeit des Friedens und der Abwendung des gänzlichen Ruins des Landes aufopfern; bei den andern Punkten hoffe man auf billige Berücksichtigung bei Regulirung des Tractats. Er müsse demnach erklären, daß er die Hauptsache nicht einen Augenblick länger aufhalten könne und werde.

Im Anschluß hieran stellte nun Collenbach den Antrag, man möge den 1. Januar als Termin des Aufhörens aller Feindseligkeiten bestimmen, indem er zugleich die obenerwähnte Gegenseitigkeit anbot; doch wollte sich der preußische Bevollmächtigte darauf nicht einlassen, weil nach der neuesten Veränderung in den cleveschen Landen die Objecte in keine Vergleichung oder Compensation kommen könnten.

Nachdem Herr von Collenbach sodann versucht hatte, noch einmal die fränkische Erbfolge zur Discussion zu bringen, hieran aber durch eine sehr ernstliche Erklärung des Herrn von Hertzberg verhindert ward, trat er endlich nach vielen ängstlichen Wendungen mit der Erklärung hervor: sein Hof erbiete sich, die Grafschaft

Glatz wieder abzutreten, jedoch nur unter der Bedingung, daß die Festungswerke der Stadt geschleift würden und daß es mit dem Commercio bis zur künftigen Schließung eines Handelsvertrags in statum libertatis naturalis komme[1]).

Der preußische Bevollmächtigte entgegnete darauf: der König werde Sachsen besetzt halten, bis er Glatz mit allen Festungswerken wieder bekäme; die Gründe, welche in dem letzten Memoire (der Duplik) auseinandergesetzt worden, seien unwiderleglich; Glatz sei für die Sicherheit und die Vertheidigung Schlesiens nicht zu entbehren, und deshalb dürfe an eine Schleifung der Festungswerke nicht gedacht werden; der König erwarte außerdem die Rückerstattung sämmtlicher Artillerie, die man in Glatz vorgefunden. — In Bezug auf die Handelsverhältnisse sei der König zur Abschließung eines Vertrages bereit, der auf den Grundsätzen völliger Gleichheit und Gegenseitigkeit beruhe.

Collenbach behauptete, sein Hof werde darauf sich nicht einlassen, nicht als ob derselbe nach abgeschlossenem Frieden überhaupt keinen Handelsvertrag wolle, sondern weil er diesen Gegenstand für zu complicirt erachte, um bei Friedenspräliminarien behandelt zu werden. Er verlangte daher, daß folgender Artikel in dem Tractat aufgenommen werde: „Les hautes Parties contractantes sont disposées à faire un Traité de Commerce fondé sur une réciprocité parfaite et sur l'utilité des Etats et Sujets respectifs; mais jusqu'à ce que l'on puisse convenir des Principes d'un Traité pareil il sera libre à chacune des parties contractantes d'en user à cet égard comme elle le jugera à propos."

Hertzberg wandte hiergegen ein, daß der Schlußsatz dieses Artikels den Vordersatz vollständig aufhebe, und es besser sei,

---

[1]) Siebenundzwanzigster Bericht des Herrn von Fritsch vom 30. Jan. 1763. Zehnter Bericht des Herrn von Hertzberg vom 29. Januar 1763.

dann lieber diese ganze Angelegenheit gar nicht zu erwähnen. Die von seinem König vorgeschlagenen Grundsätze seien so billig, so zweckentsprechend und von einer so rücksichtsvollen Gegenseitigkeit, daß er noch immer hoffe, der Wiener Hof werde in seiner Schluß= erklärung sich damit einverstanden zeigen. Sollte dies nicht der Fall sein, so liege die Vermuthung nah, daß man überhaupt keinen Handel zwischen den beiden Staaten dulden wolle, und dann möge man auch nur zugleich den Artikel über die Religionsverhältnisse streichen.

Alles dies machte auf den österreichischen Bevollmächtigten keinen Eindruck; seine letzte Ausrede war immer, daß er von Handelsverhältnissen gar nichts verstehe, — argument qui est difficile à combattre, wie Hertzberg schreibt. Mit um so größerer Lebhaftigkeit aber ging er auf die Frage der Religionsverhältnisse in Schlesien über und behändigte dem preußischen Gesandten ein Schriftstück[1]), welches verschiedene specielle Wünsche zu Gunsten der katholischen Religion in Schlesien enthielt, indem er bat, dasselbe dem Könige zu übersenden und den Inhalt einer günstigen Ent= schließung zu empfehlen.

Hertzberg konnte die Uebersendung nicht verweigern, bemerkte jedoch sofort, daß der König schwerlich einer fremden Macht ge= statten werde, in dergleichen innere Verhältnisse sich zu mischen, die ausschließlich von der Entscheidung des Souveräns von Schlesien abhingen, daß derselbe aber nach wie vor die katholische Religion in jenem Lande aufrecht erhalten werde.

Der sächsische Bevollmächtigte, welcher während dieser aus= führlichen Debatten ein fortwährendes Stillschweigen beobachtet hatte, konnte am Schluß der Conferenz sich nicht enthalten, fol= gende wörtliche Erklärung abzugeben: „Ich beklage das Elend dieses so unglücklichen Landes, welches so unerträglichen Drang=

---

[1]) Beilage T.

falen ausgesetzt bleiben muß, obgleich man alles nur mögliche über
sich ergehen lassen will und bereit ist, da unsere Freunde uns zu
nichts mehrerem Hoffnung machen können, auf das hin abzuschließen, was der Feind zugestehen will. Man wird wenigstens
uns bei der ganzen Welt beklagen, daß, da wir alles gelitten
und gethan, um den Frieden zu erkaufen, wir nun allein, um
fremder Convenienz willen, das Ende unsers übergroßen Unglücks
verzögert sehen müssen[1]."

Am Tage dieser Conferenz nahm Herr von Collenbach Veranlassung, die beiden sächsischen Herren auf einem von ihm vorgeschlagenen Spaziergange sehr weitläuftig von der Verlegenheit
zu unterhalten, in welche sie ihn durch das so rasche Hervortreten
mit ihrer Erklärung gesetzt hätten. Von Seiten dieser Letzteren
ward ihm natürlich ins Gedächtniß zurückgerufen, wie er sie seit
mehreren Tagen beständig in Unruhe und Angst dadurch versetzt habe,
daß er ihnen ohne Unterlaß vorgeworfen, nur sie allein seien an
dem Verzuge schuld, durch den ganz Deutschland in Gefahr gesetzt
werde. Er konnte dies zwar nicht leugnen, behauptete jedoch, nur
gesagt zu haben, er sei zum Abschluß fertig, nicht aber, daß er
dafür stehen könne, ob sein Ultimatum angenommen werde.

Dem Herrn von Fritsch, der trotz seiner dreiundsechzig Jahre
der lebhafteste unter den in Hubertusburg Versammelten war,
schwoll der Kamm bei dieser eigenthümlichen Entschuldigung, und
er ließ die Gelegenheit nicht vorübergehen, seinem Herrn Collegen
einige aufrichtige Bemerkungen entgegenzuhalten: „Sein allergnädigster Herr sei vom Beginn des Krieges an bei allem Unglück stets so zu Werk gegangen, daß Dero Treue und Verdienste
gegen das Haus Oesterreich vor den Augen der ganzen Welt
offenbar sei. Höchstdieselben hätten niemals Dero Vortheil mit
dem Schaden von Oesterreich gesucht; da aber nach fünfwöchigen

---

[1] Siebenundzwanzigster Bericht von Fritsch vom 30. Januar 1763.

Verhandlungen die Sachen dem Abschluß nicht näher gebracht worden als sie am ersten Tage gewesen, so hätten Höchstdieselben keinen Anstand nehmen können, alle ungewisse Hoffnungen der Abwendung des gegenwärtig bevorstehenden gänzlichen Ruins aufzuopfern, und wenn durch fremde Schuld letzterer dennoch erfolgen sollte, so würde die ganze Welt erkennen, daß Se. Majestät als Landesvater gehandelt; übrigens habe man ihn, den Herrn von Collenbach, mit der Erklärung nicht unvorbereitet überrascht, sondern ihn seit einigen Tagen davon in Kenntniß gesetzt, daß man eine solche erwarte, und ihm am heutigen Morgen vor der Conferenz angezeigt, daß dieselbe eingetroffen sei."

Diese wiederholten unverblümten Beschwerden des sächsischen Bevollmächtigten über das österreichische Verfahren mochten doch endlich selbst dem Herrn von Collenbach verständlich geworden sein. Noch an demselben Abend besuchte er in Begleitung seines Secretärs von Ledexer den Herrn von Fritsch, was früher nie der Fall gewesen, veranlaßte die Herbeiholung des Hofraths Gutschmid und hielt eine lange Rede über den Fortgang der Verhandlungen, welche mit dem Erbieten endigte, daß er sein ganzes Geheimniß den sächsischen Herren offenbaren und in ihre Hände legen wolle. Nachdem von Seiten dieser ihm geantwortet worden, daß sie sich nicht dem Vorwurf aussetzen wollten, ihn zu einem Schritt gebracht zu haben, der dem Interesse seines Hofes nachtheilig sei, und er also mit seinem Geheimniß so verfahren möge, wie er es jenem Interesse gemäß finde, — eröffnete ihnen Collenbach, daß er nach seiner Instruction Glatz mit allen Festungswerken darbieten könne; er wünsche, daß Herr von Hertzberg den Bericht an seinen Hof bis nach der auf den folgenden Tag anberaumten Conferenz aussetzen möge, damit nicht etwa der Antrag wegen Schleifung der Festungswerke eine übereilte widrige Entschließung hervorbringe. Er bat zugleich, Herr von Fritsch möge erklären, daß er aus Besorgniß einer Verzögerung des Friedens ihn, Collenbach, zu einer nachgiebigen Erklärung wegen Glatz zu disponiren hoffe.

Fritsch war hiezu bereit und schrieb sofort ein Billet an Herrn von Hertzberg, in welchem er denselben bat, die bezüglichen Aeußerungen des Herrn von Collenbach in der letzten Conferenz dem König nicht mitzutheilen, weil er die Hoffnung hege, denselben endlich bestimmt zu haben, den längst erwünschten Schritt zu thun und die unbeschränkte Rückgabe von Glatz zuzugestehen.

Durch die hierauf erfolgende Antwort Hertzbergs fand sich Herr von Collenbach noch nicht beruhigt und ersuchte den Hofrath Gutschmid, das obenerwähnte Gesuch noch einmal mündlich bei Herrn von Hertzberg zum Vortrag zu bringen.

Letzterer blieb jedoch bei der Aeußerung, daß er alle Tage dem König genau referire, was vorgegangen sei, — und so müsse er auch bei dem in der Conferenz geschehenen Antrag zur Abtretung nach Schleifung der Festungswerke bestehen bleiben, welcher gewiß nicht angenommen werden würde.

Herr von Collenbach ward über diese Antwort noch unruhiger und unsicherer, und zog sich erst sehr spät zurück, in völliger Unentschlossenheit, ob er am folgenden Tage mit seinem „Geheimniß" herausgehen wolle oder nicht[1]).

Herr von Hertzberg ward jedoch durch diese Vorgänge über den günstigen und baldigen Erfolg seiner Unterhandlungen so sichergestellt, daß er seinen Bericht vom 29. Januar mit den Worten schließen konnte: „Il est bien glorieux pour Votre Majesté, qu'après une guerre si sanglante, ses ennemis sont obligés de lui demander la paix avec tant d'empressement, et Elle peut mettre le comble en usant de quelque indulgence envers eux."

Am folgenden Tage ward die Sitzung mit einer Erklärung des sächsischen Bevollmächtigten eröffnet, welche Bezug nahm auf

---

[1]) Siebenundzwanzigster Bericht von Fritsch vom 30. Januar 1763 l. c.

das letzte Anerbieten wegen der Rückgabe von Glatz ohne Festungswerke, auf die Unwahrscheinlichkeit, daß preußischerseits hierauf eingegangen werden könne, und auf das Elend der sächsischen Lande, deren völlige Verwüstung mit allen Mitteln vermieden werden müsse; von sächsischer Seite habe man deshalb ein Friedensproject übergeben und müsse jetzt den österreichischen Bevollmächtigten auf das angelegentlichste ersuchen, wenn er noch etwas mehr thun könne, solches zur Erlösung Sachsens nicht zu verhalten.

Collenbach erklärte nun, nach vorausgegangener längerer Discussion mit dem preußischen Gesandten, daß sein Hof hinsichtlich Glatz dem Verlangen des Königs von Preußen nachgeben wolle, jedoch unter der ausdrücklichen Bedingung, daß Letzterer dagegen die österreichischen Bedingungen in Betreff des Artikels über die Handelsverhältnisse annehme.

Diese Erklärung nahm er jedoch nach der Sitzung wieder zurück. Er kam in größter Bestürzung zu Herrn von Hertzberg und sagte ihm: er müsse „seine Großmuth und Religion" anflehen; er habe sich mit seiner Erklärung übereilt; seine Instruction erlaube ihm nur, auf Glatz zu verzichten in casu pessimo und unter der Bedingung, daß der Friede dann sofort unterzeichnet werde; der Baron Fritsch habe ihm die Erklärung durch ungestümes Drängen abgepreßt; wenn sein Hof davon Kenntniß erhalte, wäre er ein verlorener Mann; er habe eine große Familie und beschwöre Hertzberg, ihn aus dieser peinlichen Lage zu befreien. „Il étoit plus mort que vif," schreibt Hertzberg. Dieser ward von dem Zustande des armen Mannes gerührt und ließ Herrn von Fritsch herbeiholen[1]). Letzterem gegenüber bestand Collenbach angelegentlich darauf, in der heutigen Conferenz wegen der Rückgabe von Glatz mit Befestigungen und Artillerie nicht einmal stillschweigend etwas zugestanden zu haben. Man kam denn auch

---

[1]) Privatniederschrift Hertzbergs zu seinem Berichte vom 30. Januar 1763.

schließlich dahin überein, in den Berichten dieses Tages jener Erklärung nicht zu erwähnen, sondern nur zu melden, Herr von Collenbach habe seinen Vorschlag vom gestrigen Tage wiederholt, erwarte jedoch noch einen definitiven Bescheid von Wien[1]).

Jener Vorschlag hatte jedoch inzwischen den König einigermaßen in Harnisch gebracht. Er schreibt darüber an Hertzberg unter dem 31. Januar: „— — — que le Sieur de Collenbach est revenu à la charge auprès de Vous, pour demander de rechef la démolition de la forteresse de Glatz, Je me rapporte à ce que Je vous ai déjà déclaré à ce sujet par ma lettre d'hier, et Vous le confirme encore, que Vous insisterez invariablement là dessus, que Glatz me soit rendu dans le même état où il s'est trouvé et sans aucune démolition. Vous ferez observer adroitement et d'une façon convenable au dit Sieur de Collenbach, dans Vos entretiens à ce sujet avec lui, que la proposition de démolir cette place étoit autant que demander à quelqu'un à qui on voudrait rendre une maison, la condition qu'il n'y auroit jamais une porte pour la fermer, et que d'ailleurs la dite demande ne quadroit pas trop bien avec le désir de vouloir faire une paix stable, dont la Cour de Vienne avoit donné toutes les assurances, mais qu'une pareille demande, telle que celle de la démolition d'une place purement défensive à la Silésie, pourroit donner des soupçons, comme si l'on cachoit déjà des vues, qu'on pourroit deviner à peu près vers où ils visoient."

Collenbachs übergroße Aengstlichkeit war diesmal vollständig unbegründet gewesen, denn schon am folgenden Tage, in der Sitzung des 31. Januar, theilte er mit, daß er nunmehr die Resolution erhalten habe, Glatz mit den Festungswerken und der Artillerie abzutreten, jedoch unter den Be-

---

[1]) Achtundzwanzigster Bericht von Fritsch vom 30. Januar 1763.

dingungen: 1. daß Sachsen befriedigt sein müsse; 2. daß bis zur Schließung eines Handelsvertrags einem jeden der contrahirenden Theile in seinem Lande die Einrichtung nach Belieben zu treffen frei bleiben solle. Dies sei die Hauptsache, und daneben müsse er noch einige weitere Bedingungen hinzufügen; es müßten nämlich nicht nur die Wechsel der Reichsstädte, sondern auch die der sächsischen Unterthanen gegen Rückgabe der preußischen Wechsel wegfallen[1]).

Dieser ganz neuen Bedingung stellte Hertzberg sofort den Einwand entgegen, es sei dies eine exceptio de jure tertii; die sächsischen Wechsel seien bisher stets separirt behandelt worden, und ihre Bezahlung sei eine conditio sine qua non des Friedens mit Sachsen.

Der sächsische Bevollmächtigte enthielt sich der Theilnahme an dieser Discussion. Er mußte sich des Vorschlags erinnern, den ihm Herr von Collenbach vor kurzem erst gemacht, und der nichts anderes bezweckte, als daß dieser nämliche Antrag von Sachsen gestellt werden möge, damit hieraus eine Verschleppung der Unterhandlungen entstehe, deren Schuld dann natürlich dem Dresdner Hofe aufgebürdet werden konnte. Es erschien zu auffallend, daß früher nie eine Erwähnung davon geschehen, daß man in Oesterreich Wechselbriefe von königlich preußischen Ortschaften besitze, so wie auch jetzt noch mit der Angabe der Zahl und des Betrages derselben zurückgehalten wurde. Unter diesen Umständen verlor dieser anscheinend zum Vortheil Sachsens gethane Schritt jeden Werth, da der Aufschub von einer Woche einen Schaden verursachte, der den Betrag jener Wechsel bedeutend übersteigen konnte[2]).

In Dresden erhielt man die Nachricht von diesen neuesten Ergebnissen der Conferenz an demselben Tage, an welchem ein

---

[1]) Bericht von Hertzberg vom 31. Januar 1763.
[2]) Bericht von Fritsch vom 31. Januar 1763.

Bericht des Grafen Flemming aus Wien einlief, der wieder von einigen „cordialen" Eröffnungen des Grafen Kaunitz Mittheilung gab[1]). Es waren jedoch nur wieder dieselben Variationen der alten bekannten Melodie: „daß man Krieg oder Frieden lediglich in die Hände des Königs-Churfürsten gebe, und keine nur mögliche Art von Unterstützung und Mitwirkung sparen wolle, um für denselben solche billige Bedingungen zu erlangen, wie sie nur zu erhalten wären. Neu war dagegen das Anerbieten, daß man auch bereit sei, die in den glatzischen und cleveschen Landen seit dem 1. Januar 1763 erhobenen Contributionen zurückzugeben, wenn der König von Preußen das reciprocum in Ansehung der chursächsischen Lande eingehen wolle.

Das klang zwar sehr erfreulich, war aber doch auch nichts weiter als eine Redensart. Herr von Collenbach wußte seinerseits ganz genau, daß man auf diesen Gedanken einzugehen sich geweigert hatte, und gestand dies später dem Hofrath Gutschmid[2]). In Dresden aber war man mit der Geschäftsbehandlung des Königs von Preußen und seiner Kenntniß aller einzelnen Verhältnisse aus häufiger Erfahrung zu sehr bekannt, als daß man auf solche Aussichten irgend einen Werth hätte legen mögen. Herr von Fritsch versuchte zwar bei einer passenden Gelegenheit auch hierauf wieder zurückzukommen, mußte sich jedoch dabei beruhigen, daß ihm erklärt wurde: der König lasse sich auf eine solche Rechnung nicht ein, zumal da es zu spät sei, sowohl in den niederrheinischen als glatzischen Landen etwas Beträchtliches zu erheben; allenfalls lasse er es darauf ankommen[3]).

Die erwähnte Mittheilung des Grafen Flemming wurde demnach einfach bei Seite gelegt. Bald darauf erschienen aber zwei

---

[1]) Bericht des Grafen Flemming vom 25. Januar 1763.
[2]) Bericht des Hofrath Gutschmid vom 4. Februar 1763.
[3]) Bericht von Fritsch aus Leipzig vom 7. Februar 1763.

Depeschen desselben, die man nicht so unberücksichtigt lassen konnte.
Der Gesandte hatte, den erhaltenen Aufträgen gemäß, dem Grafen
Kaunitz vorgetragen, was zwischen den beiderseitigen Bevollmäch=
tigten zu Hubertusburg in jüngster Zeit vorgefallen; er mußte
dabei die Wahrnehmung machen, daß die Berichte des Herrn von
Collenbach ihm zuvorgekommen waren und das lebhafteste Miß=
vergnügen über das Benehmen des sächsischen Bevollmächtigten
veranlaßt hatten. Der Graf Kaunitz sprach seinen Unwillen sehr
heftig und sehr umständlich aus: „Nachdem Ihro Majestät die
Kaiserin=Königin mündlich und schriftlich sowohl an Se. Königl.
Majestät wie an Se. Königl. Hoheit den Churprinzen auf das
ausdrücklichste versichern und selbst in die an Preußen hinaus=
gegebene Declaration einfließen lassen, daß von dem vorher mit
Sachsen auf anständige Bedingungen zu schließenden Frieden alles
weitere abhangen solle, habe man nicht vermuthen dürfen, daß der
Baron Fritsch in der am 27. Januar ausgefertigten Note annoch
einen Zweifel, ob Herr von Collenbach auch in Folge obiger Ver=
sicherungen und Erklärungen wirklich instruirt sei, auf eine Art zu
erkennen gegeben, als ob man es mit einem Hofe, der wider Treu
und Glauben anders rede und anders handle, zu thun habe;
Ihro K. K. Majestät habe nicht leicht etwas empfindlicher fallen
können, als dieser unverdiente Argwohn und das daraus her=
geleitete Anverlangen, daß der Hofrath von Collenbach sofort mit
seinem Ultimatum herausgehen solle. Dieses Ansinnen sei ebenso
unbillig wie unzweckmäßig, — weil man erstlich in Folge der
zum Grunde gesetzten Regel, daß Alles mit gleichem Schritte gehen
solle, das Wiener Ultimatum nicht eher mit Fug verlangen könne,
als bis man das sächsische zugleich zu eröffnen im Stande sei, —
sodann aber, weil die vorzeitige Erklärung des Wiener Ultimatums
grade das Gegentheil von dem bewirken werde, was man in
Dresden davon erwarte, indem sich augenscheinlich absehen lasse,
daß der König von Preußen, sobald er wisse, wozu man in Wien

sich äußersten Falls zu bequemen entschlossen sei, dann mit Sachsen vollends ganz willkührlich verfahren und die Unterhandlungen noch so lange als möglich hinausziehen werde, um die sächsischen Lande noch um so viel länger aussaugen zu können. Man sei überzeugt, daß, wenn man dem Wiener Hofe durch Zurückhaltung seines Ultimatums gleichsam noch ein Heft in Händen lassen wollen, man von dem König von Preußen ungleich mehr erlangt haben würde, als wenn er dasselbe zum voraus erfahren hätte; man würde wenigstens den Erlaß der in Sachsen erpreßten und noch nicht bezahlten Wechsel und Obligationen durchgesetzt haben, und es wäre zugleich der eigene Verlust vermieden worden, weil der König von Preußen auch noch einige aus österreichischen und andern freundschaftlichen Landen erpreßte Wechsel in Händen habe; nunmehr aber, da man von Seiten des Chursächsischen Hofes aus Ungeduld und Mißtrauen zugefahren und sich zur Bezahlung der dortigen verstanden, sei zu besorgen, daß ein gleiches in Ansehung der andern begehrt werden würde. So sehr man daher gewünscht, daß man sich mit der Erklärung des Hofraths von Collenbach befriedigt hätte, um denselben nicht noch schüchterner zu machen, als er es bereits durch das, was ihm früher begegnet, geworden sei, — so sehr bedaure man, daß nicht über dieses offenbare Mißverständniß eine genaue Erläuterung in Wien veranlaßt und bis dahin die schlüssige Erklärung des Ultimatums zurückgehalten worden sei. Da solches aber nun nicht mehr zu ändern, habe man zum Beweise, daß man mit nichts Verfänglichem umgegangen, dem Hofrath von Collenbach den Befehl gegeben, das Wiener Ultimatum hinauszugeben; wenn aber die Folgen davon so ausschlagen sollten, wie eben angeführt, wolle man in Wien die Schuld davon nicht übernehmen, und müsse überdem gestehen, daß aus dem Mißtrauen, welches sich bei Gelegenheit der vorliegenden Friedensverhandlungen gegen den Wiener Hof offenbare, für die Zukunft gar nicht solche Schlüsse von cordialem und engem Einverständniß sich ziehen ließen, als man in Wien zu unterhalten bereit sei[1]."

Der Graf Flemming betheuert, seinerseits es nicht an Gegenvorstellungen haben fehlen zu lassen, indem er besondern Nachdruck darauf gelegt, daß alle etwaigen Opfer, welche man in Wien zum Vortheil Sachsens zu bringen gemeint sei, doch nur dann den beabsichtigten Nutzen herbeiführen könnten, wenn man dafür eine Gegenleistung beharrlich fordre, was aber im vorliegenden Falle nicht geschehen sei. Alles, was er durch seine Vorstellungen erreichte, war die Erklärung: so empfindlich auch der Argwohn sei, der nicht nur bei dieser Gelegenheit, sondern bei vielen andern, sowohl mündlich als in Schriften, wider den Wiener Hof zu erkennen gegeben worden, so solle dies doch auf die Sache selbst keinen Einfluß haben, sondern es werde sich in der Folge noch werkthätig zeigen, daß man ein vollkommenes Vertrauen verdiene.

Der vorsichtige und von der Wiener Atmosphäre wohl mehr als dienlich eingenommene Gesandte schließt seinen Bericht mit der Warnung, das Uebel nicht noch ärger zu machen, da der Wille gut und unverfälscht sei; man habe doch den Beistand und die Unterstützung des Wiener Hofes in der Folge sehr nöthig.

Eine zweite Depesche vom 9. Februar wiederholt die obenerwähnten Entschuldigungen und Versicherungen, und unterscheidet sich von der vorhergehenden nur dadurch, daß die Beschwerden des Wiener Hofes nicht, wie vorher, gegen das Dresdner Cabinet, sondern gegen den sächsischen Bevollmächtigten in Hubertusburg gerichtet sind; dieser habe allzusehr in den Hofrath von Collenbach gedrungen, mit seinen Propositionen nicht länger zurückzuhalten, und dann habe er sein Ultimatum an Preußen hinausgegeben aller Gegenvorstellungen des Herrn von Collenbach ungeachtet; dadurch allein sei die Lage wesentlich verschlimmert, und man

---

[1] Bericht des Grafen Flemming vom 6. Februar 1763.

beklage, nunmehr keine weiteren Compensationsmittel in Händen zu haben.

Wenn man in Wien darauf rechnete, durch diese Vorwürfe den Churprinzen einzuschüchtern oder ihn von der Vorzüglichkeit und Richtigkeit der dort eingeschlagenen Verhandlungsart zu überzeugen, so hatte man sich vollständig getäuscht. Dieser klar denkende und hell blickende Fürst ließ sich nicht durch seine diplomatische Wendungen von dem Ziele abbringen, welches ihm durch seine treue Liebe für das Sachsenland vorgezeichnet war. Es erging sofort unter dem 12. Februar ein Befehlsschreiben an den Grafen Flemming, welches hier seinem ganzen Inhalte nach einen Platz verdient:

„Obwohl weitere Explicationes über den Inhalt derjenigen Aeußerungen des Wiener Ministerii, so aus der Relation vom 6. d. M. zu ersehen gewesen, gegenwärtig, da das Friedensgeschäft auf dem Abschluß stehet, von keinem reellen Nutzen seyn, noch den wirklich geschehenen Schaden abwenden mögen; So finde jedoch vor nöthig, dem Herrn Cabinets-Minister zu Ablehnung des Vorwurfs von Ungeduld und Mistrauen, den Mir das Wiener Ministerium machet, das Behnfüge an die Hand zu geben.

Ich übergehe mit Stillschweigen, daß wohl überhaupt nicht leicht größere Proben von Geduld und Standhaftigkeit abgelegt worden, als solches diesseits nunmehr ins siebente Jahr bey so manchen empfindlichen Unglücksfällen und dabey zwar allemahl in Worten gemachten, in der That jedoch eben so oft fehlgeschlagenen guten Hoffnungen geschehen ist. Insbesondre aber ist zu bemerken, daß auch bey gegenwärtiger Friedens-Unterhandlung man länger als 5 Wochen mit aller Geduld zugesehen, was der wider diesseitigen guten Anrath von dem von Collenbach nach seinen Instructionen eingeschlagene modus tractandi für Würkung haben werde. Man hat ernanntem K. K. Bevollmächtigten diesseitige desideria in genere und in specie vorgeleget, und ihn befraget, ob er eines oder das andere davon reellement zu unterstützen und geltend zu machen gemeynet sey. Die Frucht davon ist keine andere gewesen, als daß er zwar zu Unterstützung derer hiesigen Fordrungen befehliget zu seyn versichert, solches auch jezuweilen bey denen Conferenzen in generalen Terminis mit Worten befolget, am Ende aber allemal gegen diesseitigen Bevollmächtigten, wenn er sich näher erklären sollen, ein mehreres nicht geäußert, als daß er hauptsächlich dazu instruirt sey, nicht ehender zu schließen, als bis man diesseits zufrieden gestellt seyn würde.

Der König von Preußen, dem zuverläßig die Beendigung des Kriegs weit gleichgültiger ist, als man zu Wien glaubet, hat sich inmittelst den Verzug der Negotiation zu Nutze gemacht, um hiesige ihm durch die Winter-Convention überlassenen Lande vollends auszusaugen und zu verheeren, und Millionen aus denenselben zu ziehen, die erspart hätten werden können, wenn man gleich Anfangs den K. K. Bevollmächtigten hätte nach Leipzig reisen und rondement zu Werke gehen lassen wollen. Daß man zu Wien dergleichen Verlust weit gelassener ansehen könne, als wenn er die eigenen Lande beträfe, davon hat man freilich während dieses Krieges mehr als eine Probe gehabt. Doch würde man demohngeachtet auch hiesigen Orts noch länger mit der Erklärung wegen Bezahlung derer ausgestellten Verschreibungen an sich gehalten haben, wenn nicht eines Theils Preußischer Seits nebst der grausamsten und unmenschlichsten Behandlung derer Unterthanen, solche Maßreguln zur Eintreibung derer verschriebenen oder sonst rückständigen Summen vorgekehret, und an mehreren Orten ins Werk gerichtet worden wären, bey welchen die gänzliche Verwüstung hiesiger Lande ohnvermeidlich war: andern Theils der von Collenbach selbst zu eben der Zeit, wo ihm die Verlegenheit, worin man dadurch diesseits sich versetzt sahe, nicht ohnbekannt seyn konnte, mit größtem Eifer und sogar in Gegenwart des Preußischen Bevollmächtigten auf die Beschleunigung des Abschlusses unter dem Anhang, daß man sonst diesseits alle aus längerer Fortdauer des Kriegs entspringen könnenden Folgen sich zuzuschreiben und zu verantworten haben würde, gedrungen hätte.

So wenig man daher bey so bewandten Umständen sich übereilet hat, wenn man endlich dem Preußischen Begehren gezwungen nachgegeben, um nur der Noth, welcher das Land sonst hätte erliegen müssen, und aus welcher dasselbe aller bisher versicherte Beystand nicht gerettet haben würde, ein Ende zu machen, und solchergestalt aus zwei Uebeln das kleinste zu wählen: eben so wenig ist es aus einem Mistrauen gegen die von dem K. K. Hofe ertheilten Versicherungen geschehen, wenn man bey dem von Collenbach so öfters und zuletzt schriftlich an Befördrung des diesseitigen Interesse durch Hinausgebung seines Ultimati erinnert hat. Daß der König von Preußen pro ultimato Glaz verlange, ist dem K. K. Hofe schon vor Abschickung des von Collenbach aus diesseitigen Nachrichten bekannt gewesen; so wie hinwiederum gedachter Souverän aus nur erwähnter gleichwohl erfolgten Abschickung, daß er hierunter seinen Zweck erreichen würde, leichtlich schließen können, wenn es ihm nicht vorhin schon aus der Lage der allgemeinen Angelegenheiten bekannt gewesen. Sollte demnach diesseitiges Interesse werkthätig befördert werden, so war der einige Weg dazu, daß man mit der Final-Erklärung dieserwegen ohne so langen Aufschub, und ohne dem Gegentheil Zeit zur endlichen Verwüstung hiesiger Lande zu lassen, hervorging und zu gleicher Zeit vor Sachsen dagegen einige Vortheile auszubedingen suchte. Man hat nicht anders vermuthen können, als daß dieses die Intention bey denen gegebenen guten Versicherungen gewesen, da man wohl unmöglich zu Wien voraussetzen mögen, von einem Feinde, wie der König von Preußen, etwas zu erhalten, ohne ihm dagegen ein Interesse zu zeigen.

Ich will auch noch viel ehender, als daß Ich in der Aufrichtigkeit derer Gesinnungen der K. K. Majestät ein Mistrauen setzen sollte, von dem von Collenbach vermuthen, daß er hierunter dem Sinn seiner Instructionen nicht nachgekommen; zumahlen allerdings befremdlich ist, daß zu eben der Zeit, da er den Freiherrn von Fritsch ersuchet, seines außerordentlichen und wenig Cordialitaet anzeigenden Verhaltens halber keinen Bericht anhero zu erstatten, er in seinen Berichten nach Wien sich über denselben beschweret hat. Indeß wenn man ihm, wie aus den gegen den Herrn Cabinets-Minister beschehenen Aeußerungen fast nicht anders abzunehmen, wirklich vom Hofe aus anbefohlen hat, mit seinem Ultimato so lange zurückzuhalten, so ist aus der Erfahrung nunmehr klar, daß man des Endzwecks, das Heft der Negotiation in Händen zu behalten, gänzlich verfehlet und sich nicht den mindesten Nutzen verschafft, des Königs Meines Herrn Vaters Majestät aber und Dero Landen noch vor verschiedenen Millionen geschadet hat. Diesseitigem Bevollmächtigten würde dabey übel angestanden haben, von sothanem Ultimato sich etwas in Voraus gegen den Preußischen merken zu lassen, da man ihm, und Mir selbst beständig das größte Geheimniß davon gemacht hat: und der Vorwurf der Indiscretion, dem er sich alsdann ausgesetzt haben würde, wäre gegründeter gewesen, als jetzo der von Ungeduld und Mistrauen ist.

Vor das Künftige wünsche Ich billig, daß der gute und unverfälschte Wille des Hofes zu Wien, von dem der Herr Cabinets-Minister überzeugende Merkmale wahrzunehmen Mich versichert, sich in denen zu berichtigenden Abrechnungs- und Commercial- auch mehr andern Geschäften werkthätiger zu Tage legen möge, als solches in nur benannten Geschäften vor dem Kriege, in fast allen publiquen und Landes-Angelegenheiten während des Krieges, und in Ansehung der vor Meines Herrn Bruders des Prinzen Clementis Liebden zu verschaffenden geistlichen Etablissements nur noch neulich geschehen ist."

Man sieht, daß der Churprinz Friedrich Christian vollkommen klar darüber war, was von dem „Danke vom Haus Oesterreich" zu halten. Daß man dies früher nicht begriff, daß man es auch später wieder nicht hat begreifen wollen, dafür hat Sachsen schwer büßen müssen.

Inzwischen wurden die Verhandlungen in Hubertusburg in der hergebrachten umständlichen Weise fortgeführt. Da die Mittheilungen aus Dresden über die beispiellos harte Beitreibung der Contributionen sich täglich mehrten und selbst in dem durch die Neutralitätsacte geschützten Wermsdorf eine Executionsordre eingelaufen war, welche mit Plünderung drohte, so erneuerte der sächsische Bevollmächtigte seine Bestrebungen, einen frühern Termin der Beendigung aller Feindseligkeiten herbeizuführen. Er beantragte deshalb[1]), daß der Tag der österreichischen Erklärung über die Rückgabe von Glatz als Endtermin festgesetzt werden möge, da ja damit wesentlich der Zweck Preußens erreicht sei, und bis zu der Unterschrift des Tractats noch manche Tage über dessen Redaction verstreichen könnten. Dies hatte jedoch vorderhand keinen weitern Erfolg, als daß der König von Preußen seine größte Unzufriedenheit über die nach Wermsdorf gelangte Executionsordre aussprach und die Zurücknahme derselben sofort anbefahl[2]).

Herr von Fritsch hielt es demnach für dienlich, noch einmal nach Leipzig zu reisen, um zu versuchen, was er persönlich von dem Könige zu erlangen vermöge. Er begab sich am 1. Februar dorthin, und am 4. Februar folgte ihm Herr von Hertzberg in Gemäßheit besonderer Berufung. Beide kehrten am 7. Februar nach Hubertusburg zurück. In den hier stattfindenden Conferenzen vertrat der Hofrath Gutschmid das sächsische Interesse während der Abwesenheit des Baron Fritsch.

Von dem österreichischen Bevollmächtigten ward am 1. Februar ein Vertragsentwurf vorgelegt, welcher sich im Allgemeinen an die seither vereinbarten Punkte anschloß, jedoch daneben noch einzelne

---

[1]) Bericht von Hertzberg vom 27. Januar 1763.
[2]) Brief des Königs an Hertzberg vom 31. Januar 1763.

Festsetzungen enthielt, mit welchen man sich preußischerseits nicht ohne weiteres einverstanden erklären wollte, was die Aufstellung eines Contre-Projects zur Folge hatte. Ein besonderer Artikel war darauf gerichtet, daß nach Rückgabe der westphälischen Lande und der Grafschaft Glatz es bei demjenigen verbleiben solle, was K. K. Seits daselbst in Politicis et Ecclesiasticis geschehen[1]). Herr von Hertzberg verlangte zuvörderst eine genaue und specificirte Mittheilung solcher Einrichtungen. Bei einer spätern Veranlassung beantragte Herr von Collenbach folgenden Artikel: „Toutes collations de Bénéfices, Prébendes et Dignités Ecclésiastiques faites in turno Clivensi pendant cette guerre par S. M. l'Impératrice Reine de Hongrie et de Bohême ou en son nom seront confirmées par S. M. Prussienne, et un chacun sera maintenu dans le droit et possession où il se trouve à cet égard à la signature des présents Articles. Sa M. Prussienne confirmera également et laissera jouir dans les Pays et Villes, qui Lui seront restitués en vertu de l'Article précédent, un chacun sa vie durant dans l'emploi ou la charge civile et dans la jouissance des gages, émoluments et honneurs, qui lui ont été conférés pendant cette guerre; et Elle laissera subsister et sortir son plein et entier effet, tout ce que les Tribunaux des dits Pays ont fait et décrété pendant cette guerre relativement à l'administration de la justice[2])."

Der König entschied über diesen Antrag in folgender Weise: „Votre rapport du 8 de ce mois m'ayant instruit des demandes que le Sr de Collenbach est venu vous faire à l'occasion de la communication que vous lui avez fait du contre-projet du Traité de paix, Je vous dirai que quant à l'article

---

[1]) Bericht von Gutschmid vom 1. Februar 1763.
[2]) Bericht Hertzbergs vom 8. Februar 1763.

des Bénéfices ecclésiastiques faits in turno Clivensi pendant cette guerre par la Reine Impératrice, vous lui passerez cet article pour ceux qui en sont actuellement en possession par la nomination de cette princesse, de sorte que Je les y conserverai.

Mais pour ce qui suit dans cet article, relativement à ceux qui ont été employez par la Cour de Vienne dans les charges civiles, dans les Pays et Villes qui rentreront en vertu de la paix sous ma Domination, vous refuserez absolument cet article, trop fort et trop de conséquence pour que Je puisse l'approuver, ou m'y prêter en aucune façon, surtout puisque ces gens là me sont inconnus, et que Je ne veux point me charger de sujets incapables peut-être à leurs Employs, selon notre façon de faire administrer les affaires[1]."

Bei den weitern Verhandlungen über diesen Punkt ließ zwar Collenbach den beanstandeten zweiten Absatz seines Antrags fallen, verlangte jedoch die Bestätigung einiger Landdrosten, welche von der Kaiserin in Cleve ernannt seien. Hertzberg befürchtete, daß ein Widerstand seinerseits gegen diese unwichtige Bestimmung den österreichischen Bevollmächtigten veranlassen könne, noch einige Tage länger mit seiner Unterschrift zu zögern, „pour pouvoir d'autant mieux ruminer son Traité[2],‟ und daß derselbe dann vielleicht gar in Bezug auf viel wichtigere Artikel anderen Sinnes würde; er zog es daher vor, hierin nachzugeben, ließ sich jedoch durch einen besondern Brief die Versicherung ausstellen, daß es sich nur um zwei oder drei Landdrosteien handle.

So ist denn hiernach der Art. 11 des Friedenstractats definitiv geregelt worden.

---

[1] Brief des Königs an Hertzberg vom 9. Februar 1763.
[2] Bericht Hertzbergs vom 16. Februar 1763.

In dem österreichischen Vertragsentwurf tauchte auch der Antrag wieder auf, daß die Convention von 1741 zwischen Preußen und Churpfalz in Bezug auf die Erbfolge in Jülich und Berg erneuert werden möge; in der preußischen Duplik hatte man sich sub 5 allerdings dazu bereit erklärt, sobald man über die Glatzer Frage einverstanden sei. Die sächsischen Verwahrungen gegen die Einmengung dieses, den Friedensverhandlungen ganz fremden und die sächsischen Ansprüche benachtheiligenden Antrags hatten demnach bei dem österreichischen Verbündeten nichts gefruchtet. Im Verfolg der Verhandlungen suchte man nun sächsischerseits wenigstens darauf zu dringen, daß die Erwähnung jener Convention nur in allgemeinen Ausdrücken geschehen möge, und in dieser Bestrebung hatte man sich der preußischen Unterstützung zu erfreuen; doch blieb auch dies erfolglos, da man österreichischerseits beharrlich darauf drang, die ausdrückliche Erneuerung unter denselben Bedingungen wie früher zu stipuliren. Das Wiener Cabinet war allerdings in gewisser Hinsicht gegenüber von Churpfalz verpflichtet durch die sub dato Wien den 30. October 1757 geschlossene Convention, welche damals vor dem chursächsischen Hofe geheim gehalten wurde; doch ging das Erstere jetzt über seine Verpflichtungen hinaus, da der Art. 1 der letztgedachten Convention die kaiserliche reichs-oberstrichterliche Erkenntniß und Verfügung vorbehielt, und Art. 2 die Gewährleistung auf den gegenwärtigen Besitz beschränkte, welche beide Bestimmungen in dem Vertrage zwischen Preußen und der Pfalz nicht enthalten waren. So erhielt denn Sachsen einen neuen Beweis von der eigenthümlichen Art der werkthätigen Unterstützung Oesterreichs. Der Bevollmächtigte ließ es auch jetzt an den erforderlichen Einwendungen und Protesten nicht mangeln[1]), und da dies, wie erwähnt, nichts half, überreichte er bei Gelegenheit der Auswechselung der Ratifications-

---

[1]) Bericht von Gutschmid vom 1. Februar 1763.

urkunden eine förmliche schriftliche Protestnote[1]) an seine beiden Collegen[2]). Von Seiten des österreichischen Gesandten wurde anfangs die Entgegennahme verweigert und nach längerer Discussion nur unter der Erklärung bewilligt, daß er die Note an seinen Hof einschicken wolle; der preußische Gesandte wollte, nachdem er die Note gelesen, dieselbe zurückgeben, und da sich Herr von Fritsch hiezu nicht bereitwillig finden ließ, übersandte er demselben am folgenden Tage eine Re=Protestation[3]). Nach dieser papiernen Fehde ist denn von der ganzen Angelegenheit nicht weiter die Rede gewesen.

Den größten Werth legte das Wiener Cabinet auf die Wiedergewinnung der Dispositionsfreiheit in den Handelsangelegenheiten; wir haben bei den verschiedensten Anlässen gesehen, wie der Bevollmächtigte mit zäher Beharrlichkeit immer wieder auf diesen Punkt zurückkam und die Bestimmungen des Art. 8 des Berliner Friedens so wie die des Art. 6 des Dresdner Friedens nicht ferner gelten lassen wollte.

Die commissarischen Verhandlungen, welche im Berliner Frieden in Aussicht gestellt worden waren, hatten seinerzeit stattgefunden, und es war preußischerseits der Minister von Fürst mit den Verhandlungen in Wien beauftragt gewesen. Sie führten jedoch zu keinem Resultate, da die Principien, von denen die beiden Regierungen ausgingen, zu verschieden waren. Preußen wollte im Grunde den Handelsvertrag nur für Schlesien und die Grafschaft Glatz abschließen, während man österreichischerseits in die Ausschließung aller andern preußischen Gebietstheile nicht einwilligen wollte; die österreichischen Niederlande sollten eben so gut darin mitbegriffen werden, wie die an selbige grenzenden preußischen Besitzungen, Cleve, Geldern, Ostfriesland, Meurs, Mark, Tecklen-

---

[1]) Beilage U.
[2]) Bericht von Fritsch vom 1. März 1763.
[3]) Desgleichen, vom 5. März 1763.

burg und Lingen. Auch fruchtete es nichts, daß sich Preußen bereit erklärte, die Wirkungen des neuen Handelsvertrags auf sämmtliche ältere Provinzen auszudehnen; da die genannten rheinischen Gebietstheile ausgeschlossen blieben, verharrte man in Wien auf dem einmal gestellten Verlangen.

Schon während des jetzigen Krieges hatte man in Berlin das Augenmerk darauf gerichtet, diese Handelsverhältnisse in dem später abzuschließenden Friedensvertrage endlich definitiv zu ordnen und wo möglich einen Handelsvertrag zu gleicher Zeit zu schließen. Man fand ähnliche Präcedentien in den Handelsverträgen von Utrecht im Jahre 1713, von Passarowitz im Jahre 1718 zwischen dem Kaiser und der Türkei, und von Wien im Jahre 1725 zwischen dem Kaiser und Spanien[1]). Alsdann müsse in dem neuen Friedensvertrage ausdrücklich ausgesprochen werden, daß die betreffenden Artikel der Berliner und Dresdner Verträge hinwegfallen, und es sei in einem besondern Artikel auf den zu gleicher Zeit abgeschlossenen Handelsvertrag Bezug zu nehmen. Sollte jedoch letzterer nicht zu erlangen sein, so müßten doch jedenfalls in dem Friedensvertrage einige allgemeine Principien aufgestellt werden, z. B. daß man sich gegenseitig diejenigen Freiheiten und Vortheile zusage, welche die andern befreundeten und am meisten begünstigten Nationen in den beiderseitigen Ländern genössen, und es sei ebenso festzustellen, daß sich dies auf alle Länder der preußischen Krone mit Ausnahme der genannten rheinischen Besitzungen, und auf alle österreichischen Gebietstheile mit Ausnahme der Niederlande und der italienischen Provinzen beziehe.

Die Bemühungen des Königs von Preußen waren denn auch wesentlich darauf gerichtet, solche allgemeine Grundsätze für die gegenseitigen Handelsverhältnisse zur Anerkennung zu bringen. Die preußische Duplik sub Nr. 8 legt davon ein glänzendes und

---

[1]) Memoire des Ministers von Fürst vom Jahre 1758.

beredtes Zeugniß ab. Der Widerstand Oesterreichs war jedoch nicht zu erschüttern. Als endlich am 31. Januar die Bewilligung der Rückgabe von Glatz ausgesprochen ward, geschah dies nur unter der ausdrücklichen Bedingung, daß die österreichischen Forderungen hinsichtlich der Handelsverhältnisse angenommen würden: die preußischen Vorschläge könnten vielleicht ganz richtig sein, jedoch verlange ihre Anwendung noch sehr weitläuftige Erwägungen; schon früher hätten dieselben zur Grundlage von Verhandlungen gedient, welche ohne Resultat geblieben, und daher müsse man sich jetzt mit allgemeinen Ausdrücken begnügen, um so mehr, als man die aufrichtige Absicht habe, sofort nach Abschluß des Friedens einen Handelsvertrag zu entwerfen, welchen man dem Könige vorlegen wolle [1]). Man verlangte zu dem Ende die wörtliche Wiederholung des Art. 6 des Dresdner Friedensvertrags, mit Hinzufügung des Satzes: „Elles se proposent de faire travailler pour cet effet à un Traité de commerce aussitôt que faire se pourra; mais en attendant et jusqu'à ce qu'on ait pû convenir sur cet objet, une chacune d'Elles arrangera dans ses Etats selon sa volonté tout ce qui a du rapport au commerce."

Der österreichische Bevollmächtigte war selbst nicht wenig überrascht, als in der Conferenz des 2. Februar Herr von Hertzberg mit der Erklärung hervortrat: da dieser Artikel zur conditio sine qua non des Friedens gemacht worden sei, so wolle der König zur Bezeigung seiner aufrichtigen Neigung zum Frieden denselben annehmen und zugeben, daß es mit den Handelsverhältnissen in libertatem naturalem komme und der sonstige status quo für gänzlich aufgehoben angesehen werde [2]).

---

[1]) Bericht von Hertzberg vom 31. Januar 1763.
[2]) Bericht von Gutschmid vom 2. Februar 1763.

Diese Nachgiebigkeit des Königs in einer für die preußischen
Interessen so wichtigen Sache erscheint allerdings auffallend,
namentlich wenn man sich erinnert, daß seine Absicht im stillen
dahin ging, die Verhandlungen durch den Monat Februar hinzu=
ziehen, wozu dieser Punkt hinlängliche Veranlassung dargeboten
haben würde. Die Gründe, welche den König bewogen haben
mögen, entziehen sich unserer Kenntniß; doch liegt die Vermuthung
nahe, daß derselbe auf diese Weise freiere Hand in den schlesischen
Religionsverhältnissen zu erlangen hoffen mochte. Denn mit der
oben erwähnten Erklärung des preußischen Bevollmächtigten über
die Handelsverhältnisse verband derselbe sofort die Vorlegung eines
Artikels, worin der König erklärte, daß er zwar die katholische
Religion in Schlesien aufrecht erhalten, aber an keinen statum
quo gebunden sein wolle, vielmehr die völligen Rechte der Souve=
ränetät ohne alle Einschränkungen sich bedinge. Der österreichische
Vertragsentwurf lautete folgendermaßen: „S. M. le Roi de Prusse
conservera la Religion Catholique en Silésie dans l'état où
elle étoit ou devoit être en vertu des Préliminaires de
Breslau et du Traité de Paix de Berlin." Dem gegenüber
brachte nun Hertzberg das Gegenproject: „Quoique S. M. le Roi
de Prusse ne soit aucunement intentionnée de molester le
libre exercice de la Religion Catholique en Silésie, Elle se
réserve néanmoins à cet égard les droits de Souverain sans
aucune exception ou limitation."

Dieser Artikel beruht gleichfalls auf einem Vorschlag des
Ministers von Fürst, welchen derselbe in einem Gutachten vom
Jahre 1758 niederlegte. Derselbe äußert sich folgendermaßen:
„L'article VI du Traité de Berlin dit: S. M. le Roi de Prusse
conservera la Religion Catholique en Silésie in statu quo,
ainsi qu'un chacun des habitans de ce Pays dans les possessions etc. — — — sans déroger toute fois à la liberté
entiére de conscience de la Religion Protestante en Silésie,

et aux Droits de Souverain, de sorte pourtant que S. M. le Roi de Prusse ne se servira des Droits du souverain au préjudice du status quo de la Religion Catholique en Silésie."

Mille disputes se sont élevées sur la vraie interprétation du **status quo** stipulé dans cet article; aussi bien que de ce qui doit être entendu sous le nom de **Religion**, surtout si les temporels du Clergé Catholique y doit être compris. Même le Droit de Souverain que le Roi s'est réservé a été interprêté différemment.

Je proposerais deux moïens pour rendre au Roi les mains plus libres à l'égard des Catholiques.

Dans la guerre présente il n'a, comme il me semble, à ménager aucune Puissance Catholique.

Les sujets Catholiques en Silésie ne méritent nonplus aucun ménagement.

J'en excepte peu. Tous les autres n'aimeront jamais sincèrement un maitre, qui ne professe pas leur Religion.

Je ne vois donc rien, qui doive faire balancer le Roi de mettre sans perte de temps en Silésie tout ce qui regarde la Religion Catholique sur le pié où il souhaite que cela restât.

A la conclusion de la paix on n'auroit qu'à stipuler dans ce cas:

„S. M. le Roi de Prusse conservera la Religion Catholique en Silésie in statu quo, c'est à dire: dans l'état où elle se trouve avec tout ce qui y a rapport aujourd'hui jour de la signature du présent Traité."

Si cette proposition n'alloit point être goutée, ou que le Roi n'eut pas le tems de mettre encore avant la paix tout sur le pié comme il le souhaite, on pourroit changer cet article de la manière suivante:

„Quoique S. M. le R. de Pr. ne soit aucunement intentionnée de molester le libre exercice de la Religion Catholique en Silésie, Elle se réserve rien moins à cet égard les Droits du Souverain sans aucune exception ou limitation." "

Die katholischen Verhältnisse in Schlesien hatten seit der Einverleibung dieser Provinz der preußischen Regierung mancherlei Sorgen gemacht. Die neu gezogene Landesgrenze ließ einen Theil der Diöcese des Bischofs von Breslau auf österreichischem Gebiete, während die Graffschaft Glatz zum Bisthum Prag gehörte. Schon im Jahre 1748 war der Versuch gemacht worden, diese letztere dem Bisthum Breslau zu incorporiren und dagegen die auswärtigen Bestandtheile des letzteren zum Bisthum Olmütz abzutreten. Damals ward diese Angelegenheit nicht zum Schluß gebracht und daher im Jahr 1754 aufs neue angeregt, als es sich um die Separation der Jesuiten in der Graffschaft Glatz und die Anordnung eines besondern Provinzials von diesem Orden in Schlesien handelte. Der damalige Bischof von Schafgotsch widersetzte sich jedoch lebhaft, angeblich wegen finanzieller Einbußen, welche der Bischof von Breslau erleiden müsse, indem die Einnahmen aus der Graffschaft Glatz keine genügende Entschädigung für die Revenüen darböten, welche aus den österreichischen Parcellen des Bisthums gezogen würden und auf einige zwanzigtausend Gulden zu schätzen seien.

Eine kurze Denkschrift, welche dem preußischen Bevollmächtigten in Hubertusburg bei den Verhandlungen über diesen Punkt vorgelegen hat, äußert sich über die bestehenden Zustände in sehr anschaulicher Weise. „Es wird Niemand absprechen," sagt sie, daß das interesse Regium in Absicht des status reipublicae dem Bischöflichen privat-Nutzen billig vorzuziehen sei. Da der Römisch Catholische Clerus in Schlesien nebst denen übrigen Religions-Verwandten einen halben Theil derer Schlesischen Landes-

Einwohner ausmacht, letztere aber von der Geistlichkeit nach ihren
Absichten geleitet werden, so ist es nothwendig, daß das Geistliche
Oberhaupt, der Bischof, lediglich von einem Souverän dependire
und seine devotion und Ergebenheit unter zweien zu theilen nicht
nöthig habe, wozu er sonst entweder aus der Folge der Subjection
oder aus der Betrachtung seines Nutzens Gelegenheit nehmen
kann. Wenn es ferner nach dem Bekenntniß einiger der Landes-
Verrätherei halber arretirten Catholischen Geistlichen ein zulässiges
und durch unzählbare untreue Handlungen in der Ausübung be-
stätigtes principium aller Catholischen Geistlichkeit und Religions-
Verwandten ist, ihre Wünsche für die Erlangung eines Catholi-
schen Regenten mehr als für die Conservation eines Evangelischen
Landesherrn zu vereinigen, so folgt unwidersprechlich: daß, wenn
Se. Majestät und der Wiener Hof in Krieg verwickelt sind, der
Beiden subjecirte Bischof mit der sämtlichen Clerisey und allen
Catholischen Einwohnern nach vorgedachten Grundsätzen mehr dem
Wiener Hof als Sr. Majestät addicirt sind; es haben sich auch
diejenigen Gegenden Schlesiens, welche fast aus lauter catholischen
Einwohnern bestehen, mehr bemühet die Subsistenz der feindlichen
Trouppen als für Sr. Majestät Armeen zu befördern. — Wenn
der Charakter eines Bischofs das Laster der Undankbarkeit besitzt,
so ist er im Stande, einen sichern Verräther, nicht nur während
des Krieges, sondern auch bey denen praeparatorien abzugeben.
Denn da der Bischof der vorzüglichste Stand Schlesiens ist, und
folglich solchen Zutritt hat, welcher Andern verwehrt ist, so müssen
ihm gewisse vues weit eher als andern bekannt werden. Und
weil ferner ein Bischof in beiden Theilen Schlesiens in Diöcesal-
Angelegenheiten mit seinen Bisthums-Beamten in beständiger
Connexion bleibet, bald in diesem, bald in jenem Antheil Hof
hält, correspondirt, so hat er unverdächtige Gelegenheiten zu
insinuationen bey dem Wiener Hof und ist derselbe privilegirter
Kundschafter. Der Bischof von Schafgotsch hatte zu Weidenau

und Johannisberg im Oesterreichischen einen Landeshauptmann in der Person des Freiherrn von St. Durch diesen Canal unter dem Vorwand der nöthigen Communication in Bißthums Diensten, beförderte derselbe seine Correspondenz nach Wien ungestört. Ja, es ist dieser von St. vor der Entweichung des Bischofs mit einer starken Geldrimesse nach Wien vorausgegangen, wozu der Bischof theils aus denen Cassen piorum corporum, theils aus seinen hiesigen revenues die Gelder fourniret. Während der Abwesenheit desselben hat er durch Entziehung vieler Cassen-Gelder diesseitigen Antheils sich in die administration des temporels vom Bißthum melirt, die Cassen-Bediente und Beamte zur Untreue und Entweichung verleitet und lauter solche widrige Handlungen bewiesen. Wenn ein Breslauer Bischof kein asylum in seiner Diöces im Oesterreichischen Schlesien hat, ist es nicht möglich, sich so sicher und leicht in die Angelegenheiten des Bißthums diesseitigen Antheils zu meliren. — Auch mitten im Frieden giebt es unzählige Fälle, welche nachtheilig sind: Alle Verfügungen in Angelegenheiten des status Cameralis, oeconomici, militaris und der Finanze Sr. Majestät sind durch den Bischof jenseits in seiner dortigen possession und seinen Bedienten communicable. — Auch die Verfassungen des Bißthums geben zu Collisionen beider Höfe bey jeder Sedisvacanz Gelegenheit. — — — Alle diese Umstände sind in der Folge, falls ein neuer Bischof werden sollte, nicht zu besorgen, wenn die Separation des Breslauer Bißthums geschiehet. Der neue Bischof ist an kein Belehnungsgesuch des Wiener Hofs wegen der dortigen Güter und an kein vasallagium des letztern gebunden. Se. Königl. Majestät aber haben einen von Allerhöchstderoselben allein dependenten Bischof; — und wenn solchergestalt auch die Graffschaft Glatz von der Prager Diöces, und der diesseits gelegene Kattscher Distrikt der Olmützer Diöces entzogen wird, so hat der Wiener Hof durch dessen Bischöfe weder mit der schlesischen Geistlichkeit noch durch diese mit denen Catholischen Einwohnern nicht die geringste Gemeinschaft. — — Der Nutzen vom Bißthum wird freilich geschmälert. Allein ein neuer Bischof wird sich bey den revenues diesseitigen Antheils beruhigen. Ueberdies ist der Verlust nicht so beträchtlich. Es müssen im jenseitigen Antheil Regierung, Landeshauptmann, Rentkammer und Beamte gehalten werden. Diese nehmen nach der Bischöflichen Wirthschaftsform einen großen Theil der revenues weg. Und wenn ein Bischof Verpachtung hält, so muß er nach Abzug aller Lasten eine reine revenue von 70 bis 80 tausend Gulden haben. Die Salarirung der Geistlichen in der Grafschaft Glatz kann der Bischof übernehmen, da die Haltung der im Oesterreichischen auf das Breslauer Bißthum fundirten mission wegfällt."

Es liegt auf der Hand, daß der kaiserliche Hof in Wien, der sich vorzugsweise den apostolischen nennt, Alles anwandte, um diesen Zustand der katholischen Verhältnisse in Schlesien zu einem permanenten zu machen. Ebenso begreiflich ist es, daß man preußischerseits sich die größte Mühe gab, von der Clausel des status quo im Berliner Frieden befreit zu werden. Als aber Hertzberg den oben erwähnten Gegenentwurf vorlegte, weigerte sich Collenbach geradezu, denselben anzunehmen; er behauptete, denselben nicht einmal in seinen Bericht aufnehmen zu dürfen; die Katholiken würden ihn steinigen, wenn sie das erführen[1]). Ebenso hartnäckig verwarf aber Hertzberg den österreichischen Entwurf, vor allem die darin enthaltenen ominösen Worte „ou devoit être". Nach mehrtägigen Discussionen gab endlich Collenbach die Einschaltung dieser Worte auf, und Hertzberg sah sich zuletzt gezwungen, zur Erreichung des größeren Zwecks auf eine weitere Nachgiebigkeit von jener Seite zu verzichten und den österreichischen Entwurf anzunehmen[2]). Er konnte sich der Wahrnehmung nicht

---

[1]) Bericht Hertzbergs vom 3. Februar 1763.
[2]) Desgleichen, vom 11. Februar 1763.

verschließen und ward darin durch die Auffassung des sächsischen Bevollmächtigten bestärkt, daß Herr von Collenbach die Unterhandlungen eher abbrechen als in einer Sache nachgeben würde, mit welcher er den Ruhm und das Gewissen seines Hofes so eng verknüpft glaubte. Hertzberg konnte es sich jedoch nicht versagen, zu gleicher Zeit ausdrücklich zu erklären: wenn sein König es vielleicht dereinst für nothwendig erachten sollte, die Jesuiten aus Schlesien zu vertreiben, so glaube er damit nicht gegen die Bestimmungen des hier in Rede stehenden Artikels zu handeln, da er in dieser Beziehung nichts thue, als dem Beispiele verschiedener katholischer Regenten zu folgen. Collenbach konnte dies nicht in Abrede stellen; da er aber ein lebhafter Freund der Jesuiten war, bat er Herrn von Hertzberg dringend, derselbe möge sich zu ihren Gunsten verwenden; ihre Verfolger thäten ihnen großes Unrecht, sie seien sehr brave Leute und der menschlichen Gesellschaft außerordentlich nützlich[1].

Bevor es jedoch zur Unterschrift des Tractats kam, gab es noch eine letzte Meinungsverschiedenheit auszugleichen, welche zu heftigen Debatten führte. Der Austausch der Kriegsgefangenen war vereinbart worden, ohne Rücksicht auf ihre Zahl oder ihren Rang. Ueberdem wollte man sich gegenseitig auch diejenigen Unterthanen zurückgeben, welche gezwungenerweise in den Kriegsdienst der andern Macht getreten waren. Hertzberg hatte nun vorgeschlagen, hiebei die Bestimmung festzusetzen, daß dies in **gleicher Anzahl** von beiden Seiten geschehen möge. Hierauf erfolgte von Wien die Antwort: man wolle den eben abgehenden Courier nicht zurückhalten, habe jedoch noch nicht die Zeit gehabt, diesen Vorschlag zu prüfen, und halte es für zweckmäßig, wenn im Tractat selbst nur die Auswechslung festgesetzt, die Ausführung und ihre Art und Weise aber auf die Zeit nach Abschluß des

---

[1] Bericht von Hertzberg vom 16. Februar 1763.

Friedens verschoben werde. Darauf hin schlug nun Hertzberg folgenden Artikel vor: „L'on se rendra mutuellement les sujets de l'une des Hautes Parties contractantes, qui pourront avoir été obligés d'entrer dans le service de l'autre, et on nommera de part et d'autre des généraux, qui procéderont d'abord après l'échange des Ratifications, dans les endroits dont on conviendra à cet échange des prisonniers et des sujets des deux Hautes Parties contractantes [1]." Inmittelst hatten aber wegen der Auslieferung der Kriegsgefangenen bereits directe Verhandlungen zwischen den beiderseitigen Hauptquartieren stattgefunden, und es hatte sich hiebei herausgestellt, daß die Generale der Reichstruppen die Kriegsgefangenen nur Kopf gegen Kopf und Charge gegen Charge austauschen wollten. Der König schrieb darüber sehr entrüstet an Hertzberg [2]: „Il faut que vous vous expliquiez avec le Plénipotentiaire Autrichien, savoir que comme nous sommes en négociation avec les généraux des Trouppes de l'Empire sur l'échange à régler par rapport aux prisonniers de guerre réciproques, et que ceux ci se sont opiniatrés jusqu'à present à ne pas vouloir se prêter autrement à cet echange, que tête contre tête et charge contre charge, au lieu que Je pretends que cet echange doit etre general et sans reserve. Vous direz ainsi au Sr de Collenbach, que comme Je savai, que ces entraves venoient d'origine de sa Cour, il voudra bien y ecrire, pour qu'elle donne ses ordres au general commandant ces Trouppes, le Prince de Stolberg, afin de ne plus se roidir contre ce que Je desire avec raison sur cet objet."

Dieser Zwischenfall steigerte die ohnehin schon übergroße Aengstlichkeit des Herrn von Collenbach noch um ein beträchtliches;

---

[1] Bericht von Hertzberg vom 13. Februar 1763.
[2] Brief des Königs an Hertzberg vom 12. Februar 1763.

er behauptete demnach, es gehe aus dem früheren Schriftenwechsel hervor, daß man in der Sache selbst einig sei, — die Art, wie die Auswechslung der Unterthanen erfolgen solle, sei Angelegenheit der damit beauftragten Personen, — ihm für seinen Theil sei es nicht gestattet, darüber irgend etwas festzustellen. Er verwarf hartnäckig die Annahme des Artikels in der oben erwähnten Fassung, und stellte einen andern entgegen, der nur die Worte der letzten Wiener Depesche enthielt[1]).

Da dieser Punkt von untergeordneter Wichtigkeit der einzige war, der die schlüssige Unterzeichnung des Friedenstractats aufschob, und Hertzberg verschiedene Gründe hatte, die Beendigung der Unterhandlungen herbeizuführen, so zog er den Secretär des österreichischen Bevollmächtigten, Herrn von Lederer, zu der Redaction dieses streitigen Artikels 8 hinzu und vereinigte sich mit diesem über die Fassung desselben. Doch hören wir über den Erfolg dieser Maßregel die eigene Darstellung Hertzbergs, die er in einer eigenhändigen Niederschrift den Acten beilegte:

„La veille et la nuit avant la signature, j'arrangeai tout le Traité Autrichien et en particulier l'article 8 avec le Secrétaire Lederer, Mr. de Collenbach n'ayant fait qu'y assister pendant une heure. Cet article 8 fut dressé par le Secrétaire Lederer même. Lorsque les Traités étoient mis au net et qu'il s'agissoit de signer, Mr. de Collenbach se repentit de l'article 8 croyant qu'il avoit outrepassé ses ordres, par lesquels, sans lui repondre sur ma proposition du nombre égal, on l'avoit renvoyé à ses mémoires précédens. En conséquence il me proposa d'omettre le mot tous les sujets et ceux qui avoient été obligés de prendre service, et d'ajouter qu'on feroit des recherches néçessaires pour cela. Je lui refusai tout

---

[1]) Bericht von Hertzberg vom 14. Februar 1763.

cela, en lui disant: que S. M. vouloit excepter les déserteurs, qu'il ne s'étoit agi dans toute la négociation que des sujets qui avoient été obligés de prendre service, qu'il seroit impossible de se rendre tous les sujets et de faire faire pour cet effet par les officiers de part et d'autre des recherches auprès des Régimens, que personne ne souffriroit cela, que par là toute la stipulation deviendroit illusoire, ce qui ne pourroit pas être l'intention de sa Cour, que j'avois proposé la restitution au nombre égal, comme le seul expédient praticable, que lui proposoit des recherches à faire, qu'ainsi nous étions d'accord sur la question an? mais que la méthode de l'exécution étoit renvoyée à une convention ultérieure, qu'ainsi il ne s'étoit préjudicié en rien, que j'étois persuadé que sa Cour approuveroit plutôt mon article que le sien, que je ne pouvois pas permettre d'insérer dans cet article les expressions de ses mémoires précédens, qu'alors il faudroit que j'y misse aussi celles des miens, et qu'à la fin il n'en resulteroit qu'un galimatias inintelligible. — Mr. de Collenbach passa ainsi plusieures heures dans la plus grande inquiétude et agitation, allant tantôt de la conférence chez le Conseiller Gutschmidt, tantôt revenant. Il me proposa d'accepter une déclaration de lui, dans quel sens il entendoit cet article. Je lui dis: qu'alors je serois obligé de lui faire une déclaration à mon tour, dans quel sens je l'entendois moi, ce qui rendroit tout cet article inutile. Il me dit une autre fois: qu'il se relacheroit plutôt sur d'autres points. Je le pris au mot en lui disant: que je lui abandonnois cet article, s'il vouloit m'abandonner ceux du commerce et de la religion, ce qu'il ne voulut pourtant pas. Je le menaçois de reprendre l'article de la religion et de rompre plutôt que de laisser changer cet article, sachant bien qu'il n'osoit pas rompre pour un pareil objet. Enfin ayant demandé au

Secrétaire Lederer, ce qu'il feroit à sa place, et celui lui repondant, qu'à sa place il signeroit, supposant, que sa Cour lui avoit donné un pleinpouvoir pour transiger et non pour être simple porteur de mémoires, il signa enfin tout tremblant vers une heure, après avoir balancé pendant trois heures."

So war denn endlich das wichtige Document unterschrieben, welches den Frieden zwischen Preußen und Oesterreich wiederherstellte[1]), und am gleichen Tage ward auch der Friedensvertrag zwischen Preußen und Sachsen vollzogen.

Doch hatten auch hier noch manche Hindernisse beseitigt werden müssen, bevor es zum Schluß kam.

Herr von Fritsch war, wie oben erwähnt, am 1. Februar nach Leipzig gereist und erhielt am folgenden Tage Audienz beim König. Er überreichte demselben einen Brief des Königs von Polen, d. d. Warschau, 25. Januar 1763, welcher unter Bezugnahme auf den nunmehr bevorstehenden Schluß der Verhandlungen die Hoffnung aussprach, solche Bedingungen zu erhalten, daß darauf eine dauerhafte Versöhnung gebaut werden könne. Der König nahm den Brief und die daran geknüpften Empfehlungen des Churprinzen so freundlich auf, daß Fritsch sich dem eigentlichen Zweck seiner Reise dadurch gleich nahgeführt sah. Er bat demnach den König inständigst, seinen guten Willen gegen den Herrn und das Land dadurch werkthätig zu erweisen, daß er den Endtermin aller Kriegsleistungen abkürze, ohne die Unterschrift der Tractate abzuwarten, weil es doch geschehen könne, daß ohne alles Verschulden von Seite Sachsens dieser letztere Termin sich noch etwas verziehen könnte. Der König antwortete, daß diese Besorgniß nicht ungegründet sei, da er der Herren Oesterreicher wortklaubende Unbiegsamkeit zu wohl kenne, um sich ein so rasches Einverständniß zu versprechen. Er habe dies auch schon überlegt

---

[1]) Beilage V.

und wolle den 10. Februar als Endpunkt aller und jeder Präſtation anberaumen und zwiſchen dem 15. und 20. den größten Theil Sachſens räumen, ſo daß nur diejenigen Truppen etwas länger blieben, welche nach Berlin und Pommern beſtimmt wären und dort nicht eher den geringſten Unterhalt fänden, bis von Torgau nach Magdeburg und von dort auf der Havel die Magazine fortgeſchafft wären. Man ſolle ihm glauben, daß er das Ende ſo gut als irgend möglich machen werde.

Fritſch wollte ſich jedoch bei dieſen Verſicherungen nicht beruhigen und meinte, daß er zwar in Betreff der Räumung Alles von Sr. Majeſtät müſſe abhängen laſſen, daß jedoch das Aufhören der Kriegsleiſtungen damit nicht in Verbindung ſtehe. Es gelang ihm auch, noch zwei Tage zugeſtanden zu erhalten und den 8. Februar als Endtermin feſtgeſetzt zu ſehen[1], doch ward dieſes Zugeſtändniß einige Tage ſpäter wieder zurückgenommen, und es blieb ſchließlich bei dem 10. Februar. Nachdem auch Herr von Hertzberg am Abend des 4. Februars nach Leipzig gekommen, wurden mit dieſem und dem Grafen Finckenſtein die Verhandlungen bis zum 7. fortgeſetzt, in denen Fritſch über eine beſondere Evacuationsconvention mit jenen Herren einig wurde und neben andern unbedeutenderen Punkten die wichtige Zuſage auf's neue beſtätigt erhielt, daß vom 10. Februar an die Truppen lediglich aus den Magazinen verſorgt werden ſollten. Auch gelang es ihm, einen beſondern Artikel zum Vortheil der Stadt Leipzig zugeſtanden zu erhalten, welcher in letzter Redaction alſo lautete: „Sa Majesté le Roi de Prusse en considération des malheurs extraordinaires de la guerre que la Ville de Leipzig a essuiés, la favorisera dans toutes les occasions qui se présenteront, en tant qu'il n'en résultera aucun préjudice pour les droits et intérêts de Ses propres Etats et Sujets." Da

---

[1] Bericht von Fritſch vom 2. Februar 1763.

jedoch dieser letzte Anhang die vorhergehende Zusage vollständig entkräftete, fand der Churprinz Bedenken, einen so nichtssagenden Artikel zu genehmigen, und zog es vor, denselben ganz fallen zu lassen [1]).

Nach allem diesem sollte man vermuthen, daß die in Hubertusburg am 8. Februar fortgesetzten Unterhandlungen ein rasches Ende gefunden hätten. Dem war jedoch nicht so, vielmehr entspann sich über den 4. Artikel, die Herausgabe der Kriegsgefangenen betreffend, ein so lebhafter Streit, daß es schien, als könne das ganze Friedenswerk noch in der eilften Stunde scheitern.

Der sächsische Entwurf dieses Artikels lautete folgendermaßen: „S. M. le Roi de Prusse renverra sans rançon et sans aucun délai tous les sujets de S. M. le Roi de Pologne Electeur de Saxe, faits prisonniers de guerre ou entrés en quelque façon que ce soit au service ou dans les Etats de S. M. le Roi de Prusse, en n'exceptant que ceux qui y voudront rester de bon gré, bien entendu que chacun d'eux paie préalablement les dettes qu'il aura contractées."

Dem gegenüber stellte man preußischerseits nachstehenden Entwurf auf: „S. M. etc. — sans délai les officiers de S. M. le Roi de Pologne etc. qui sont encore prisonniers de guerre et les autres sujets de Sa dite Majesté Polonoise qui ne voudront pas rester dans son service et dans ses Etats, bien entendu etc."

Gegen diese Fassung widersetzte sich Herr von Fritsch mit der ganzen ihm eigenen Lebhaftigkeit. Er behauptete, daß hiernach dem König von Preußen die Befugniß zugestanden sei, alle Kriegsgefangenen zu behalten, die nicht Officiere und nicht in seine Dienste getreten seien; einer solchen Abnormität zuzustimmen, könne ihm nicht angesonnen werden; er habe die bestimmteste Instruction,

---

[1]) Protokoll des Geheimen Conseil vom 14. Februar 1763.

eher den Krieg fortdauern zu laffen, als eine Bedingung zu unter=
ſchreiben, nach welcher der König von Polen ſeine Unterthanen
ausdrücklich aufgebe¹). Hertzberg war im Grunde völlig mit ihm
einverſtanden und gab ſich die größte Mühe, ſeinen König dahin
zu beſtimmen, den ſächſiſchen Entwurf anzunehmen. Er berichtete
an denſelben unter dem 8. Februar: „Nous sommes à peu près
d'accord, mais Mr. de Fritsch supplie encore Votre Majesté
de ne pas restreindre la reddition des prisonniers de guerre
aux officiers Saxons, comme il interprète cet article de notre
Contre-Projet. Il dit que le Roi son Maitre se feroit un cas
de conscience et risqueroit plutot le tout pour le tout, que
d'omettre dans un Traité solemnel la stipulation de la reddition de ses sujets prisonniers de guerre, laquelle n'avoit
encore jamais été refusée dans aucun Traité de paix, que
lui Fritsch se croiroit également déshonoré d'y prêter son
ministère, que l'exécution dependoit cependant toujours de
Votre Majesté, et que la clause: **qui n'y voudront pas
rester**, lui laissoit les mains assez libres à cet égard."

Der König antwortete jedoch ſofort am 9. Februar: „Quant
à l'article de notre Contre-projet touchant les prisonniers
de guerre Saxons, dont le Baron de Fritsch vous a parlé,
il faut que cet article reste invariablement tel qu'il se trouve
dans la copie que vous m'en avez envoyé."

Hertzberg gab ſeinem Collegen von dem mißlungenen Ver
mittlungsverſuch in einem Billet vom 10. Februar Mittheilung,
an deſſen Schluß er die beruhigende Aeußerung machte: „il me
semble toujours que le terme „„**des autres sujets de Sa
Majesté Polonoise qui ne veulent pas rester à son service
et dans Ses Etats**"" peut aussi être entendu des prisonniers de guerre."

---

¹) Brief von Hertzberg an Findenſtein vom 8. Februar 1763.

Fritsch antwortete ihm sofort an dem nämlichen Tage: „Il est impossible que Sa Majesté le Roi de Prusse n'ait pris un équivoque sur les prisonniers de guerre. Il n'est question que d'ajouter les soldats qui sont encore prisonniers de guerre. Il seroit inouis de sacrifier des Gens qui se trouvent dans les forteresses de Magdebourg, Stettin etc. et qui ont refusé constamment de prendre service. Le Roi pense avec trop d'humanité, pour ne me pas juger indigne de l'honneur de ses bonnes graces, que j'estime audessus de tout, si j'étois capable d'abandonner ce petit nombre de mes compatriotes. Je vous conjure de rendre compte de cecy au Roi, qui interesse tant sa propre gloire, que je ne veux laisser voir à personne votre billet."

Hertzberg entsprach diesen Erwartungen vollständig, und man sieht deutlich, daß ihm die Anschauung des Königs in dieser Angelegenheit vollkommen unverständlich ist. Sein Bericht vom 10. Februar enthält Folgendes: „Votre Majesté daigne voir par la lettre du Baron de Fritsch ce qu'il m'a écrit au sujet des prisonniers de guerre Saxons. Il prétend qu'il y a un mésentendu dans cette affaire. Il ne redemande pas les sujets Saxons qui sont au service de V. M., mais seulement ceux qui depuis le commencement de la guerre ont été prisonniers à Magdebourg, Stettin, et le sont encore, qui n'ont jamais voulu prendre service et dont à ce qu'il croit il ne reste plus 200. Votre Majesté m'a aussi dit en dernier lieu à Leipzig, qu'Elle feroit relâcher les Grenadiers de la garde Saxonne prisonniers à Magdebourg, s'il y en avoit encore. Le Baron de Fritsch supplie donc instamment V. M. d'agréer l'article qui se trouve à la suite de sa lettre, sur lequel il avoit les mains tellement liées, qu'il ne pouvoit pas procéder outre, quelque regret qu'il eut d'allonger les malheurs de sa patrie. Je crois de mon devoir de dire à

V. M.: que la signature ne sera non seulement arrêtée par ce petit objet, mais que même toute la négociation pourra se rompre, parceque la Cour de Saxe se fait un point d'honneur et de conscience de ne pas stipuler l'abandon de ses sujets prisonniers de guerre."

Dieser Warnung ungeachtet verharrte der König auf seinem Willen; seine Antwort vom 11. Februar lautet: „Pour ce qui regarde l'article touchant l'extradition des Saxons, vous direz naturellement au Baron de Fritsch, qu'il ne doit point m'obliger à signer des choses, que je ne saurois pas observer, et que je n'exécuterai jamais, non ostant qu'on voudroit les faire glisser dans le Traité. Que je leur abandonnerois de sauver les apparences dans des choses sans conséquence, mais quant à ce qui regarde des choses réelles, ils ne doivent point imprudemment me forcer à promettre quelque chose, que Je ne puis ni ne voudrois pas exécuter, et qu'ils feront donc mieux de ne pas y insister; vu qu'autrement Je ne saurois envisager cela, que comme des innovations ou comme des chevilles, qu'on voudroit employer pour donner lieu ensuite à recommencer de plus belle les disputes et les chicanes."

Diese zornige Aufwallung in einer Angelegenheit, die wahrlich nicht bedeutend genug war, um die Wagschale des Gleichmuths nach irgend einer Seite hin wesentlich zu beschweren, würde dem Herrn von Hertzberg, und uns mit ihm, stets unerklärlich geblieben sein, wenn der Graf Finckenstein ihm nicht das Räthsel gelöst hätte. An diesen hatte Hertzberg gleich beim Beginn der Streitfrage geschrieben und seinen Beistand erbeten: „Rien ne m'embarrasse plus, que le changement que le Baron de Fritsch demande pour l'article qui regarde la reddition des sujets Saxons, parceque je crains que le Roi rejettera mon second projet sans l'examiner. Il me paroit, que ce projet est entiérement conforme aux intentions et au but de S. M. et si V. Excellence le trouve aussi, je la supplie de faire tout ce qui lui sera possible pour le faire passer ¹).“ Und zwei Tage später begleitete er den officiellen Bericht wieder mit folgendem Privatschreiben: „V. Excellence verra par mon rapport d'aujourd'hui ce que je suis obligé d'écrire d'ultérieur touchant la reddition des prisonniers. Mr. de Fritsch est sûr et tout décidé, que la négociation sera rompue, si le Roi ne se relâche pas à cet égard et tout le tort en retombera sur nous, d'autant plus qu'on nous permet expressement de garder ceux qui voudront rester au service du Roi ²).“

Graf Finckenstein war vollständig einverstanden mit Hertzberg, und versuchte in diesem Sinne, auf den König einzuwirken; allein das Unglück wollte, daß dies in einem Moment geschah, wo der König auf seiner empfindlichsten Stelle verletzt und dadurch äußerst gereizt war. „J'aurois souhaité pour tout au monde que vous eussiez envoyé avant hier cet article tel que vous l'avez envoyé aujourd'hui; je suis persuadé que la chose auroit passé alors sans la moindre difficulté; — mais le malheur a voulu, entre nous soit dit, que quatre à cinq hommes des gardes ont déserté cette nuit, ce qui a tellement indisposé S. M. qui soubçonne les Saxons d'en être les recelleurs, que sa résolution sur votre rapport s'en est ressenti. Tâchez au nom de Dieu de faire en sorte qu'on n'en vienne pas à un éclat pour une si grande bagatelle; je suis persuadé, il y a du mésentendu dans tout cela, que le Roi a cru qu'on vouloit l'obliger par ce changement à rendre indistinctement tous les sujets Saxons qui ont pris service chez nous ³).“

---

¹) Brief Hertzbergs an Finckenstein vom 8. Februar 1763.
²) Desgleichen, vom 10. Februar 1763.
³) Brief des Grafen Finckenstein an Hertzberg vom 11. Februar 1763.

Durch diesen ersten Mißerfolg ließ sich Graf Finckenstein jedoch nicht abschrecken; die Lage der Sache erschien ihm so ernsthaft, daß er noch am Abend desselben Tages einen zweiten Versuch wagte, über dessen glücklicheren Ausgang er sofort an Hertzberg schrieb: „Le souper du Roi m'a fourni l'occasion de parler à S. M. — Je me suis contenté d'observer, qu'il me sembloit, que Mr. de Fritsch ne demandoit que ce que le Roi étoit intentionné d'accorder à la Saxe, savoir la restitution de 180 ou 200 hommes qui étoient effectivement prisonniers de guerre, et que j'avois lieu de croire, que si S. M. vouloit leur accorder le commencement de l'article où il est dit qu'elle renverroit les Généraux, Officiers et Soldats qui sont encore prisonniers de guerre, ils en seroient contents. Le Roi m'a paru gouter cette idée, et m'a dit que s'il n'y avoit que cela, et qu'on laissât tout le reste de l'article tel qu'il avoit été rédigé ici, il en seroit content[1]."

Nachdem der erste Zorn über die Ausreißer verraucht war, ergriff der König gern die Gelegenheit, das vorliegende Mißverständniß auszugleichen, und schrieb am 12. Februar dieserhalb an Hertzberg: „Vous direz au surplus au Baron de Fritsch, que J'avois resolu de rendre la paix faite et constatée, tous les prisonniers de guerre Saxons, Officiers et Soldats, qui se trouvent à Magdebourg ou à Spandau; mais que Je prétendois par contre, qu'on ne me fit plus aucune chicane sur tout le reste, et qu'on mit surtout incessamment ordre sévère, à ce qu'aucun Sujet Saxon n'osat débaucher à la désertion quelcun de mes Trouppes, de quelque façon, ou sous quelque prétexte que ce soit; à moins de quoi Je ferois fort le revêche de mon coté."

---

[1] Brief von Finckenstein an Hertzberg vom 11. Februar 1763.

Damit war denn nun auch hier der letzte Stein des Anstoßes aus dem Wege geräumt, und der Friedensvertrag zwischen Preußen und Sachsen[1]) konnte an demselben Tage mit dem österreichischen unterzeichnet werden. Wir erfahren aus einem Briefe des Grafen Finckenstein an Herrn von Hertzberg vom 13. Februar, daß der König ausdrücklich verlangte, daß die Unterschrift am Morgen vorgenommen werde: „La signature, selon le compte du Roi doit être faite le 15 au matin, c'est ce que S. M. vient de me dire, ajoutant en souriant, qu'il ne fallait pas signer un Traité le soir, mais que cela devoit se faire à jeun comme les serments."

---

[1]) Beilage W.

Russische Vermittlungsversuche.

Während der Zeit, da der König von Preußen sein Hauptquartier in Leipzig aufgeschlagen hatte, hielt sich daselbst der Fürst Repnin als russischer Gesandter auf. Demselben konnte es unmöglich ganz verborgen bleiben, daß etwas im Werk sei, welches auf eine Veränderung des damaligen politischen Zustandes hinziele; die mehrtägige Anwesenheit des Geheimenraths von Fritsch, dessen wiederholte Conferenzen mit dem Könige, die plötzliche Ankunft des Geheimenraths von Hertzberg, der ebenso unerwartet schnell wieder verschwand als er gekommen, — alles das mußte in Leipzig bemerkt werden, und an den verschiedensten Auslegungen und Commentaren fehlte es sicher nicht. Der König, welcher seit dem Regierungsantritt der Kaiserin Katharina II. stets aufs sorgfältigste bemüht gewesen war, alles zu vermeiden, was nur im geringsten den Anschein einer Vernachlässigung des russischen Hofes gewinnen konnte, hielt es daher für erforderlich und nützlich, das Geheimniß der Friedensunterhandlungen nach dieser Seite hin aufzugeben. Der Graf Finckenstein erhielt am 1. Januar 1763 den Auftrag, dem Fürsten Repnin in allgemeinen Zügen von dem dermaligen Stande der Dinge Mittheilung zu machen. Letzterer nahm diese Eröffnungen mit unverhohlener Genugthuung entgegen und kam schon am folgenden Tage zu dem preußischen Minister, um diesem anzuzeigen, daß sein Bericht an die Kaiserin bereits abgefaßt sei; dieser neue Beweis des freundschaftlichen Vertrauens von Seiten des Königs werde von seiner hohen Herrin sehr hoch aufgenommen werden; doch bitte er um Erlaubniß, dem Minister einen Gedanken zu unterbreiten, der ihm über diesen Gegenstand gekommen und den er aussprechen wolle, nicht als Gesandter, sondern als ein eifriger Diener, der zugleich dem Könige aufrichtig und treu ergeben sei, und nichts lebhafter wünsche, als daß es ihm gelingen möge, die Einigkeit, welche zwischen den beiden Höfen bestehe, durch die engsten Bande in unlöslicher Weise zu verknüpfen. Der König habe ein sicheres Mittel in Händen, um sich die Kaiserin auf immer zu verbinden: wenn Derselbe in dem Briefe, den er an die Kaiserin zu richten willens sei, dieselbe einlade, an den Friedensverhandlungen theilzunehmen, sei es als Bundesgenossin, sei es als Vermittlerin, so werde selbige sich dadurch auf's höchste geschmeichelt fühlen; das sei eine von jenen Aufmerksamkeiten, welche tief empfunden und nimmer vergessen würden; wenn eine derartige Einladung vom König ausgehe, bevor man in Petersburg von Wien aus über die Unterhandlungen in Kenntniß gesetzt werde, so würde sie einen doppelten Werth haben; der gegenwärtige Moment sei ein solcher, der sich nie wiederfinde, wenn man ihn außer Acht lasse; er hoffe, der König werde ihm seine Freimüthigkeit nicht übel deuten, er habe keinerlei Auftrag von seinem Hofe, könne einen solchen auch nicht erhalten haben, glaube jedoch dem Könige, der ihn mit so vieler Güte überhäuft, es schuldig zu sein, ihm einen Gedanken von so unberechenbarer Wichtigkeit nicht zu verschweigen; ein enges Bündniß zwischen dem Könige und der Kaiserin von Rußland sei das wahre und einzige Mittel, einen festen und dauerhaften Frieden zu Stande zu bringen; der Wiener Hof werde sein Ziel nicht aus den Augen verlieren und nach abgeschlossenem Frieden den ersten besten Zeitpunkt von Eifersucht oder Mißverständniß benutzen, um die jetzt gescheiterten Absichten wieder zu verfolgen; wenn jedoch die Kaiserin den Verhandlungen beitrete, werde sie aus Dankbarkeit das Interesse des Königs zu ihrem eigenen machen und gern die Garantie des Friedens übernehmen, worin nach seiner Ueberzeugung das einzige Mittel liege, demselben Sicherheit und Dauer zu verleihen.

Graf Finckenstein gab dem eifrigen Diplomaten zu bedenken, daß der König bereits sehr viel gethan habe, und mehr, als man von dem aufrichtigsten Freunde erwarten könne, denn der Wiener Hof habe das absoluteste Geheimniß verlangt; er zweifle jedoch nicht, daß derselbe die gegenwärtigen Eröffnungen mit dem vollen Interesse aufnehmen werde, welches sie verdienten, da sie demselben einen neuen Beweis von den Gesinnungen gäben, welche der Fürst während der ganzen Dauer seines jetzigen Amtes dargelegt.

Letzterer erneuerte sein Anliegen, indem er den Grafen bat, er möge dem König über diese Unterhaltung Bericht erstatten, und legte überhaupt einen solchen Nachdruck auf die ganze Angelegenheit, daß Graf Finckenstein leicht einsah, wie sehr der Wunsch, als Friedensvermittlerin aufzutreten, der Kaiserin am Herzen lag, und daß diejenige Macht, welche derselben diesen Vorschlag zuerst entgegentrage, unfehlbar ihre volle Gunst erwerben würde, während sie dagegen empfindlich verletzt sein werde, wenn man sie bei dieser Veranlassung übergehe[1]).

Wie richtig diese Auffassung war, sollte Graf Finckenstein schon nach einigen Tagen erfahren und dabei zugleich die Bemerkung machen, daß von Seiten Rußlands schon früher ein ähnlicher Schritt in Wien versucht worden. Denn über Kopenhagen erfuhr er, daß der Wiener Hof das directe Anerbieten einer Vermittlung, welches von der Kaiserin von Rußland ausgegangen, auf höfliche Art abgelehnt habe; die Antwort drücke die Genugthuung aus, welche das Anerbieten hervorgerufen, zugleich aber auch die Besorgniß, daß die große Entfernung Rußlands sich als

---

[1]) Bericht des Grafen Finckenstein an den König vom 2. Januar 1763.
Beaulieu-Marconnay. Der Hubertsburger Friede.

hinderlich erweisen werde bei einer Vermittlung zwischen zwei
Mächten, deren Grenzen sich berührten und die den Krieg im
Herzen ihrer Staaten führten[1]).

Der König war nicht im mindesten gewillt, die angebotene
Vermittlung anzunehmen, da der Verlauf der Unterhandlungen
von vorn herein sich ganz nach seinem Wunsch gestaltete; jedoch
hütete er sich wohl, den Vorschlag, auch in der Weise, wie er
geschehen, ohne weiteres von der Hand zu weisen, ebensowohl
um das russische Selbstgefühl nicht zu verletzen, als um ein Mittel
sich zu reserviren, den Verhandlungen einen Hemmschuh anzulegen,
wenn dieselben etwa gar zu rasch vorwärts gehen sollten. Der
Fürst Repnin ward demnach mit verschiedenen freundschaftlichen
Versicherungen hingehalten, die ihn zwar nicht befriedigten, ihm
aber nicht jede Hoffnung auf einen endlichen Erfolg seiner Be=
mühungen benahmen.

Als der Hofrath Gutschmid vom 19. bis 21. Januar in
Leipzig anwesend war, machte er dort bei Verwandten die Bekannt=
schaft eines russischen Obersten und Legationsraths Rabakoff.
Dieser bezeigte zwar eine große Begierde, von demjenigen näher
unterrichtet zu sein, was in Hubertusburg vorging, — da er
jedoch merkte, daß seine vielfältigen Artigkeiten ihm dazu nicht
verhelfen würden, begnügte er sich, eine Zusammenkunft Gut=
schmids mit dem Fürsten Repnin zu veranlassen. Gutschmid be=
richtet darüber Folgendes: „Nach Tisch versäumte er keinen Augen=
blick, mir allein zu sagen, daß es dem Fürsten Repnin sehr an=
genehm sein werde, mich auf dem Fuße eines bloßen particulier
zu sehen, und da er das Vergnügen nicht haben könne, den Frei=
herrn von Fritsch, von dessen Bekanntschaft ihn der Englische Ge=
sandte Mr. Mitchel auf die vortheilhafteste Art praevenirt hätte,
selbst zu sehen, mir das zu sagen, was der Nation er schuldig zu

---

[1]) Schreiben des Grafen Finckenstein an Hertzberg vom 6. Januar 1763.

sein glaubte. — — Wir gingen darauf, ohne weiter Zeit zu verlieren, zu dem Fürsten, der mir mit vieler Politesse zuvorkam, sich sehr gut ausdrückte, aber sein Verlangen, zu wissen, wie weit es eigentlich in Hubertusburg gekommen sei, und sein Mißvergnügen über die ihm entgangene Gelegenheit, bei der Pacification den médiateur vorzustellen, entweder nicht verbergen konnte oder nicht verbergen wollte. Er sagte nach einigen gleichgültigen Complimenten grad heraus: der Hauptzweck seiner Mission sei gewesen, für das Soulagement von Sachsen zu arbeiten, er habe solches der Intention seiner Souveraine gemäß, die für das Interesse Ihrer Majestät von Polen, en tout ce qui regarde la Saxe, wie seine Worte lauteten, die besten Gesinnungen hätte, bereits gethan, und gehofft, daß er solches noch weiter zu thun speciellere Veranlassung finden würde; da diese unterblieben, sei er wenigstens vergnügt, vor seiner bevorstehenden Abreise mir das sagen zu können, was er dem Freiherrn von Fritsch zu sagen nicht Gelegenheit gefunden. — — — Nach andern gleichgültigen Gesprächen fing er noch einmal an, ob ich denn glaubte, daß mein Hof wirklich dédommagemens zu hoffen hätte? Ich antwortete, daß wir sehr zu beklagen wären, wenn wir diese Hoffnung aufgeben müßten. Er wiederholte hierauf die vorigen Worte, daß sein Hof die vollständigste Neigung habe, den hiesigen en tout ce qui regarde la Saxe zu unterstützen, und trug mir viele Bezeugungen seiner Hochachtung an den Freiherrn von Fritsch auf[1]). Nach der Beurlaubung bei dem Fürsten bedankte ich mich bei dem Obersten Nabakoff für diese mir verschaffte Ehre, bei welcher Gelegenheit letzterer nicht unterlassen konnte, mitten unter den gewöhnlichen Höflichkeitsbezeugungen ein-

---

[1]) Es ist ein eigenthümlicher Fall, daß einundfünfzig Jahre später wieder ein Fürst Repnin in Leipzig sich aufhalten mußte, — aber freilich in anderer Stellung und Machtvollkommenheit.

fließen zu laſſen: croyez-moi, Monsieur, cent-mille Russes auroient été de bons pacificateurs[1])."

Auch Herr von Fritſch hatte eine Begegnung mit dem ruſſiſchen Diplomaten, als er ſich während der erſten Tage des Februars in Leipzig befand; der Eindruck, den er daraus empfing, war jedoch kein vortheilhafter. „Nachmittags, ehe ich den Fürſten Repnin beſuchen konnte, kam derſelbe zu mir und fing ſofort an, mir ſehr viel von der guten Geſinnung ſeines Hofes vor Sr. Königl. Majeſtät qua Churfürſten zu Sachſen (welches er oft wiederholte) zu ſagen. Es wundre ihn auch, daß der Friede ſo geſchwinde zu Stande gekommen, und man, beſonders der Wiener Hof, ſich entſchließen mögen, nicht nur denen geſchöpften Hoffnungen zu entſagen, ſondern auch ſogar eine Conquête aufzuopfern. Ich beantwortete dieſen gleich bei dem Eingang gemachten Antrag, wie ich nicht zweifle, dem Herrn Fürſten werden noch die unfruchtbaren Anträge ſeines Hofes, um die Evacuation von Sachſen zu bewürken, in unentfallenem Andenken ſchweben, er werde auch den Zuſtand hieſiger Lande und das Preußiſche ſeitherige Verfahren in denenſelben ſamt der ganzen Lage der Sachen zwiſchen Engelland und Frankreich und im Römiſchen Reiche zu erwägen belieben, und nachdem ſein ſo mächtiger Hof ſich ganz aus dem Spiele gezogen, mir dabei zu ſagen belieben, was man denn ſich nach einer Campagne, wenn ſelbige auch nur defenſive bliebe, verſprechen könne; daß aber die allein im Krieg befangene Kaiſerin Königin gegen den durch des Reiches Neutralität auch vielleicht Partialität ſo ſehr verſtärkten König in Preußen offenſiv zu agiren im Stande ſeyn könne, würde er wohl ſelbſt kaum vermuthen, und eingeſtehen, daß nach einer fruchtloſen Campagne das hieſige Schickſal ganz unheilbar ſeyn würde. Er fügte noch vieles von dem gegenwärtigen Misvergnügen des Engliſchen

---

[1]) Bericht von Gutſchmid vom 22. Januar 1763.

Ministerii über den König von Preußen bey, räumte aber sofort
ein, daß dieses Ministerium so einen großen Abscheu als die
ganze Nation vor einem Land-Kriege habe. Nach einem Geschwätz
dieser Art von einer halben Stunde nahm endlich der Herr Fürst
seinen Abschied und lies mich in einem Zweifel seiner bey diesem
Besuch gehegten Absicht. Man ist aber zu gewohnt, von den Geschäften abgerufene Ministres dem Handwerk mit Misvergnügen
über alles vorgehende entsagen zu sehen[1]."

Dem Grafen Finckenstein war die Aussicht auf eine doch vielleicht mögliche Begünstigung der russischen Wünsche von Seiten
des Königs gar nicht angenehm, und Herzberg sah dieser Even-
tualität mit einiger Besorgniß entgegen, da er keinerlei Nutzen,
sondern nur eine unnöthige Verschleppung der Unterhandlungen
daraus hervorgehen sah. Als gegen Ende des Monats Januar
der Fürst Repnin seine Vorstellungen und Anträge nochmals wiederholte, hatte der König nicht übel Lust, seinen Bevollmächtigten
dahin zu instruiren, daß er die Hinzuziehung des russischen Gesandten zu den Conferenzen beantragen möge. Finckenstein setzte
Herzberg hievon in Kenntniß, fügte jedoch gleichzeitig hinzu, er
brauche darüber nicht zu erschrecken: „il ne s'agit pas après tout
d'accrocher la négociation à la médiation ou pour mieux
dire à l'intervention de la Russie, mais de faire fort légère-
ment une tentative pour cet effet pour contenter la vanité
Russe, et de n'y pas insister pour peu que vous rencontriés
de la difficulté de la part du ministre Autrichien[2]."

Graf Finckenstein mochte jedoch für seine Person über diese Angelegenheit nicht so ruhig und sicher sein, wie er seinem Correspon-
denten gegenüber sich den Anschein giebt, denn er unterließ nicht,
zu derselben Zeit dem Könige wiederholte Vorstellungen gegen die

---

[1] Bericht von Fritsch vom 3. Februar 1763.
[2] Brief von Finckenstein an Herzberg vom 26. Januar 1763.

russische Einmischung zu machen. „J'ai saisi cette occasion, schreibt er schon am folgenden Tage an Herzberg, pour donner à connoître mes appréhensions au sujet de l'admission du Prince Repnin, et j'ai ajouté qu'il étoit à craindre que cela donne de violents soubçons à la Cour de Vienne comme si on cherchoit à amuser le tapis, et que je ne voyois pas d'ailleurs, comment cette admission pouvoit avoir lieu, puisque le Prince Repnin m'avoit avoué hier n'y être pas autorisé jusqu'à présent et n'avoir point de pleinpouvoir. Cette réflexion a frappé le Roi qui m'a demandé sur cela ce qu'il y auroit donc à faire; j'ai repondu que je ne voyois d'autre moyen de se tirer d'affaires, puisqu'on en avoit déja parlé au Ministre de Russie, que de lui demander de nouveau lorsqu'on seroit à peu près d'accord, s'il avoit reçu les pleinpouvoirs en question, et de prendre occasion de la reponse négative qu'il donneroit vraisemblablement, pour lui faire sentir l'impossibilité de son admission [1]."

Diese Bedenken, zu denen die Bemerkungen Herzbergs noch hinzutraten, veranlaßten den König, dem Letztern offen auszusprechen, welche Bewandtniß es mit dieser gefürchteten Intervention habe, und wie er dieselbe verstanden wissen wolle. „Quant à l'expédient, que Je me suis proposé pour admettre le Ministre de Russie, quand la signature des preliminaires se fera, vous observerez que mon intention n'est point du tout, de faire intervenir la médiation de la Russie, pendant que nous ne serons pas encore d'accord sur les Articles de la paix; tout au contraire, vous n'en ferez aucunement mention, qu'après que nous serons tout à fait d'accord sur tous les points qui constatent notre paix, de sorte qu'il ne reste plus rien, que de procéder à la signature. — — Je n'ai nullement intention,

---

[1] Brief von Finckenstein an Herzberg vom 27. Januar 1763.

que cela ait la moindre influence dans les affaires mêmes, mais que dans le fond ce ne doit être qu'une galanterie que je prétends faire à l'Impératrice de Russie, et dont je ne saurois presque pas me dispenser, après qu'Elle a tant desiré d'avoir au moins quelque part à cette pacification. Ainsi qu'il me suffira d'en avoir fait la proposition, sauf aux autres deux Cours contractantes, si elles voudront l'agréer ou non[1])."

Es ist jedoch in der Folge selbst nicht einmal zu dieser Höflichkeitsbezeugung gekommen; die Verträge wurden unterschrieben, ohne daß von einer Herbeiziehung des russischen Gesandten weiter die Rede war. Die Anwesenheit Hertzbergs in Leipzig vom 4. bis 7. Februar mag Gelegenheit gegeben haben, daß dieser im Einverständniß mit Finckenstein dem Könige die Idee vollständig ausreden konnte.

---

[1]) Brief des Königs an Hertzberg vom 28. Januar 1763.

Ratification.

Die Unterzeichnung der Friedensverträge hatte also am 15. Februar stattgefunden, und es war auch bei dieser Veranlassung die Unentschlossenheit und Aengstlichkeit des österreichischen Bevollmächtigten in auffallender Weise an den Tag getreten. Doch sollte auch noch zwischen dem preußischen und dem sächsischen Bevollmächtigten bei dieser Schlußverhandlung eine Differenz hervortreten, welche zwar keine Verzögerung des wichtigen Actes nach sich zog, jedoch eine besondere schriftliche Declaration veranlaßte, welche einzig und allein den Zweck zu haben scheint, das Gewissen des sächsischen Bevollmächtigten zu salviren. In der dem Vertrage angehängten Evacuations-Convention war im Art. 6 vereinbart worden, daß von allem, was der preußischen Armee zu ihrem Gebrauche zugeführt wird, oder dieselbe wegschickt, weder Zoll noch Geleite oder Accise, noch Fähr- und Brückengeld gefordert werde. Hiezu hatte man preußischerseits noch in den letzten Tagen den Zusatz gefügt: „imgleichen, daß alle Pack- und alle Extra-Posten und abzuschickenden Couriers und Stafetten in Herrschaftlichen Angelegenheiten unweigerlich und unentgeltlich bis zur völligen Evacuation verabfolgt und Sächsischer Seits gleich den etwanigen Rückständen an die Sächsischen Postämter bezahlet werden müssen." Dieser Punkt war schon während der letzten Anwesenheit des Herrn von Fritsch in Leipzig zwischen ihm und Hertzberg zur Sprache gekommen, und hatte damals der Erstere es als sich von selbst verstehend hingestellt, daß mit dem Tage der Beendigung aller Kriegsleistungen, also dem 10. Februar, auch alle Lieferungen der Postanstalten aufhören müßten; das Oberpostamt in Leipzig hatte eine Liquidation von mehr als vierzigtausend Thalern eingereicht, die dasselbe zu fordern hatte, und Fritsch diese dem Herrn von Herzberg übergeben und die Bezahlung derselben von Preußen verlangt.

Im letzten Augenblicke aber erhielt Herzberg einen Brief des Königs, dessen Inhalt nicht den geringsten Zweifel darüber zuließ, daß von dieser Seite nicht die mindeste Nachgiebigkeit zu erwarten war. „Sur ce qui regarde l'article 6 de la Evacuations-Convention, Je vous dirai, que je ne payerai pas un sol pour frais de chevaux, de Pack= ou Extra-Posten, ni de couriers, estafettes etc. que les postes de Saxe ont fournies jusqu'aprésent, — vû, que nous ne nous servons de tous ces couriers etc. que sur des affaires, qui regardent proprement la Saxe, et sur ce qu'il faut arranger pour l'évacuer, en sorte qu'il faut que les Saxons en portent les frais[1]."

Herzberg verlangte daher unabänderlich den Zusatz zum sechsten Artikel, aber Fritsch beharrte ebenso fest darauf, daß er diesen niemals eingeräumten oder zugestandenen Punkt auch jetzt nicht einräumen und zugestehen könne. Zu einem Einverständniß war daher nicht zu gelangen, — jedoch wegen dieses Umstandes den Vollzug des Friedensvertrags aufzuschieben oder wohl gar dessen Abbrechung zu veranlassen, das erschien doch diesen beiden geistreichen und selbständigen Männern unverantwortlich. Sie verglichen sich deshalb dahin, diesen Punkt zu weiterer besonderer Verhandlung ausgesetzt sein zu lassen, jedoch unter der ausdrücklichen Erklärung, „daß desfalls man von keiner Seite hierdurch etwas fallen gelassen, zugestanden oder eingeräumt haben wolle, nicht minder, daß dieser Punkt dem geschlossenen Frieden und darüber errichteten Haupt=Tractat, Separat=Artikeln und Neben-Convention auf keinerlei Art nachtheilig sein, sondern solche nichts

---

[1] Brief des Königs an Herzberg vom 13. Februar 1763.

desto minder in allen Stücken bestehen und beobachtet werden sollen; wobei Königl. Preußischer Seits annoch besonders bedungen, und Königl. Polnischer Churfürstl. Sächsischer Seits zugestanden worden, daß dadurch insonderheit dem Ersten Separat-Artikel nicht derogirt und daraus gegen die darin versprochene Zahlung ein objectum compensationis nicht hergenommen, auch die Stellung der Postpferde nicht verhindert werden solle¹).„

Am 16. Februar reisten die Herren von Collenbach und von Fritsch nach Dresden, und am 17. kam der König von Preußen durch Hubertusburg, um sich nach Meißen zu begeben. Er stieg bei Herrn von Hertzberg ab und trank in dessen Zimmern Chocolade. Bei seiner Ankunft fragte er, was denn die Unterzeichnung so lange verzögert habe? worauf Hertzberg ihm ausführlich alles erzählte, was vorgefallen. Dann äußerte er: **es ist doch ein gutes Ding um den Frieden, den wir abgeschlossen haben, aber man muß sich das nicht merken lassen.** Er bezeugte seine Verwunderung über die Schwierigkeiten, welche von den Sachsen in Betreff der Stellung der Postpferde gemacht worden, und glaubte, die Differenz sei beigelegt; und da Hertzberg ihm das Gegentheil erklärte, meinte er: nun, da wird sie eben Niemand bezahlen. Der König besah hierauf noch die Kapelle und den Schloßgarten, und bestieg dann wieder seinen Wagen mit dem Obersten Goltz, um seinen Weg nach Meißen fortzusetzen²).

Am 19. Februar ward das königliche Hauptquartier nach Dahlen verlegt, einem Städtchen zwischen Leipzig und Oschatz, mit einem schönen Schlosse der Grafen von Bünau, und verblieb dort bis zum 13. März. Hertzberg machte einen kurzen Aufenthalt in Torgau, hatte jedoch noch mancherlei Schwierigkeiten zu beseitigen, welche aus der langsamen Räumung der Festung Glatz

---

¹) Declaration d. d. Schloß Hubertusburg, am 15. Februar 1763.
²) Privatniederschrift Hertzbergs zu den Acten.

hervorgingen und die Ungeduld des Königs rege machten. Man entschuldigte österreichischerseits die Verzögerung mit dem Umstande, daß sich viel Belagerungsartillerie und eine ungeheure Masse von Munition in der Festung befänden, deren Transport viel Zeit in Anspruch nehme. Vielleicht um den übeln Eindruck zu verwischen, den dies hervorgerufen haben mochte, schrieb der Graf Kaunitz an Herrn von Collenbach: die Kaiserin-Königin wolle zeigen, daß sie billig denke und nicht an Kleinigkeiten hänge; sie werde deshalb die von ihr in Glatz erbauten neuen Befestigungswerke nicht wieder einreißen lassen, obgleich ihr dies nach dem Wortlaut des Vertrags freistehe; der Bevollmächtigte möge dies dem Herrn von Hertzberg mittheilen, jedoch in einfacher, ungezwungener Weise, und ohne zu viel Gewicht darauf zu legen¹).

Da die Ratification des sächsischen Vertrags früher aus Warschau anlangte, als die österreichische aus Wien, so besorgte der König, Hertzberg möge sich dadurch veranlaßt sehen, den Austausch der Ratificationen getrennt vor sich gehen zu lassen, und beeilte sich, ihm dies zu untersagen. „Sur ce que vous venez de me marquer, que le Sr. de Fritsch vous a averti, que les Ratifications du Roi son maitre venoient d'arriver, sans faire aucune mention, si celles du Sr. de Collenbach sont également arrivées; Je vous dirai, que vous devez bien observer, à ne pas du tout vous prêter, de faire l'échange des ratifications seul et séparement avec le Baron de Fritsch, ce qui seroit un Acte nul; mais il faut d'une nécessité absolue, que l'échange des Ratifications des deux Plénipotentiaires se fasse dans le même tems et d'un pas égal, et non pas l'un sans l'autre, après cependant que Vous aurez préalablement examiné, si les Actes de ratification des deux plénipotentiaires sont en bonne et due forme, de sorte qu'alors

---

¹) Bericht von Hertzberg vom 2. März 1763.

les échanges pourront se faire en temps égal et point du tout separement les uns sans les autres[1])."

Die für die Auswechslung anberaumte Frist lief am 1. März ab, und da Abends vorher die Wiener Urkunden eingetroffen waren, ward an jenem Tage der feierliche Act vollzogen, und zwar in der Weise, daß bei der Collationirung der Vertrag zwischen Preußen und Sachsen, bei der Auswechslung der Vertrag zwischen Preußen und Oesterreich zuerst vorgenommen wurde.

Dabei kam der Umstand zur Sprache, daß in der preußischen Ratification der Separatartikel die sacramentale Formel „tant pour Nous que pour Nos Héritiers, Successeurs, Etats et Sujets" fehlte. Herr von Hertzberg konnte nicht leugnen, daß dies ein Fehler sei, glaubte aber, daß man sich dieserhalb keine Sorge zu machen brauche, da solche Verpflichtungen bei einem Erblandesherrn, wie der König von Preußen in allen seinen Staaten sei, ohnehin von selbst auf die Erben und Nachfolger übergingen[2]).

Für Herrn von Fritsch machte sich das wichtige Bedenken geltend, daß vom Tage der Auswechslung der Ratificationen die dreiwöchige Frist lief, binnen welcher die feindlichen Truppen das Land geräumt haben mußten; den Endtermin dieser Frist hinauszuschieben, erschien ihm zu nachtheilig für das Land, und er hielt es für seine Pflicht, wegen eines Formfehlers einen Aufschub der Auswechslung nicht zu verlangen. Auch fand er einen weitern Grund zu diesem Entschluß in der Beschaffenheit der Separatartikel. Der erste enthielt Stipulationen über die Bezahlung der Wechsel, durch welche Preußen nur Rechte, aber keine Pflichten erhielt; der zweite war nichts als eine erläuternde Erklärung Sachsens über die Bezahlung der Steuerschulden, welche gleichfalls nur Sachsen verpflichtete, während die preußische Verbindlichkeit, den dieserhalb zu treffenden Einrichtungen beizutreten, im Artikel 7

---

[1]) Brief des Königs an Hertzberg vom 28. Februar 1763.
[2]) Bericht von Fritsch vom 5. März 1763.

des Hauptvertrags enthalten war; und der dritte Separatartikel war nur eine gegenseitige Verwahrung über die während der Negociationen gebrauchten Titel.

Es ward daher auf die fehlende Formel kein Werth gelegt und der Austausch ohne weiteres vollzogen.

Der König von Preußen blieb, wie oben erwähnt, bis zum 13. März in Dahlen, wo es ihm gut zu gefallen schien¹). Ueber diesen Aufenthalt liegen Berichte des dortigen Schloßverwalters Reubig an die Gräfin Bünau vor; unter dem 26. Februar 1763 schreibt derselbe: „Seit der Zeit, daß der Friede mit den Herrn Preußen soll geschlossen seyn, sieht es bey uns in Dahlen noch recht kriegerisch aus. Indem die Preußen von allen Orten her wie die Schwalben im Herbst sich bey uns versammelt; unser Hof, das Städtchen, die ganze Gegend ist dermaßen davon überschwemmt, wie ein Strom, der aus seinen Grenzen getreten. Ihro Majestät den König und den Cronprinz wird man sonderlich nicht gewar; außer daß selbige bey schöner Witterung sich in den Garten sowohl Vor- als Nachmittags, und jeder vor sich ganz allein begeben, auch wann der König oder der Prinz ausreiten, weiter niemanden als 2 bis 3 Reitknechte bey sich haben, und wer sie nicht kennt, der sieht selbige kaum vor Offiziers an. Aber die Herrn Offiziere, sowohl die im Hause logiren, als auch die von den benachbarten Städten und Dörfern, können größern Allarm machen, weil selbige täglich Vormittags sich da einfinden, des Mittags was die Herrn Stabs-Offiziere sind, mit dem König speißen, die andern aber an einer Tafel vor sich, und das in den Saal auf dem Lorenzischen Roundel, täglich von etwa 30 couverts, und nach der Tafel geht es auf das Billard und an die Spieltische, bis des Nachts um 12 und 1 Uhr, und der Cronprinz

---

¹) Der jetzige Besitzer von Dahlen, Herr Carl Sahrer von Sahr, hat in den vom Könige bewohnten Zimmern eine Erinnerung an diese denkwürdige Zeit gestiftet.

haben auch eine Tafel vor sich, und es soll dem König sehr wohl in Dahlen gefallen, daß man von Dero Abreiße noch nichts gewisses erfahren kann, wiewohl einige sagen wollen, daß selbige den 7 oder 8 Mart. von hier aus würden nach der Schleßigen gehen."

Derselbe Berichterstatter schreibt unter dem 14. März: „Das über die drey Wochen, von 19. Febr. hier sich aufgehalten, Jhro Majestät der König von Preußen, und uns viele Unruhe gemachet, so sind wir selben, mit Dero ganzen Suite, endlich gestern früh um 8 Uhr, Gott sey davor gedankt, doch loß geworden, und nach Torgau gereißet; haben ein ziemliches Andenken hinter sich gelassen, die Zimmer und Möbeln sehr unscheinbar gemachet, theils beynahe gar ruiniret u. s. w."

Nachdem der König noch eine Zusammenkunft mit dem Churprinzen Friedrich Christian und dessen Gemahlin Maria Antonia in dem Schlosse Moritzburg gehabt hatte[1]), kehrte er nach Berlin zurück, zwar erfreut über den Frieden, der ihm gestattete, sich mit der Wiederherstellung der verwüsteten Provinzen zu beschäftigen, — aber innerlich nicht gehoben und befriedigt, denn kurz vor der Abreise von Dahlen schrieb er an den ihm besonders werthen Marquis d'Argens: „Pour moi, pauvre vieillard, je retourne dans une ville où je ne connois que les murailles, où je ne trouve personne de mes connaissances, où un ouvrage immense m'attend, et où je laisserai dans peu mes vieux os dans un asile qui ne sera troublé, ni par la guerre, ni par les calamités, ni par la scélératesse des hommes[2])."

Wir aber erblicken in der Epoche, welche mit dem Hubertusburger Frieden abschließt und durch ihn ihre staatsrechtliche Garantie erhielt, einen der bedeutendsten von jenen Bausteinen, auf denen ein Jahrhundert später der Thron des neuen deutschen Kaisers aufgerichtet werden konnte.

---

[1]) K. von Weber, Maria Antonia, Churfürstin zu Sachsen, Bd. 1. S. 135.
[2]) Oeuvres posthumes de Frédéric II., tome X. p. 273.

Beilagen A–W.

Beilage A.

Déclaration verbale

qui a été faite au Comte de Kaunitz Rittberg par le Prince Galiczin, Ambassadeur de Russie, le 2 Juin 1762.

Monsieur le Prince Galiczin a déclaré:

que tous les moyens que l'Empereur son Maitre avoit employés pour moyenner un accomodement désintéressé ayant été infructueux jusqu'ici,

Et qu'il étoit évident, que la guerre ne continue que par le désir de la Cour de Vienne d'ôter au Roi de Prusse la Silésie et le Comté de Glatz, quoique ces Païs lui ayent été cédés par des Traités solemnels,

L'Empereur, qui avoit donné l'exemple de la modération en renonçant à toutes les Conquêtes que les armes Russes ont faites pendant la Guerre,

Et faisant d'ailleurs un Traité d'Alliance défensif avec le Roi de Prusse, il ne pourroit plus s'empêcher de secourir ce Prince avec un Corps de Son armée, au cas que la Cour Impériale ne préfère pas la Paix à l'Effusion du sang, ou ne voulût point terminer la Guerre à des Conditions équitables et moderées.

Reponse verbale

donnée au Prince Galiczin par le Comte de Kaunitz à Vienne ce 4 juin 1762.

Sa Majesté l'Impératrice Reine croit devoir n'envisager la déclaration qui a été faite par Monsieur l'Ambassadeur de Russie le 2 de ce mois, que comme un effet de la vivacité avec laquelle Sa Majesté l'Empereur de Russie désire le rétablissement de la Paix entre Elle et le Roi de Prusse.

Sa Majesté se flatte qu'elle n'a été dictée que par ce sentiment, et c'est dans cette confiance, qu'Elle Se détermine à répondre amiablement sur son objet.

Je dois donc vous faire observer, Monsieur, en premier lieu,

Que Sa Majesté, qui de Son coté a temoigné dans toutes les occasions qu'Elle n'avoit aucun éloignement pour le rétablissement d'une Paix juste et raisonnable avec le Roi de Prusse, ignore en échange jusqu'à ce jour la première des choses nécessaires à savoir, c'est à dire, si ce Prince est dans les mêmes sentimens.

C'est ce dont par conséquent il paroit nécessaire d'informer avant tout l'Impératrice dès à présent; cependant cette conformité d'intentions supposée, j'ai ordre de Vous déclarer, Monsieur,

Que Sa Majesté est sincèrement disposée à se reconcilier avec le Roi de Prusse,

Que sauf ce qu'Elle doit à Ses alliés et ce qu'Elle se doit à Elle même, Elle contribuera volontiers par les sentimens les plus équitables au plus promt rétablissement de la Paix.

Et que desirant sincèrement accelérer un ouvrage aussi conforme à Son humanité et prévenir pour cet effet des évènements qui pourroient le retarder en faisant naître de nouveaux obstacles, Elle est prête à donner les mains à une suspension d'armes, et à entrer en même tems tout de suite en Négociation, supposé, comme Elle a lieu de s'en flatter que Ses Alliés y donnent leur consentement, qu'Elle leur a déja demandé.

Dès aussitôt donc que l'on aura connoissance de la façon dont pense Sa Majesté le Roi de Prusse tant sur le fond que sur la forme à donner à la Negociation, on ne tardera pas à s'expliquer plus particulièrement qu'on ne peut naturellement le faire dans ce moment cy.

Beilage B.

Brief des Churprinzen von Sachsen an den König von Preußen.

Sire,

Pénétré des malheurs, qui mettent aux abois les païs désolés du Roi mon Père, et sollicité par les cris des états de toutes les provinces qui touchent à leur ruine entière, de tâcher de leur procurer quelque adoucissement de leurs souffrances, je ne sais rien faire de mieux et de plus convenable, que de m'adresser directement à Votre Majesté.

J'ose me flatter, que Votre Majesté, qui dans d'autres occasions m'a donné de marques de Sa bonté, daigne agréer que je prenne cette liberté, et que si le tableau de la misère des états et peuples de ce païs peut être mis sous Ses yeux, il ne manquera pas d'exciter la compassion et tous les sentimens, qu'un Roi aussi grand comme Vous, Sire, ne sauroit jamais refuser aux malheureux.

Je supplie donc Votre Majesté de vouloir bien prêter une oreille favorable à ce que le Sieur Conseilleur privé, Baron de Fritsch, Lui exposera de bouche en mon nom, et déférer généreusement à mes sollicitations et intercessions pour ces états et peuples infortunés. En implorant pour eux la pitié et la magnanimité de Votre Majesté, je suis avec le respect le plus profond etc. etc.

Dresde, ce 28 Novembre 1762.   Frédéric.

Beilage C.

Antwort des Königs von Preußen an den Churprinzen von Sachsen.

Monsieur mon Cousin. La lettre de Votre Altesse Royale m'a été rendue par son Conseiller Fritsch, et si Vous aviez été bien informé de la manière, dont nos trouppes se sont conduites en Saxe, je crois que Votre Altesse Royale auroit applaudi aux ménagements, qu'on a eu pour cet Electorat, qui de tous les païs exposés au ravage de la guerre sans contredit est le moins ruiné. Il est bien difficile de ménager un païs entièrement, tant qu'on a l'ennemi continuellement en présence, cependant cela s'est fait autant que les circonstances l'ont permises. Si Votre Altesse Royale pouvoit en juger par comparaison, Elle seroit convaincue de la vérité de ce que je Lui dis. J'ai d'ailleurs repondu à Monsieur Fritsch sur tous les points, dont il a été chargé de Sa part, de façon que je me flatte, qu'Elle en sera satisfaite: Je ne desirerois rien de plus, que de pouvoir prouver à Votre Altesse Royale, la paix faite, avec combien d'estime et de considération je suis, Monsieur mon Cousin

            de Votre Altesse Royale
à Meissen   le bon Cousin
ce 29 novembre 1762.   Frédéric.

Beilage D.

Déclaration de Neutralité pour le château de Hubertsburg et le village adjacent de Wernsdorff.

Frédéric, par la Grâce de Dieu, Roi de Prusse etc. etc. etc. Savoir faisons à quiconque apartient: Que comme Nous sommes convenus avec Sa Majesté l'Impératrice Reine de Hongrie et de Bohême et avec Sa Majesté le Roi de Pologne, Electeur de Saxe, de faire tenir des conférences de paix au Chateau de Hubertsburg par les Plénipotentiaires nommés de part et d'autre, qui y sont aussi effectivement arrivés, Nous déclarons par le présent Acte, qu'aussi long tems, que durcront les susdittes Conférences de paix, le Chateau de Hubertsburg et le village adjacent de Wernsdorff doivent être regardés comme des endroits neutres, et qu'on n'y mettra point de troupes, mais qu'on prendra plûtot toutes les mesures necessaires pour la sureté des Plénipotentiaires respectifs. En foi de qui Nous avons signé la présente Déclaration de Neutralité et y avons fait mettre le Sceau de Nos Armes Royales.

Fait à Leipsig, le 6e de Janvier 1763.
(L. S.)
                Féderic.
                Finckenstein.

Beilage E.

Déclaration.

Comme on est sur le point d'entamer ici une négociation de paix pour terminer la funeste guerre qui désole présentement l'Allemagne, le soussigné Plénipotentiaire de S. M. le Roi de Prusse déclare: que si contre toute attente cette négociation n'eût pas le succès desiré, les ouvertures et propositions que l'on aura faites de part et d'autre pendant son cours devront être regardées comme nulles et non avenues, et ne pourront jamais, ni en manière quelconque être alléguées ou représentées comme des points convenus ou accordés.

Fait au château de Houbertusbourg, le 30me Décbre 1772.
             Ewald Fréderic de Herzberg.

Beilage F.

Précis des conditions de la Paix à retablir entre l'Impératrice Reine de Hongrie et de Bohême et le Roi de Prusse.

Il est convenu que l'on veut de part et d'autre une paix juste, honorable, et qui puisse durer, tels étant les intentions de l'Impératrice Reine, et le Roi de Prusse témoignant être dans les mêmes sentimens.

En partant de ces points, il s'en suit, que si la Paix doit avoir lieu, tout ce qui sera proposé devra être marqué au coin de ces trois qualités, et que de part et d'autre il ne faudra jamais les perdre de vue dans tout le cours de la négociation.

Pour prouver des faits que de la part de l'Imp. Reine on pense ainsi de bonne foi, et que non seulement on veut sincèrement la paix, mais que même on est disposé à en rapprocher, s'il se peut, le moment désirable, on veut bien parler le premier, et commencer par des propositions, par lesquelles peut-être on ne devrait que finir.

On en use ainsi, parcequ'on veut conclurre et savoir promptement à quoi s'en tenir, et l'on suppose, que Sa Majesté Prussienne a les mêmes intentions.

Dans cette vue on veut bien ne pas s'arrêter à traiter sur l'article important des conquêtes. On est même disposé à adopter et établir pour la base de la négociation: qu'aucune des deux parties ne pourra faire des pertes réelles par la Paix; mais en échange les trois qualités convenues ci-dessus, comme conditions sine qua non de la reconciliation des parties belligérantes, exigent:

1mo Que la paix soit retablie en même tems avec la Cour Electorale de Saxe, sur un pied réciproquement équitable et convenable.

2do Que dans la Paix à conclure avec l'Imp. Reine l'on aye aussi les justes égards que méritent d'autres Etats de l'Empire, et particulièrement ceux de la Franconie, Mr. le Duc de Mecklenbourg et Mr. le Prince d'Anhalt-Zerbst.

$3°$ Que l'on soit disposé à donner les mains à toutes les propositions nécessaires, pour que la tranquillité générale puisse être retablie en Allemagne d'une façon convenable à la dignité de l'Empereur comme Chef de l'Empire et honorable de part et d'autre.

4to Qu'il soit convenu de part et d'autre d'une amnestie générale, et que l'on s'engagera à la mettre en exécution en plein et de bonne foi.

5to Que tout ce qui est arrivé pendant la présente guerre, soit parfaitement oublié, et qu'en conséquence entre autres la convention faite entre Sa Maj. Prussienne et l'Electeur Palatin au sujet de la succession de femmes de la maison de Sulzbach aux Duchés de Juliers et Bergues soit reconfirmée et retablie dans toute la force des engagements qu'elle contient.

6to Que dans la vue de rendre la paix durable, le Comté de Glatz, attendu le local de Son Emplacement, reste en la possession de la Maison d'Autriche. Mais qu'en échange et en conséquence établi pour base de la négociation, à savoir, que ni l'une ni l'autre des Parties ne pourra faire des pertes réelles par la paix, S. M. l'Impér. Reine se charge jusques à la concurrence des revenus de ce Comté reduits en capital et calculé en raison de l'Intérêt au 5 pro Cent, d'une somme proportionnée des Dettes, qui sont actuellement encore à la charge de S. M. le Roi de Prusse.

Dans la même vue et dans l'intention de contribuer à tout ce qui peut être propre à donner sur l'avenir la confiance réciproque la plus parfaite, l'Imp. Reine est disposée à renoncer pour Elle et ses Descendans au Titre de Duchesse souveraine de Silésie, et à réunir même à la Moravie la partie de la haute Silésie, qui est de sa domination, bien entendu néanmoins que Sa Maj. Pruss. renonçat aussi de Son côté aux titres relatifs à la possession du Comté de Glatz.

L'Imp. Reine agréera aussi toutes les Garanties et d'autres moyens propres à assurer la paix à perpétuité, et à ôter tout doute à cet égard.

7mo A cette fin et regardant entre autres des preuves de vues éloignées de tout projet d'aggrandissement comme une des voyes les plus propres à établir la confiance mutuelle, l'Impér. Reine offre aussi de disposer Sa Maj. l'Empereur à détacher à perpétuité Son Grand Duché de Toscane de la Succession Primogéniale de la Maison d'Autriche et à l'ériger en seconde géniture, supposé que Sa Maj. Pruss. de Son côté veuille s'engager par réciprocité tant pour Elle que pour Ses héritiers à ce que la seconde géniture sans cela établie dans les Margraviats de Bareuth et d'Anspach y soit maintenue, le cas du décès sans héritiers mâles des Souverains actuellement regnants venant à exister, et promettre que ces deux Etats passeront à perpétuité à la ligne cadette de Sa Maison de Brandebourg sans pouvoir jamais être possédés par le Chef de la maison.

L'Impér. Reine se flatte, que dans cette proposition on y reconnoitra, qu'Elle désire sincèrement retablir et assurer pour jamais l'amitié et la bonne intelligence qui a subsisté dans les tems passés entre les Maisons d'Autriche et de Brandebourg, et Elle veut espérer, que la façon dont Sa Maj. le Roi de Prusse recevra cette idée, et y repondra de son coté, Lui donnera la satisfaction de retrouver en Lui des intentions conformes aux Siennes.

8vo Il sera nécessaire aussy, pour assurer la solidité et la durée de la Paix de prévenir les nouvelles disputes qui pourroient s'élever sur l'objet du commerce réciproque, et pour cet effet, de stipuler, que chacune des

Parties contractantes, jusqu'à ce que l'on puisse convenir d'un Traité de Commerce, en usera à cet égard, comme elle le jugera à propos, attendû, que cela arriveroit, sans cela, puisque l'Impér. Reine aussy bien ne pourroit jamais admettre les interprétations que l'on a crû pouvoir donner aux Engagements qui ont été pris sur ce sujet, et qu'ainsy il vaudra mieux prévenir des nouvelles contestations sur cette matière.

9ᵐᵒ L'Imp. Reine étant disposée à restituer gratuitement des conquêtes aussy considérables que le sont celles qui se trouvent encore en sa possession, on croit pouvoir demander, que Sa Maj. le Roi de Prusse consente à Lui accorder en échange des convenances qui ne Lui portent aucun préjudice.

On espère donc entre autres que ce Prince voudra bien renouveler la promesse qu'il a déja faite cy-devant, de donner sa voix à S. A. R. l'archiduc Joseph à l'Election à venir d'un Roi de Rome ou d'un Empereur.

10ᵐᵒ Et comme, ainsy qu'il est notoire, l'on est convenu entre LL. MM. Imp.ˢ et le Sérénissime Duc de Modène de l'arrangement d'un mariage entre l'un des Archiducs Cadets et la petite fille de ce Prince; l'Impér. Reine desireroit et regarderoit comme une complaisance de la part de S. M. Prˢˢ à laquelle Elle seroit sensible, que ce Prince voulût bien promettre Sa voix pour le tems auquel L'Empereur et l'Empire seront requis d'accorder à l'un des Archiducs puis-nés l'Expectation à la Succession féodale des Etats de Modène.

11ᵐᵒ Ce seroit aussy un objet de convenance, non seulement pour les Pays héréditaires de la Maison d'Autriche, mais même pour les Etats de Sa Maj. Prus. si on pouvoit obtenir la libre navigation de l'Elbe et si on pouvoit s'entendre et arrêter un arrangement sur cet objet.

12ᵐᵒ D'ailleurs les préliminaires ainsy que les Traités de Paix de Breslau et de Dresde auront à servir de base à la nouvelle Pacification, et moyennant cela il sera nécessaire entre autres de renouveler de la façon la plus obligatoire les Cessions et Renonciations mutuelles contenues dans les dits Traités.

Il faudra aussy fixer à l'Epoque la plus courte les évacuations respectives ainsy que la cessation des hostilités; Et l'on croit que pour éviter beaucoup d'embarras et de difficultés, il conviendroit de stipuler la Restitution gratuite pure et simple de tous les prisonniers de guerre et otages, à quoi l'Impér. Reine est disposée à donner les mains, quoiqu'Elle ne puisse que perdre considérablement à cet arrangement.

On renoncera pareillement de part et d'autre à tous les arrérages des contributions, de quelque nature qu'elles soyent.

Enfin on renouvellera aussy les engagements pris par les Traités antécédants au sujet du maintien de la Religion Catholique en Silésie, ainsy que par rapport à l'acquittement des Dettes affectées sur cet Etat, supposé qu'il en reste encore à payer.

On renouvellera de même la Garantie mutuelle, supposant toute fois que Sa Maj. le Roi de Prusse trouvera juste que de Sa part elle soit étendue au delà des bornes qu'on Luy a donné par la Paix de Drèsde; En un mot, on se flatte, disposé à s'arranger en général selon les règles de l'Equité, que l'on rencontrera les mêmes sentiments dans S. M. Pr^{ne}.

Sur ce pied l'Impér. Reine pense, que l'on pourra parvenir très promptement à une Paix juste, honorable et durable; Mais Elle est persuadée en même tems, que l'on n'y parviendroit point, si on s'y prenoit de toute autre façon.

Beilage G.

Instruction pour le Conseiller privé de Hertzberg, nommé de la part du Roi pour se rendre à Hubertsbourg, et pour y assister en son nom aux conferences de la paix avec les Ministres Autrichiens et Saxons.

1.

Le Roi ayant jetté les yeux sur le Conseiller privé de Hertzberg pour le charger de l'importante négociation, qui doit s'entamer avec les Cours de Vienne et de Saxe, Sa Majesté ne doute pas qu'il ne reponde par son zele à une marque si distinguée de Sa confiance, et pour le mettre au fait de toutes les circonstances qui ont du rapport à cette négociation, Elle a jugé à propos avant toutes choses de lui communiquer les pieces ci-jointes, par lesquelles il verra, que c'est la Cour de Saxe et nommement le Prince Electoral qui en a fait faire les premieres ouvertures par le canal du Baron de Fritsch aupres du Roi et par celui du Comte de Flemming à Vienne, que Sa Majesté a declaré, qu'Elle ne demandoit pas mieux que de pouvoir terminer la guerre par une paix juste, honorable et durable, que la Cour de Vienne de son coté a temoignée etre prete a s'accomoder aux memes conditions et a nommé le Sr. de Collenbach, pour négocier cet accomodement en son nom et que Hubertsbourg a été choisi et agreé de part et d'autre pour le lieu du Congrès.

2.

Comme les Plenipotentiaires Autrichiens et Saxons se trouvent deja actuellement au dit Hubertsbourg, l'intention de Sa Majesté est que le Conseiller privé de Hertzberg se rende sans differer et des demain au même endroit, et ce qu'Elle lui recommande principalement, c'est qu'il apporte à cette négociation toute la prudence et circonspection necessaire, qu'il y aille à pas mesuré sans se presser en voyant venir le plus qu'il lui sera possible ceux à qui il aura à faire et en discutant article par article tous les points qui pourront faire un objet des Traités à conclure.

3.

La première scène se passera naturellement en complimens de part et d'autre. Le Sr. de Hertzberg y mettra la politesse et la prevenance convenable, et il temoignera au Ministre Autrichien, que Sa Majesté ne doutoit pas de la sincérité des dispositions dont la Cour de Vienne l'avoit fait assurer, que les siennes étoient egalement pacifiques, qu'il ne s'agissoit que de voir si l'on pourroit parvenir à concilier les interêts des deux Cours, et qu'il ne tiendroit pas à Sa Majesté d'apporter à un ouvrage si salutaire toutes les facilités compatibles avec sa gloire et avec sa dignité.

4.

Après ce début et apres la production usitée des pleinpouvoirs de part et d'autre, il s'agira de constater les demandes des deux Cours par rapport aux possessions respectives et de fixer les premiers principes qui doivent servir de base à la négociation. Le conseiller privé de Hertzberg tachera dans la premiere conference qui se tiendra, de faire parler le Ministre Autrichien et de l'engager à s'expliquer sur les conditions auxquelles sa Cour seroit disposée à s'accomoder. Comme celui qui fait les premieres ouvertures dans ces sortes d'occasions donne toujours un tres grand avantage sur lui, le Sr. de Hertzberg mettra tout en usage pour se le procurer, et au cas que le Sr. de Collenbach vint à insister de son coté sur une explication préalable, de ce que Sa Majesté a entendu par une paix juste, honorable, et durable, il cherchera du moins à faire en sorte que cette déclaration se fasse de part et d'autre dans la même Conference, et il declarera alors de son côté en faisant beaucoup valoir la moderation de Sa Majesté, qu'Elle ne demande que la restitution in integrum de tous Ses Etats sur le pied qu'Elle les a possédés en 1756 immediatement avant le Commencement de la presente guerre.

5.

Les premières propositions du Ministre Autrichien seront selon toutes les apparences exorbitantes et inacceptables. C'est le langage ordinaire de la fierté Autrichienne, et le Sr. de Hertzberg doit s'y preparer. On pretendra sans doute vouloir garder la (sic) Comté de Glatz, On fera peutêtre pour la forme la même demande par rapport aux etats de Cleves et de Gueldres, On exigera un dedommagement pour la Saxe, et il se pourroit qu'on y ajoutat encore d'autres pretensions, qu'on ne sauroit prévoir, mais auxquelles il faut s'attendre de la part de la Cour de Vienne sans s'en inquiêter cependant, puisqu'elle commence toujours par demander beaucoup, afin de pouvoir se relacher ensuite et à mesure qu'elle trouve de la resistance. Le Sr. de Hertzberg prendra le tout ad referendum, et si les pretensions sont trop fortes, il les rejettera avec une sorte de surprise, en témoignant qu'il n'oseroit en faire son rapport au Roi; que des demandes de cessions étoient tout-à-fait contraires à la situation présente des affaires. Qu'après avoir soutenû la guerre avec tant de fermeté pendant un si grand nombre d'années, on pouvait bien croire que Sa Majesté ne finiroit pas aujourd'hui par accepter des Conditions pareilles, et que le Suum cuique etant la base la plus naturelle d'une paix equitable, il esperoit qu'on le mettroit en etat de faire en consequence un rapport qui fut propre à avancer et à accelerer un ouvrage si salutaire pour l'humanité.

6.

Comme le Negociateur Autrichien fera sans doute valoir les grandes ressources de sa Cour, les préparatifs qu'elle a fait pour la prochaine campagne et les moyens qu'elle a par devers elle, de continuer la guerre avec vigueur et avec succès, le Conseiller privé de Hertzberg ne manquera pas en ce cas de repondre sur le même ton et de témoigner que ce n'etoit pas là ce qui embarassoit Sa Majesté, que Ses Armées seroient tout aussi formidables pour le moins qu'elles l'avoient eté par le passé, qu'Elle avoit déja pris tous ses arrangemens pour cet effet, et que s'il falloit mettre de nouveau la paix au hazard des evenements, Elle avoit lieu d'esperer, qu'Elle pourroit peut-etre faire a son tour et avec plus de justice des demandes tout aussi fortes que celles qui en empecheroient aujourd'hui la conclusion.

7.

S'il est question du dedommagement de la Saxe, le Sr. de Hertzberg fera valoir les pertes enormes que les Etats du Roi ont souffertes, et qui mettroient Sa Majesté plus qu'aucune autre Puissance en droit de prétendre à une indemnisation de manière que ce n'etoit que par moderation pour donner une preuve des Ses sentimens pacifiques et pour ne pas arrêter un evenement qui faisoit l'objet des voeux de tant de peuples, que Sa Majesté se retranchoit à ne demander que la simple restitution de Ses Etats. Le Sr. de Hertzberg observera cependant en parlant de la devastation des Provinces de Sa Majesté, de ne jamais nommer les Russes et de s'en tenir au terme general des ennemis du Roi, afin de ne pas fournir à la Cour de Vienne une occasion de la commettre le moins du monde d'avec celle de Petersbourg.

8.

Au cas que le Baron de Fritsch qui sera muni des pleinpouvoirs de la Cour de Saxe voulut le presser, le Sr. de Hertzberg, d'entrer en negociation avec lui, il lui fera sentir poliment, qu'il falloit avant toutes choses, que Sa Majesté fût sure de Sa paix avec la Cour de Vienne, et que quelque désir qu'Elle eût de mettre fin aux calamités de la Saxe, il falloit necessairement, que les deux Traités de paix fussent signés en même tems, motif, dont il se servira adroitement, pour engager le Ministre Saxon à pousser à la roue pour rendre les Autrichiens plus dociles et pour les faire venir au bout que Sa Majesté se propose.

9.

9. Sa Majesté ne veut pas cacher au reste au Sr. de Hzbg. que les arrangemens necessaires pour la subsistance de ses trouppes exigent necessairement, qu'Elle ne soit pas obligée d'evacuer la Saxe avant la fin de Fevrier, terme auquel Elle seroit bien aise d'un autre côté que la paix put être faite et signée, ce qui servira par conséquent à diriger le dit Sr. de Hzbg. dans le cours de cette négociation ainsi que dans la confection du Traité afin de ne rien precipiter avant le tems et de faire en sorte cependant que Sa Majesté puisse savoir à quoi s'en tenir vers le 1 de Mars.

10.

Si pendant le cours de cette negociation le Ministre Autrichien venoit à demander l'agrement du Roi pour l'election de l'Archiduc Joseph à la dignité de Roi des Romains, le Sr. de Hzbg pourra temoigner que si l'on étoit d'ailleurs d'accord sur les points qui sont en litige entre les deux Cours, Sa Majesté ne seroit pas eloignée de favoriser les vues de la Cour de Vienne à cet égard, et de donner à Leurs Majestés Impériales cette marque de la sincerité de son amitié, mais il tachera de reserver autant que possible cette déclaration pour la fin de la negociation et il en usera de meme par rapport à la Cour de Saxe, si celleci venoit à demander l'appui et la protection du Roi pour procurer un des Evêchés vacans au Prince Clément.

11.

Le Consciller privé de Hertzbg tachera au surplus d'inspirer aux Ministres de Vienne et de Saxe le plus de confiance qu'il lui sera possible en tachant d'étudier et de demeler leur veritable façon de penser, et il fera exactement ses rapports au Roi de tout ce qui se passera d'essentiel et d'interessant dans les Conferences qu'il aura avec eux, en evitant d'y meler ce qui ne concerne que de simples formalités qu'il tachera d'ajuster de son mieux sans commettre neanmoins la dignité de Sa Majesté et l'égalité qui s'observe en pareil cas entre des Têtes couronnées.

Fait a Leipzic ce 28.me Decembre 1762.

(L. S.)   Federic.

                                     Finckenstein.

Beilage H.

Art. 8 des Berliner Friedensvertrags vom 28. Juli 1742.

Pour mieux consolider l'amitié entre les deux Hautes Parties Contractantes, on nommera incessament des Commissaires de part et d'autre pour régler le Commerce entre les Etats et sujets respectifs, les choses restant sur le pied, où elles étoient avant la présente guerre jusqu'à ce qu'on soit convenu autrement et les anciens accords au sujet du commerce et tout ce qui y a rapport, seront religieusement observés et exécutés de part et d'autre.

Art. 6 des Dresdner Friedensvertrags vom 25. Dec. 1745.

S. M. l'Impératrice Reine et S. M. le Roi de Prusse s'engagent mutuellement de favoriser réciproquement autant qu'il est possible le commerce entre leurs Etats, pays et sujets respectifs et de ne point souffrir qu'on y mette des entraves ou chicanes, mais Elles tacheront plutot de l'encourager et de l'avancer de part et d'autre fidèlement pour le plus grand bien de leurs Etats et sujets respectifs.

Beilage I.
Preußische Reponse au Précis.

Les deux Cours désirant avec une ardeur égale de parvenir à une paix juste, honorable et durable, on s'empresse de repondre au Précis des conditions qui ont été communiquées de la part de Sa Majesté l'Impératrice Reine et on le fera avec cette franchise et confiance, qui sont les moyens les plus surs de conduire un ouvrage si salutaire à une heureuse fin.

On adopte d'abord pour base de la négociation le principe établi par la Cour de Vienne:

  Qu'aucune des deux parties ne pourra faire des pertes réelles par la Paix

et l'on croit devoir y ajouter en même tems une conséquence qui découle tout naturellement de ce Principe général, savoir, que la restitution entière de tous les Etats que les Puissances engagées dans cette guerre ont possédés avant de la commencer, doit servir également de base et de fondement à la Paix.

Mais on ne sçauroit se dispenser d'observer aussi, qu'on ne trouve ni les trois qualités convenues, ni le Principe établi, que dans une partie des Conditions du Précis, comme on le fera voir en y repondant article par article.

1. On est parfaitement d'accord, que la Paix doit être retablie en même tems avec la Cour Electorale de Saxe, sur un pied reciproquement

équitable et convenable, c'est à dire, qu'on rendra au Roi de Pologne tous Ses Etats d'Allemagne aussitôt que les Alliés de Sa Maj. Polonaise auront évacué les Etats et possessions de Sa Majesté.

2. Il seroit nécessaire de savoir ce qu'on entend par le terme des **justes égards** que méritent les Etats de l'Empire, nommés dans cet article. Mais le Roi n'ayant point été en guerre formelle et déclarée avec l'Empire, et les différents que S. M. a eu avec quelques uns des Etats de l'Empire à l'occasion de Sa guerre avec l'Impératrice Reine, cessant d'eux mêmes par la Paix à conclure avec cette Princesse, cet Article, qui exigeroit d'ailleurs et à plus forte raison, une reciprocité parfaite à l'égard des Alliés du Roi, paroit superflu, et il semble qu'il vaudroit mieux y substituer l'inclusion des Puissances, Princes et Etats amis des deux Parties contractantes, pour le quel effet on nomme de la part du Roi, l'Impératrice de Russie, le Roi de la Grande Bretagne Electeur d'Hannovre, le Landgrave de Hesse-Cassel et le Duc de Bronsvic.

3. Il faudroit savoir également ce qu'on entend par les **propositions nécessaires pour que la tranquillité générale puisse être retablie en Allemagne d'une façon convenable à la dignité de l'Empereur comme Chef de l'Empire et honorable de part et d'autre.** On se prêtera volontiers à tout ce qui est juste, conforme aux constitutions de l'Empire et convenable à la dignité du Roi. Mais comme il importe d'écarter tout ce qui pourroit donner lieu à de trop grandes discussions, on pense qu'il faut, selon ce qui est contenu dans l'Article 5 du Précis, ensevelir le passé dans le plus profond oubli, et on pourroit obvier à tout préjudice pour l'avenir par la confirmation de la Paix de Westphalie et de toutes les autres Constitutions de l'Empire, et

4. **par une amnistie generale, telle quelle a été proposé dans l'article 4 du Précis, et au sujet de laquelle on trouve également nécessaire, qu'on s'engage à la mettre en exécution en plein et de bonne foi.**

5. La Proposition du renouvellement de la Convention faite entre le Roi et l'Electeur Palatin au sujet des Duchés de Juliers et de Bergue paroit tout-à-fait étrangère à la présente négociation entre les deux Cours, et cette Convention ayant eu pour base la Garantie de la Silésie et de la Comté de Glatz, stipulée par la Cour de France, il semble aussi, que ce soit une affaire qui doive être renvoyée à une Négociation particulière entre le Roi, cette Couronne, et la Cour Palatine, sur laquelle cependant on pourra s'entendre facilement.

6. On ne sauroit en aucune manière admettre la Proposition de la Cession de la Comté de Glatz, qui est entièrement contraire au premier Principe que le Précis contient, qu'aucune des Parties belligérantes ne doit faire des pertes réelles. Pour éviter une Contradiction aussi manifeste, il faut s'en tenir à une restitution in integrum, d'autant que le Roi s'y oblige également envers le Roi de Pologne Electeur de Saxe. Il dépend d'ailleurs de l'Impératrice Reine de garder ou de ne point conserver le Titre de

Duchesse de Silésie, chose d'autant plus indifférente, que plusieurs Princes portent les mêmes Titres sans que cela préjudice au légitime Possesseur, ce qui se voit en Angleterre, où le Souverain prend le Titre de Roi de France, sans que le Roi de France en soit moins réellement Roi de France.

7. L'article 7e contient la Proposition d'un Plan pour règler d'avance l'ordre de succession dans les Margraviats de Bareuth et d'Anspach d'un côté, et dans le Grand Duché de Toscane de l'autre. Quoique le Roi ne puisse qu'être très sensible à l'ouverture que l'Impératrice Reine a jugé à propos de Lui faire dans cet Article, et que S. M. soit persuadée de la pureté des intentions qui en ont été le motif, on ne sauroit s'empêcher d'observer ici, que l'ordre de Succession dans un Etat est par sa nature un de ces Etablissements que chaque Puissance se réserve à Elle-même, sans permettre que d'autres en prennent connoissance, et que les Arrangements que la Prévoyance fait faire à cet égard, sont également inutiles et dangereux, puisque les Souverains ne sauroient préjudicier aux Droits de leurs Successeurs, et qu'ils ne font le plus souvent par là, que jeter Leur Postérité dans des embarras beaucoup plus grands, que ceux qu'ils voudroient éviter: Outre que la Branche Cadette venant à s'éteindre, et ne restant qu'un seul Prince de la Maison, on ne pourroit pas le priver d'une succession dont il seroit le seul héritier légitime. Des considérations si fortes mettans le Roi dans l'impossibilité de Se prêter au Plan proposé, S. M. espère, que l'Impér. Reine n'attribuera pas ce refus à des vues d'aggrandissement, dont Elle est fort éloignée, et qui ne sauroient d'ailleurs être imputées à un Prince qui ne veut simplement que garder les mains libres, à l'égard des Successions légitimes qui pourroient échoir par la suite du tems à Sa Posterité, et qui n'a garde de vouloir gener S. M. l'Impér. Reine dans les arrangements, qu'Elle croira devoir prendre dans Sa Maison Roïale relativement au même sujet.

8. Quant au Commerce de la Silésie le Roi ne sauroit renoncer au Droit qu'il a une fois acquis par les Traités de Breslau et de Dresde. L'intention de S. M. n'est cependant pas de se procurer des avantages aux Dépens du Commerce des Etats de l'Impér. Reine; Et Elle n'est pas éloignée du tout, de donner les mains à un Traité de Commerce qui puisse faire la Convenance des deux Cours. Tout ce qu'Elle demande, c'est qu'on convienne dès à-présent et dans les Préliminaires de la Paix, de quelques Principes Generaux, qui puissent servir de base et de fondement au futur Traité de Commerce, s'offrant même de dresser un Projet de cet article.

9. Dans l'espérance, qu'on s'accordera sur les conditions de la Paix, on ne fait pas difficulté de déclarer, que le Roi se fera un plaisir, de donner à S. M. l'Impér. Reine une preuve de la sincérité de Son amitié, en renouvellant la Promesse de donner Sa voix à l'Archiduc Joseph à l'Election à venir d'un Roi des Romains ou d'un Empereur.

10. Supposé qu'on s'accorde sur les Articles de la Paix, S. M. n'est point éloignee de donner une nouvelle preuve de son amitié à Leurs

Mté Impᵉ, en promettant Sa voix pour le tems auquel l'Empereur et l'Empire seront requis d'accorder à celui des Archiducs puis nés, qui épousera la Princesse de Modène l'Expectative à la succession féodale des Etats de Modène, dans l'espérance, qu'une complaisance en attirera une autre.

11. L'arrangement qu'on propose pour la libre navigation de l'Elbe ne sauroit avoir lieu, que d'une manière compatible avec le Droit d'échelle de la Ville de Magdebourg, et cette affaire est d'ailleurs d'une nature à ne pouvoir pas faire l'objet d'une négociation de paix, mais plutôt d'un Traité de Commerce.

12. On est d'accord, que les Préliminaires ainsi que les Traités de paix de Breslau et de Dresde doivent servir de base à la nouvelle pacification. L'époque des évacuations et de la cessation des hostilités ne sera pas non plus sujette à difficulté; Et quoique le Roi ait le plus grand nombre de prisonniers de guerre, S. M. consent pourtant à la restitution gratuite, pure et simple des prisonniers et des Otages, telle qu'elle a été proposé dans cet article.

Comme il se trouve aussi beaucoup de Sujets de S. M. qui ont par nécessité été obligés de prendre service dans les Troupes de l'Impér. Reine, on propose de les échanger contre les sujets de cette Princesse, qui servent actuellement dans les armées Prussiennes.

On renoncera pareillement aux arrerages des contributions.

On s'engagera sans difficulté au maintien de la religion Catholique en Silésie, en se reservant néanmoins les Droits de Souverain, et on est prêt à renouveller les engagemens pris par les Traités antécédens au sujet de l'acquittement des dettes affectées sur cet Etat.

Quant à l'article des garanties, on ne voit pas trop, que ce soit l'usage de les stipuler dans des Traités de paix; Ce sont des Traités d'alliance, qui se font ordinairement pour cet effet; cependant le Roi consent de renouveller les garanties, qui ont été stipulées de part et d'autre dans le Traité de Dresde, et renvoye les autres engagemens à prendre sur ce sujet à un Traité d'Alliance, au cas que les hautes Parties contractantes jugent à propos d'en conclure.

Telles sont les idées du Roi sur les conditions d'une Paix à rétablir avec l'Impér. Reine. Sa Majesté se flatte que cette Princesse y appercevra le désir, qu'Elle a de mettre fin aux calamités de cette guerre par une réconciliation sincère et durable entre les deux Cours, et Elle ne doute pas, qu'en négociant d'après ces principes, on ne puisse parvenir facilement à la promte Conclusion d'un Ouvrage aussi interessant pour toutes les Parties belligérantes que pour l'humanité en général.

Beilage K.

Replique Autrichienne.

L'Impératrice Reine a été bien aise d'apprendre, que S. M. le Roi de Prusse desire de traiter avec franchise et confiance dans le cours de la négociation, qui vient d'être entamée. Elle croit avoir témoigné, par la façon dont Elle s'est expliquée dès la première conférence sur l'objet de la paix, que rien n'est plus conforme à son goût et à sa façon de penser, et comme Elle veut continuer à en user de même par la suite, Elle ne sauroit dissimuler, qu'Elle avoit compté, que Sa Majesté Prussienne repondroit d'une façon plus satisfaisante, qu'Elle n'a jugé à propos de le faire, au Précis qui a été communiqué à son Plénipotentiaire, les conditions proposées y ayant été établies sur le Principe, que l'on vouloit faire une paix Juste, Honorable, et Durable, et dans l'idée que ces trois qualités bien loin de pouvoir être détachées les unes des autres, devoient se retrouver à chaque article applicable et appliquées également aux circonstances non de l'une des Parties seulement, mais de toutes les deux conjointement.

Il ne seroit pas difficile de prouver article par article que ce Principe a été observé dans tous les points du Précis, mais comme une démonstration detaillée sur ce sujet pourroit mener trop loin, on se bornera à s'expliquer tout de suite sur le fond même des choses.

Pour cet effet l'Impér. Reine déclare donc

<blockquote>Qu'Elle est bien éloignée de vouloir se retracter sur le Principe par Elle même offert et établi, qu'aucune des deux Parties ne pourra faire des pertes réelles par la Paix.</blockquote>

Ce principe est sans doute Juste et Honorable pour les deux Parties, mais on croit en même tems, que sans y contrevenir, on peut s'arranger sur une cession volontaire pour sa valeur en argent, surtout lorsque l'on veut une Paix durable, et qu'il importe, qu'elle n'ait pas moins cette troisième qualité, que les deux autres. Quant à ce qui regarde les conditions proposées

ad 1^{mum} On est également d'accord, que la paix doit être retablie en même tems avec la Cour Electorale de Saxe, et que la restitution et evacuation des provinces occupées reciproquement doit être faite en même tems et à pas égaux. L'Impér. Reine désire donc d'autant plus, que Sa Majesté Polonaise obtienne des conditions, qui puissent Lui paraitre satisfaisantes, que Sa paix avec Sa Majesté Prussienne en dépend.

ad 2^{dum}, 3um et 4^{tum} On donnera les mains volontiers à ce qui peut être propre à écarter tout ce qui pourroit donner lieu à de trop grandes discussions, et l'on croit, moyennant cela que sur ce point la substance de l'Article des Préliminaires pourroit être:

que dans la paix retablie et l'amnestie generale convenue entre S. M. l'Impér. Reine et S. M. le Roi de Prusse, outre les Alliés des deux Cours sera compris tout l'Empire.

Il n'y aura pas de difficulté non plus à confirmer le Traité de Westphalie et toutes les autres constitutions de l'Empire.

ad 5^{tum} C'est la présente guerre qui a engagé Sa Maj. Prussienne à revoquer la Convention faite entre Elle et l'Electeur Palatin, la paix, par sa nature, doit faire cesser les effets de la guerre, et il paroit par conséquent tout simple, en conséquence de ce Principe, que la Convention en question soit renouvellée.

L'Impératrice s'est crue, moyennant cela dans le cas de pouvoir le proposer, et Elle s'y est d'autant plus déterminée, qu'Elle ne cachera pas à Sa Maj. Pruss^{ne} que sa bonne foi l'exige, attendu qu'Elle a pris l'engagement de garantir la susdite Convention. Elle se pretera cependant à tout Expedient quelconque, compatible avec Ses engagements sur ce sujet.

ad 6tem En demandant à Sa Maj. Pruss. la Cession du Comté de Glatz au moyen d'un arrangement, on ne croit point avoir fait à Sa dite Majesté une proposition contraire au principe établi, pris dans son vrai sens, puisqu'il n'y auroit pas effectivement de perte réelle. Cependant pour se preter même sur ce point autant que faire se peut, sans perdre de vue l'important objet, de s'arranger de la façon la plus propre à assurer la durée de la paix: On propose de ceder en échange à Sa Maj. le Roi de Prusse la partie de la Principauté de Neiss, qui est de la domination de l'Impér. Reine.

ad 7^{mum} Quoique l'Impér. Reine desire beaucoup l'arrangement de l'ordre de succession aux Margraviats de Barcuth et d'Anspach, sur lequel Elle s'est ouvert vis à vis de Sa Maj. Pruss., parcequ'Elle le regarde comme un moyen propre à assurer de plus en plus le maintien de la tranquillité à venir, Elle ne Lui en a cependant fait la proposition, que parceque cet ordre de succession y étoit déja établi et qu'il ne s'agiroit que d'assurer l'execution de cette disposition le cas écheant, pour prevenir toutes difficultés possibles à cet égard dans les temps à venir. Afin que cela puisse se faire avec toute la decence imaginable et devenir un arrangement reciproque dicté par des vues majeures et qui ne pourront dans les tems presens et à venir etre envisagées que comme tres louables et dignes de la façon de penser des Puissances Contractantes, l'Impératrice a commencé même par offrir la première l'arrangement auquel Elle tacheroit d'engager S. M. l'Empereur par rapport à la Toscane, et Elle se flatte par conséquent que S. M. Pruss^{ne} voudra bien non seulement reconnoitre dans sa proposition la pureté de son intention, mais même faire encore des serieuses reflexions sur l'utilité dont pourroit être l'execution de ce Projet.

ad 8^{vum} L'Impér. Reine s'est déja opposé ouvertement avant le commencement de la présente guerre, à l'interprétation qu'on a cru pouvoir donner aux stipulations du Traité de Breslau relatives au Commerce reciproque, et il seroit par conséquent contraire à la nature d'une paix juste et honorable qu'Elle y consentit actuellement; Elle n'en est pas moins disposée cependant à donner les mains, dans son tems, à un Traité de Commerce, fondé sur une reciprocité parfaite et l'utilité des Sujets et Etats respectifs, mais on croit que ce n'est pas dans les Preliminaires que l'on peut discuter et arrêter les principes d'un pareil Traité, voulant de part et d'autre terminer promtement cet arrangement.

ad 9^{nam} L'Impér. Reine accepte avec la gratitude la plus sincère la déclaration que Lui fait Sa Maj. Pr^{nne} au sujet de Sa voix en faveur de l'Archiduc Joseph pour l'Election à venir d'un Roi des Romains ou d'un Empereur.

ad 10^{mum} Sa Majesté n'est pas moins sensible à la promesse eventuelle que veut bien Lui faire Sa Maj. le Roi de Prusse de Sa voix pour le tems auquel l'Empereur et l'Empire seront requis d'accorder à celui des Archiducs puisnés qui épousera la Princesse de Modène, l'expectative à la succession féodale des Etats de Modène, et Elle se fera certainement un plaisir de lui donner reciproquement des preuves de Son amitié dans toutes les circonstances qui pourront lui en fournir l'occasion.

ad 11^{mum} Comme l'Article de la libre Navigation de l'Elbe paroit ne pas pouvoir s'ajuster dans les Préliminaires, on consent volontiers à renvoyer un arrangement sur ce sujet à d'autres tems.

ad 12^{mum} L'Impér. Reine consent que les Préliminaires ainsi que les Traités de paix de Breslau et de Dresde servent de Base à la nouvelle pacification pour autant qu'il n'y aura pas été dérogé par les Préliminaires dont il s'agit de convenir, ainsi que le Traité définitif dont ils doivent être suivis. Il est entendu, que l'on renoncera de part et d'autre aux arrérages des Contributions qui pourront se trouver dues au jour de la signature des Préliminaires, soit par les Etats respectifs des deux Puissances Contractantes, soit par ceux des Alliés et Amis de l'une et de l'autre des Parties. Le point qui regarde le maintien de la Religion Catholique en Silésie ainsi que les engagemens que Sa Maj. Prussienne a pris par les Traités antécédants au sujet de l'acquittement des dettes affectées sur cet Etat, est également entendu.

Quant à l'Epoque des Evacuations et de la Cessation des hostilités on fixera le terme le plus court qu'il sera possible, bien entendu que tout l'Empire compris dans l'Amnestie generale sera compris aussi dans ce qui sera stipulé à cet égard, ainsi qu'au sujet des arrérages des Contributions.

On est d'accord pareillement que la restitution des prisonniers et ôtages se fasse de part et d'autre gratuitement, purement et simplement.

Et pour ce qui est des sujets respectifs qui ont pris service dans les Armées de l'une ou de l'autre des deux Puissances Contractantes, l'Impér. Reine n'aura pas de difficulté de faire rendre tous les sujets de Sa Majesté le Roi de Prusse, qui pourront se trouver dans ses Troupes, si ce Prince consent à faire rendre de même tous ceux des Etats quelconques de Sa Majesté qui pourront se trouver dans les siennes, et si pour constater le fait, Sa Maj. Prussienne est disposée à donner les mains aux mesures nécessaires dont il s'agiroit de convenir, pour que la recherche puisse être faite avec la plus grande exactitude, et exécutée de bonne foi.

Quant à l'Article des Garanties, l'Impératrice Reine a proposé, dans la vue la plus pure le renouvellement de celles qui ont été stipulées dans le Traité de paix de Dresde, et leur extension, Elle a entendu par là la Hongrie, et Elle se flatte encore que Sa Majesté Prussienne voudra bien comprendre ce Royaume dans les siennes.

Sa Majesté a jugé devoir s'expliquer avec franchise sur tout ce que ci dessus, pour accelerer autant qu'il peut être en Elle l'objet desirable d'une reconciliation sincere et durable entre les deux Cours. Elle espère que Sa Majesté Prussienne voudra bien Lui rendre la justice d'être persuadée de la pureté de Ses intentions, et Elle desire fort, que la réciprocité de ces sentimens qu'Elle se flatte de rencontrer dans la façon de penser de ce Prince, La mette dans le cas d'avoir la satisfaction de voir dans peu la paix et bonne harmonie solidement retablies entre Elle et Lui.

Beilage L.

Preußische Duplik an Oesterreich.

Le Roi a vu avec plaisir par le second Mémoire qui vient d'être communiqué à Son Plénipotentiaire, que les Sentimens de Sa Majesté l'Impératrice Reine repondent aux siens par rapport à la manière dont il convient de traiter dans le cours de la présente négociation. Sa Majesté s'étoit attendue, que Sa précédente reponse auroit été trouvée également satisfaisante pour le fond de l'affaire, du moins Elle est persuadée de ne s'être écartée en rien du principe convenu, que l'on veut faire une paix juste, honorable et durable.

On n'auroit point de peine à faire voir à chaque Article de cette reponse, que les trois qualités susdites s'y trouvent appliquées aux circonstances de toutes les deux Parties, n'y ayant pas de principe d'une égalité plus parfaite, que celui qu'on a mis pour base de toute la Pacification, savoir: la restitution de tous les Etats, que les Puissances engagées dans cette guerre ont possédés avant la commencer. Cependant comme on veut également éviter d'entrer dans des discussions détaillées, qui pourroient mener trop loin, on se contentera d'observer: que le mot de cession et de perte dans le sens que le prend la Cour de Vienne dans le cas présent est synonyme et équivalent, parceque celui qui cède une partie de ce qu'il a n'en conserve pas réellement la totalité.

Pour en venir aux conditions proposées

ad 1. on consent de nouveau de retablir la paix en même tems avec le Roi de Pologne Electeur de Saxe, et l'on convient, que la restitution et l'évacuation des provinces occupées réciproquement doit être faite en même tems et à pas égaux, de sorte que ce premier point ne souffre aucune difficulté.

ad 2, 3 et 4. On est d'accord que sur ces points la substance de l'article des préliminaires pourra être: que dans la paix retablie et l'amnestie générale convenue entre Sa Maj. l'Impératrice Reine et Sa Maj. le Roi de Prusse outre les Alliés des deux Cours, sera compris l'Empire.

On ajoute cependant que le Roi désire de comprendre nommément dans le Traité de Paix à faire les Puissances et Princes, qui sont ses Alliés et Amis.

ad 5. Le renouvellement de la Convention faite entre le Roi et l'Electeur Palatin, au sujet de la Succession de Juliers et de Bergues pourra avoir lieu, comme Sa Maj. l'Impératrice Reine le souhaite, dès qu'on s'en sera convenu sur l'article de Glatz, bien entendu cependant, que ce renouvellement se fasse sous les mêmes conditions, sous lesquelles la Convention a été conclue.

ad 6. Ce n'est ni la valeur, ni l'importance de la Comté de Glatz, qui fait qu'on insiste sur cet article, mais ce sont des raisons tirées du local de Glatz, qui font qu'on ne sauroit s'en départir, sans quoi le Roi croiroit ne pouvoir acheter trop cher l'amitié de l'Impératrice Reine par la cession d'une province. La Cour de Vienne ne sauroit disconvenir, que la position du païs de Glatz lui donne toujours une entrée ouverte en Silésie à la première ouverture d'une guerre. C'est une brèche de la Silésie qui en affoiblit toute la défense et empêche d'y faire la guerre défensive avec succès. Bien loin d'un autre coté, que cette place puisse être préjudiciable à la Bohême, on en provoque au Maréchal Daun, qui conviendra que le poste de Politz est une forteresse formée par la nature, et qui empêche de ce coté là l'entrée en Bohême. Derrière celuilà se trouve le poste de Nachod et celui de Visocka, sans compter les défilés de Neustadt, Opotshena, Vickstadt et Altstadt en Moravie. Ceci fait voir clairement que la possession de Glatz rend l'Impératrice Reine maitresse des principaux débouchés en Silésie, au lieu qu'elle ne fournit aucun de ces avantages au Roi de Prusse pour l'entrée dans la Bohême ou dans la Moravie, de sorte que cette possession peut être regardée comme une place défensive par rapport à la Prusse, et offensive par rapport à la Maison d'Autriche. Il résulte de cet exposé que la paix doit être beaucoup plus durable, si cette Comté se trouve entre les mains d'une Puissance qui ne peut s'en servir que pour se défendre, que si elle est à une autre Puissance qui peut s'en servir pour l'offensive, et le Roi insiste par conséquent de nouveau et de la manière la plus expresse sur la restitution de cette Province dont il ne sauroit être dédommagé, ni par une vente ni par un équivalent, et Sa

Majesté demande en même tems que la forteresse et la Ville de Glatz soient restituées dans l'Etat, où elles ont été et avec l'Artillerie qui s'y est trouvée lorsqu'elles ont été prises.

ad 7. Le Roi reconnoit toute la pureté des intentions, que Sa Majesté l'Impér. Reine peut avoir en réitérant la proposition d'un arrangement provisionnel à faire par rapport à la Succession aux Margraviats de Bareuth et d'Anspac, mais les raisons qu'on a déja alléguées dans la réponse precedente, pour ne pas pouvoir entrer dans cette proposition, paroissent encore si supérieures à Sa Majesté qu'Elle ne sauroit qu'y insister, d'autant plus que comme le cas ne pourra pas exister de Son vivant, Elle ne voudroit pas déroger à Ses Successeurs, et qu'il lui paroit d'ailleurs que c'est se presser trop, que de vouloir régler l'avenir, l'expérience ayant fait voir par une infinité d'exemples de ces sortes d'arrangements provisionnels, qu'ils n'ont pas réussi.

ad 8. On peut démontrer par le devis des exportations, que la Silésie tire par ans des pays héréditaires de la Maison d'Autriche des marchandises pour la valeur de 1,800000 écus, et que les marchandises de la Silésie qui se debitent dans les dits pays héréditaires ne montent qu'à la valeur de 723000 écus, comme le prouve l'extrait ci-joint. Il résulte de là, que la balance du Commerce est toute en faveur des pays héréditaires et qu'ainsi ils se trouvent en effet les plus intéressés à convenir avec les Silésiens de certains points fixés qui pourront servir de base après la paix pour convenir entre ces Etats d'un traité de Commerce. Il s'agiroit donc de convenir sur les trois points suivants: 1. sur les péages d'exportation; 2. sur les droits de consommation; 3. sur les tarifs du transitus. Comme le premier Article n'a fourni en tems de paix aucun lieu de s'en plaindre, on pourroit convenir de continuer de même à l'avenir, en nommant pourtant les articles dont l'exportation ne pourra jamais être défendue de part et d'autre. Il n'en est pas de même du Second Article relatif aux droits de la consommation. La Cour de Vienne a poussé cet impôt jusqu'à 60 pour Cent. On propose que des deux parts on fixe cet impôt à 10 pour Cent, et qui seroit d'autant plus avantageux pour la dite Cour qu'elle gagne par l'augmentation du Débit un double avantage, celui de tirer plus d'argent de ses voisins, et celui du plus grand produit de ses péages et accises. On pourroit convenir également sur l'Article du transitus, ou passage de marchandises, savoir qu'en cas, que la Cour de Vienne accordât de régler cet impôt sur le pied qu'il étoit en 1739 et 1740, que Sa Majesté accordera ce même droit aux Sujets Autrichiens dans toutes ses provinces d'Allemagne. Il conviendroit aussi de stipuler en général que les Sujets du Roi et de l'Impér. Reine jouiront réciproquement à l'égard du Commerce de toutes les libertés et avantages dont jouissent les nations amies et les plus favorisées dans les Etats de chacune des deux hautes Parties contractantes pour toutes sortes de denrées et marchandises, dont le commerce et le transport ne sont pas généralement défendus tant aux Sujets qu'aux Etrangers par les lois et ordonnances des Etats de leur domination. Comme ces principes sont fondés sur une réciprocité parfaite et sur l'utilité des Sujets et des Etats respectifs, et que par conséquent leur discussion ne pourra pas arrêter l'ouvrage de la paix, on espère que Sa Majesté l'Impératrice Reine ne balancera pas de les adopter pour écarter d'avance tout ce qui pourrait par la suite donner lieu à des nouvelles brouilleries et occasionner une guerre de plume des plaintes et de recriminations.

ad 9 et 10. Dans la supposition qu'on conviendra de toutes les conditions de la paix, Sa Majesté réitère la promesse, qu'Elle a déja faite, de donner à son tems Sa voix tant pour l'élection de l'Archiduc Joseph d'un Roi des Romains ou d'un Empereur, que pour l'expectative à accorder à un des Archiducs puis-nés à la Succession féodale des Etats de Modène.

Sa Majesté l'Impératrice Reine s'étant désistée de la demande contenue dans l'article 11°, il seroit superflu d'en faire mention de nouveau.

Comme l'article 12 est conforme à ce qui a été établi dans les mémoires précédentes, on adopte tout ce qui est contenu dans cet article par rapport aux traités de paix de Breslau et de Dresde au maintien de la religion Catholique en Silésie, à l'acquittement des dettes affectées sur ce pays, à la cessation des hostilités et des contributions, ainsi qu'à l'égard de la rénonciation aux arrérages de ces Contributions, et de la restitution des prisonniers de guerre, et des autres sujets qui pourront se trouver parmi les troupes de l'une et de l'autre partie, et on ajoute seulement, qu'il faut en excepter les déserteurs, et que pour régler d'autant mieux tout ce qui regarde l'échange des prisonniers et la reddition des Sujets respectifs, il seroit bon que de part et d'autre on nomme des Generaux, qui pourront se communiquer les listes des soldats à rendre, et convenir sur l'endroit où l'échange doit se faire. On observera aussi, qu'en renonçant aux arrérages des Contributions, on n'entend pas renoncer aux lettres de change qui auront été données pour des Contributions imposées, parcequ'elles changent la nature du négoce et font déja une espèce de paiement.

Quant aux Garanties qu'on propose, le Roi ne sauroit étendre les siennes au delà de ce qui est statué dans le traité de paix de Dresde, attendu que le nombre et l'étendue des Etats, que possède Sa Majesté l'Impératrice Reine mettroit une trop grande disproportion entre les garanties réciproques et les rendroient trop onereuses pour le Roi.

Sa Majesté croit avoir épuisé par cette reponse tout ce qu'on peut exiger d'Elle de juste et de raisonnable, et rendant à la pureté des intentions de Sa Maj. l'Impér. Reine la même justice que cette Princesse rend aux siennes, Elle espère, que Sa dite Majesté Impériale et Royale donnera présentement à Son Plenipotentiaire les instructions nécessaires pour travailler sur ces principes à la prompte conclusion d'une paix, qui puisse serrer à jamais les liens de l'amitié et de la bonne intelligence entre les deux Cours.

Beilage zur preußischen Duplik.

Extractus derjenigen Waaren,

welche aus denen Oestreichischen Provinzen in das Kön. Preußische Antheil Schlesiens und der Grafschaft Glaz in 1 Jahr versandt und von beiden letztern Provinzen debitirt worden, und wieviel dieselben in Geld betragen.

1.

Aus denen Oestreichischen Provinzen sind in das Kön. Preuß. Schlesien und die Grafschaft Glaz folgende Waaren gesandt und in beide letzten Provinzen eingegangen.

	ℳ	Gr.
Seidene Waaren	8495	16
Biber und Cameel-Haar	1558	—
Flachs, weiße und rohe Leinwand, Garn und andere leinene Waaren	961377	2
Wolle, Tücher, Flanelle, Strümpfe, und andere wollene Waaren	16418	6
Baumwolle und davon verfertigte Waaren	40965	2
Leder und Rauch-Waaren	75501	6
Pferde, Ochsen und ander Vieh	11467	16
Talch, Honig und Meth	9750	6
Metalle, Kupfer, Drath und Eisen	184360	12
Wein, Wein-Essig und Branntwein	252789	17
Bier, Getreide und Obst	71820	2
Allerhand gemeine Waaren, so unter keine Rubriquen zu bringen	92814	18
Apotheker- und Material Waaren	136685	16
	1864003	23

2.

Dagegen sind aus dem Kön. Preuß. Schlesien und der Grafschaft Glaz in die Oestreichischen Provinzen folgende Waaren versandt:

	ℳ	Gr.
Seidene Waaren	10193	12
Biber und Cameelhaar	761	—
Flachs, weiße und rohe Leinwand ꝛc.	84833	10
Wollene Tücher, Flanelle ꝛc.	203672	2
Baumwolle und davon gefertigte Waaren	7182	—
Pferde, Ochsen und ander Vieh	51089	22
Leder und Rauch-Waaren	54808	—
Talch, Honig und Meth	111787	12
Metall, Kupfer, Drath und Eisen	15986	6
Wein, Weinessig und Branntwein	1327	12
Bier, Getreide und Obst	41177	20
Allerhand producta, so unter keine Rubrique ꝛc.	72155	22
Apotheker- und Material Waaren	68019	—
	723000	22

Balance. ℳ 𝒢𝓇:

Mithin haben die Oeſtreich. Provinzen in das Kön. Preuß.
Schleſien mehr verſandt und an Geld hinausbekommen . | 1141003 | 1

Extractus derjenigen Waaren,
deren Exportation reciproce niemals verboten werden ſoll.

Flachs, Leinen, Garn, Leinewand, Knoppern, Weinſtein, Potaſche, Salpeter, Bau- und Brennholz, Schaf- und Baumwolle, Leinſamen.

Beilage M.

Erklärung des ſächſiſchen Bevollmächtigten an den öſterreichiſchen Bevollmächtigten in Beziehung auf das öſterreichiſche Précis des conditions de la Paix etc.

 Sa Majesté le Roi de Pologne Electeur de Saxe verra avec satisfaction et reconnaissance, que Sa Majesté l'Impératrice Reine de Hongrie et de Bohême dans le précis des conditions de Sa paix à faire avec Sa Majesté le Roi de Prusse a bien voulu stipuler expressement et en premier lieu, que la paix soit retablie en même tems avec la Cour Electorale de Saxe, sur un pied reciproquement équitable et convenable.

 Sa Majesté le Roi de Pologne est fermement persuadée, que Sa Majesté l'Impératrice Reine en conformité des promesses et assurances constamment données et très souvent réitérées voudra ultérieurement concourir de la manière la plus efficace, d'avancer de tout son pouvoir l'intérêt et l'avantage de Sa Majesté Polonaise et à en détourner tout dommage et préjudice.

 a) En conséquence de quoi on requiert particulièrement Mr. le Plénipotentiaire de Sa Majesté Impériale et Royale d'insister à ce qu'on fasse cesser les hostilités sans délai et que la cessation de toutes prestations de guerre soit fixée au 1er Janvier 1763, comme aussi les évacuations et les restitutions, que Sa Majesté le Roi de Pologne demande de Sa Majesté le Roi de Prusse, se fassent en même tems et d'un pas égal avec celles que Sa Majesté le Roi de Prusse pourra demander et attendre de Sa Majesté l'Impératrice Reine, et qu'outre cela on concerte conjointement les moyens les plus propres de procurer à Sa Majesté le Roi de Pologne, à Sa Maison et à Ses Etats des convenances capables de les dédommager des pertes immenses souffertes pendant la présente guerre.

b) On est également persuadé que Sa Majesté l'Impératrice Reine en faisant dans le dit Précis faire mention de la Succession aux Duchés de Juliers et de Bergue, n'a pas voulu préjudicier en rien aux droits incontestables de la Maison de Saxe, fondés sur les investitures de tant d'Empereurs et les promesses solennelles de la Maison d'Autriche. Comme cependant la réconfirmation qu'on propose, seroit en effet très préjudiciable aux dits droits, on ne peut s'empêcher de demander et d'insister, pour qu'on fasse abstraction entière d'une matière aussi totalement étrangère à la négociation présente.

c) La Navigation de l'Elbe, dont il est ultérieurement parlé dans le Précis ci-dessus allégué, étant pour plusieures raisons de nature de ne pouvoir jamais faire l'objet d'un arrangement immédiat entre Sa Majesté l'Impératrice Reine et Sa Majesté le Roi de Prusse, on se flatte, que Sa Majesté l'Impér. Reine voudra bien persister dans le sentiment d'écarter de la présente Négociation, dont tous les moments sont précieux à ceux qui souffrent des malheurs de la guerre, tout ce qui pourroit faire trainer et reculer la conclusion de la paix. C'est par la même raison, que de ce coté-ci on continuera de s'attacher uniquement au bût essentiel de la dite négociation, et de faire également abstraction de tout ce qui y est étranger, et qui, en éloignant le moment désirable de la paix, nuiroit au bien public.

Beilage N.

Friedensentwurf der sächsischen Bevollmächtigten.

I.

Il y aura une paix solide, une amitié sincère et un bon voisinage entre Sa Majesté le Roi de Pologne Electeur de Saxe et Sa Majesté le Roi de Prusse et Leurs Maisons, Etats, Pays et Sujets: en conséquence de quoi il y aura une Amnistie générale et un oubli éternel de tout ce qui est arrivé entre les Hautes Parties Contractantes à l'occasion de la présente guerre, de quelque nature que cela puisse avoir été, et les dites Hautes Parties Contractantes et Leurs Héritiers cultiveront à l'avenir entre Elles une bonne harmonie et parfaite intelligence, en tachant d'avancer Leurs intérêts réciproques et d'écarter tout ce qui Leur pourroit préjudicier ou y donner la moindre atteinte.

II.

Toutes les hostilités cesseront entièrement de part et d'autre, et Sa Majesté Prussienne fera en particulier cesser pleinement toutes contributions ordinaires et extraordinaires, toutes livraisons de provisions de bouche, fourages, chevaux et autre betail ou autres effets, toutes demandes de recrues, valets, travailleurs et voitures, et généralement toutes sortes de prestations de quelque nature et denomination elles puissent être, et sous quelque Titre ou prétexte elles pourroient être demandées et exigées, comme aussi toute coupe de bois et autre endommagement dans tout l'Electorat de Saxe, et toutes ses parties et dépendances, y compris la Haute- et Basse-Lusace. Sa Majesté le Roi de Prusse donnera là-dessus à Son armée et à tous Ses officiers et Employés militaires et civils les ordres les plus précis, fixant le jour de la cessation des prestations et endommagemens quelconques au Premier Janvier 1763, et ordonnant que tout ce qui auroit été pris ou exigé dès le dit jour, de quelque nature, dénomination ou prix qu'il pourroit être, soit restitué sans aucun délai, et que de même tout dommage postérieur soit incessament bonifié et restitué. En conséquence de cette cessation générale de toutes sortes de prestations, Sa Majesté Prussienne renoncera à tous les arrérages des contributions, livraisons et autres prestations antérieurement demandées et exigées, et déclarera que les promesses de payemens, livraisons et prestations quelconques, que les caisses et les Employez ou les autres Sujets de Sa Majesté Polonaise auroient données à Sa Majesté Prussienne ou aux Officiers et Employez militaires ou civils de Sa dite Majesté, soit par écrit, soit de bouche, seront regardées nulles et non avenues, et les écrits ou billets y relatifs rendus gratuitement, et Sa Majesté Prussienne annullera egalement et fera rendre par Ses Sujets toutes promesses de payement, que les Sujets de Sa Majesté Polonaise leur auroient données à l'occasion de contributions, livraisons et autres prestations demandées et exigées pendant le cours de cette guerre.

III.

Dès le moment de l'échange des ratifications du Traité de Paix ou des Articles préliminaires, si le Traité en est précédé, Sa Majesté Prussienne procédera à l'évacuation et restitution de tous les Etats et Pays, Villes, Places et Forts de Sa Majesté Polonaise, et généralement de toutes parties et dépendances des dits Etats, telles que Sa Majesté Polonaise les a possédées avant la présente guerre. Sa Majesté Prussienne tachera d'effectuer et d'achever cette evacuation et restitution le plutôt qu'il sera possible, et au plus tard dans l'espace de dix jours à compter du jour de l'échange des susdites ratifications. On règlera les routes que les Troupes de Sa Majesté Prussienne prendront en quittant les Etats de Sa Majesté Polonaise, dans lesquelles elles seront conduites et logées par des Commissaires nommés par Sa Majesté Polonaise: mais pourvues de provisions de bouche et de fourages de leurs propres magazins, ou en les payant argent comptant.

IV.

Sa Majesté le Roi de Prusse rendra et renverra sans rançon tous les prisonniers de guerre et nommement tous les Régimens de Cavallerie, Infanterie et Dragons avec le Corps d'Artillerie et du Génie, tous les Invalides, miliciens, ouvriers et autres personnes sous quelque dénomination qu'elles puissent être comprises, appartenantes à l'Etat militaire de Saxe, comme aussi la Compagnie noble des Cadets, et généralement tous les Sujets de Sa Majesté le Roi de Pologne qui se trouvent au service de Sa Majesté le Roi de Prusse, sans qu'on en puisse retenir un seul sous quelque prétexte et en quelque qualité que ce soit. Sa Majesté Prussienne renverra également tous les Sujets de Sa Majesté Polonaise, qui à titre d'otages et debiteurs ou sous pretexte de correspondances et demarches contraires aux interêts de Sa Majesté Prussienne ont été arrêtés, emprisonnés et détenus, et toutes autres personnes emmenées et transplantées de la Saxe dans les Etats de Sa Majesté Prussienne. On rendra à tous les Sujets de Sa Majesté Polonaise qui se trouvent dans un des cas ci-dessus énoncés, ou dans un autre semblable, leur liberté gratuitement, avec restitution de leurs biens et de tout ce qui sur leurs biens a été pris et exigé de leurs parens ou débiteurs.

Sa Majesté Prussienne rendra et restituera également toute l'Artillerie, les armes et attirails de Guerre de meme que les munitions et autres effets qui appartenoient à Sa Majesté le Roi de Pologne Electeur de Saxe, et dont les Troupes et autres Employez de Sa Majesté Prussienne se sont emparés.

On stipule en particulier, que tous les Papiers, Documents et autres écritures et effets qui appartiennent au Cabinet et aux Archives de Sa Majesté le Roi de Pologne Electeur de Saxe, ou à tout autre bureau du pays, soient rendus en leur entier, sans que rien en puisse être retenû ou distrait, et sans qu'à l'avenir rien en puisse être allegué ou inféré contre Sa Majesté le Roi de Pologne ni contre Ses Héritiers et Ses Etats.

V.

On se promet de l'équité et de la justice de Sa Majesté Prussienne, qu'Elle accordera un dédommagement proportionné à la perte de 6 années de revenus et aux dommages qu'on a soufferts qui vont au delà du double.

VI.

Sa Majesté Prussienne ayant fait promettre à la ville de Leipzig, qu'à la négociation de paix on parlera de son indemnisation, on ne sçaura se dispenser d'en faire souvenir Sa dite Majesté, d'autant plus que de grandes sommes payées par cette ville, surtout au commencement de la guerre, n'ont été demandées qu'à titre de prêt à interêts avec promesse publique de remboursement.

Sa Majesté Prussienne a fait donner au Corps de la Noblesse de Saxe une promesse analogue, en lui demandant les premières avances d'argent: c'est par cette raison qu'on s'attend à la voir egalement réalisée.

VII.

On redressera reciproquement et de bonne foi tous les abus qui se sont glissés dans le commerce au prejudice des Pays, Etats et Sujets respectifs des Hautes Parties Contractantes, en les abolissant de part et d'autre, et en établissant une égalité et réciprocité parfaite, qui puisse faciliter autant qu'il est possible le commerce mutuel, sans oter aux Hautes Parties Contractantes la liberté de faire par rapport à la consommation intérieure tels reglemens qu'ils jugeront nécessaires et convenables au bien être de Leurs Etats et Sujets, en se promettant pourtant, que par rapport à la consommation des espèces de manufactures que l'on ne fabrique pas dans les uns ou les autres Etats on s'accordera mutuellement la preférence.

VIII.

Sa Majesté Prussienne sans Se prevaloir des conventions anterieures et nommément de celle de 1753, accedera et fera acceder Ses Sujets Créanciers de la Steuer de Saxe aux arrangemens qu'on prendra incessamment, par rapport aux intérets à payer et à l'établissement d'un fond d'amortissement solide et durable, sans accorder de preference à qui ou à quel titre que ce soit.

IX.

Les Hautes Parties Contractantes Se garantissent reciproquement l'observation et l'execution du Traité et tacheront d'en obtenir également la Garantie de Sa Majesté l'Empereur et de l'Empire, de S. M. l'Impératrice Reine de Hongrie et de Bohême, de Sa Majesté de Toutes les Russies, et de Leurs Majestés les Rois de France, de la Grande Bretagne, et de la Suède, comme aussi de la République des Provinces Unies des Pays-Bas.

Beilage O.

I.

Die Stadt Leipzig betreffend.

A.

Seine Königl. Majestät in Preußen, unser allergnädigster Herr, haben des Raths und der Kaufmannschaft zu Leipzig, unterm 12ten dieses eingesandte Memorial Sich vortragen lassen, worin gedachter Rath und die Kaufmannschaft alleruntertgänigst angesuchet: daß sie mit Aufbringung der in drey vorgeschriebenen Terminen zu erlegenden Summe von Neunmahlhundert Tausend Thaler möchten verschonet werden. Höchstgedachte Seine Königliche Majestät lassen darauf hiermit zur Resolution ertheilen:

Wie Höchstdieselben für diesesmahl dem Rath und der Kaufmannschaft zu Leipzig in ihrem Gesuch nicht zu deferiren sehr bewegende Ursachen hätten;

Anbey aber die allergnädigste Versicherung geben:

   daß bey künftig erfolgendem Frieden Höchstdieselben für die Schabloßstellung der Stadt Leipzig allergnädigst besorgt seyn werden.

Dresden den 18. Mart. 1757.

       Auf Seiner Königl. Majestät allergnädigsten
           Special-Befehl
           W. Retzow.

B.

Extract Schreibens des Generals von Retzow.

— — — Einem Hochedlen Magistrat kann ich unterdessen aus besondrer Achtung, die ich allezeit für die Stadt Leipzig gehabt habe, nicht verhehlen, wie ich in einer mündlichen Unterredung, womit S^e Königl. Majestät mich heute begnadigt, einen nicht geringen Unwillen gegen gedachte Stadt wahrgenommen habe, und scheinet mir die Ursach davon zu seyn, daß selbige mit Erlegung des von ihr verlangten Vorschußes derer $\frac{500}{\text{---}}$ Thlr. so lange verzögert. Dieses will ich jedoch nur sub rosa gesagt haben, unterdessen treibet mich oberwähnte Achtung für der Stadt dennoch an, ihr einen Rath zu geben; Da es hier nicht auf eine Contribution oder Geschenk, sondern bloß auf ein Darlehn ankommt, wo das Capital gesichert ist und nur die Interessen geminderт sind; so hielte ich dafür, daß die Stadt Leipzig einen Effort thäte, das von ihr geforderte Darlehn fördersamst abzutragen.

Im Haupt-Quartier Groß-Sedlitz den 8 Novembre 1756.

C.

Extract Vortrags des Raths zu Leipzig an Ihro Königl. Majestät in Preußen, und Ihro Königl. Majestät darauf ertheilte Resolution, M. Dec. 1756.

      Die Stadt Leipzig

übergiebt in Abschlag des von ihr geforderten Vorschußes 100,000 Thlr., bittet aber zugleich alleruntertḧänigst rc.:

        3

die allergnädigst versprochene Verzinßung a dato der Auszahlung bis zur Wieder-Erlangung festzusetzen, wobey sie 4 procento bewilliget zu erhalten verhoffet, weil so wenig in den Königl. Preuß. als Churfürstl. Sächß. Landen ein niedrigeres Interesse üblich rc.

      Resolution:

Ueber diesen Punkt will mich zur Satisfaction der Stadt näher erklären, sobald die Summa bezahlt.

D.

Extract des Pro Memoria der Königl. Preußischen Chur-Brandenburgischen Comitial-Gesandtschaft zur Beantwortung derer vermeintlichen Beschwerden von der Chur-Sächsischen Comitial-Gesandtschaft d. d. 23. Julii 1757.

— — Was die von der Stadt Leipzig geforderte und bezahlte Vorschuß-Gelder von 500,000 Thlr. betrift, so werden S^e Königl. Majestät nicht ermangeln, sich der deshalb gegebenen Versicherung zu erinnern.

II.
Die Ritterschaft betreffend.

Da S^e Königl. Majestät in Preußen zu Fortsetzung der Kriegs-Operationen, und um die Oesterreichische Armée zu verhindern, nicht in Chur-Sachßen einzubringen, viele und große Depenses machen müßen, solche auch durch die ohnlängst bei Prag gelieferte Bataille vermehret worden, und nichts billiger ist, als daß die Chur-Sächßische Noblesse auch ihrer Seits solche mit übertragen helfe; So habe auf höchstgedachter S^e Königl. Majestät in Preußen allerhöchsten Befehl ich denen Herren Deputirten und Ständen der Chur-Sächß. Ritterschaft hierdurch bekannt machen wollen, wie Höchstdieselben von Ihnen Sechsmahlhundert Tausend Thlr. als ein Don Gratuit zwischen hier und den 15ten Junii ai. curr. ohnfehlbar erwarten, und solche nach Leipzig in die dortige Contributions-Casse gegen des dasigen Raths Interims-Quittungen abgeführet werden sollen.

S^e Majestät haben mir aber dabey zugleich zu declariren befohlen, wie Höchstderselben Intention gar nicht sey, daß die Unterthanen und Städte dabey concurriren, sondern diese $\frac{600}{m}$ Thlr. allein auf die Ritterhufen repartiret werden sollen, wornach sich also die Herren Deputirte und Stände der Chur-Sächß. Ritterschaft zu achten haben werden: Jedoch haben S^e Königl. Majestät dabey sich zugleich allergnädigst erkläret, daß bey erfolgtem Frieden dieses alles wieder in die Richte gebracht werden solle.

Im Lager vor Prag, den 20 May 1757.

W. Retzow.

Beilage P.

Réponse Prussienne aux Demandes de Saxe.

I.

On adopte en plein l'Article I du projet de Traité de paix proposé par la Cour Electorale de Saxe, mais il conviendra d'y ajouter encore: qu'il ne sera point demandé de dédommagement de part et d'autre sous quelque prétexte ou nom que ce puisse être, mais que toutes les prétensions réciproques, occasionnées par cette guerre, demeureront entièrement éteintes, anullées et anéanties.

II.

Les contributions et les prestations de guerre cesseront du jour, que les Ratifications du Traité de paix ou des Articles préliminaires, si le Traité en est précédé, seront échangées et dès ce jour là on ne demandera plus aucunes nouvelles Contributions ni Livraisons. Cet arrangement est conforme à l'usage généralement reçu en pareille occasion, et on sauroit d'autant moins adopter le terme proposé du 1ᵉʳ Janvier 1763, que la Cour de Vienne lève encore actuellement des Contributions dans le Comté de Glatz, et que malgré les Préliminaires de Paix ratifiés et échangés entre la France et l'Angleterre on continue à exiger les Contributions les plus énormes des provinces au Roi situées sur le Bas-Rhin.

On se reserve aussi, que conformément à ce qui se pratique toujours, toutes les lettres de change, Billets, engagements et promesses de paiement par écrit, qui à l'occasion des Contributions, Livraisons, ou prestations quelconques auront été donnés par les Sujets Saxons jusqu'au susdit terme de l'échange des Ratifications, au Roi ou à Ses Officiers et Employés militaires et civils, seront exactement et précisement acquittés malgré que la paix y survienne.

III.

Le Roi restituera et fera évacuer par Ses Troupes tous les Etats, Pays, Villes et Places de Sa Majesté le Roi de Pologne Electeur de Saxe, dans l'espace de trois semaines à compter du jour de l'échange du Traité de paix, à condition, que les troupes de Sa Majesté l'Impératrice Reine évacuent dans le même tems la partie de la Saxe qu'elles occupent, et que les Alliés et amis de Sa Majesté Polonaise restituent également à Sa Majesté tous Ses Etats et Provinces qu'Elle a possédées avant la présente guerre. Sa dite Majesté souhaiteroit de pouvoir soulager la Saxe par une évacuation plus prompte, mais quelque envie qu'Elle en ait, Elle ne sauroit entièrement évacuer ce païs, et en retirer Ses Troupes dans un tems plus court, vû que présentement il n'y a point de Magazins établis pour leur subsistance dans Ses propres Provinces, et comme on ne sait pas jusqu'à présent, si la paix prendra consistance ou non, Sa Majesté ne sauroit encore faire dans Ses susdites Provinces les arrangemens nécessaires pour la dite subsistance de Ses Troupes.

IV.

Il seroit moralement (sic) impossible de rendre les Corps de Troupes qu'on redemande dans l'Article 4 du projet. Ceux qui ont composé ces Corps, sont ou tués ou morts de maladie, ou ils sont déja effectivement rentrés dans le service de Sa Majesté Polonaise et forment à présent le Corps de Troupes commandé par Son Altesse Royale le Prince Xavier. Il faudroit savoir d'ailleurs, si Sa Majesté Polonaise a des sujets Prussiens à rendre; La même reponse a lieu à l'égard de l'Artillerie, des armes et des munitions de guerre qu'on redemande. Il n'en existe plus que peu ou rien, presque tout ayant été repris à Wittenberg, à Torgau ou autre part. D'ailleurs on pourroit reclamer au même titre l'Artillerie et les munitions, que les Ennemis du Roi ont enlevé de Ses places et forteresses en différentes occasions.

Les ôtages et les autres personnes, qui ont été arrêtées à l'occasion de la présente guerre, seront mises en liberté. On rendra tous les papiers qui apartiennent aux Archives de Sa Majesté le Roi de Pologne Electeur de Saxe, ou aux autres bureaux du païs, et à l'avenir il n'en sera rien allégué ou inféré contre Sa Majesté le Roi de Pologne ni contre Ses Héritiers et Etats.

V.

Ce n'est pas du Roi que Sa Majesté le Roi de Pologne peut demander un dédommagement. Presque tous les Etats de Sa Majesté ont été ravagés et ruinés de fond en comble, et Ses ennemis en ont tiré les revenus pendant tout le cours de la guerre, de sorte qu'Elle auroit à demander une indemnisation preferablement à toute autre Puissance; mais Sa Majesté veut sacrifier Ses prétentions au bien de la paix, et Elle espère, que la Cour de Saxe fera autant de son coté et voudra ne plus faire mention de ce dédommagement, qui ne feroit que trainer à pure perte l'ouvrage salutaire de la paix.

Si cependant il y avoit moyen de procurer à Sa Majesté Polonaise ou à Sa Maison quelques convenances comme il en est fait mention dans le premier memoire de la Cour de Saxe exhibé au Plénipotentiaire de l'Impératrice Reine, Sa Majesté y contribuera volontiers et de bon coeur, pourvû que ce ne soit pas à Ses dépens.

VI.

L'avance dont il est question dans l'article 6 a été faite par la Ville de Leipzig pour les Etats de la Lusace, qui n'avoient alors fourni aucune autre contribution, de sorte que la ville de Leipzig n'aura qu'à s'arranger là dessus avec les dits Etats de la Lusace.

VII.

Quant au commerce on demande qu'il soit rétabli sur le pied du Status quo qui a été observé avant le commencement de cette guerre.

VIII.

Pour faire voir combien le Roi souhaite de complaire à Sa Majesté le Roi de Pologne, et de contribuer à l'avancement de ses intérèts, Sa Majesté consent d'accéder et fera accéder Ses sujets Créanciers de la Steuer de Saxe aux arrangements qu'on veut prendre incessament par rapport aux intérèts à payer et à l'établissement d'un fond d'amortissement solide et durable, sans aucune préférence; mais Sa dite Majesté suppose en même tems et reserve expressement, que Ses sujets Créanciers de la Steuer recevront non seulement leurs intérêts exactement, mais qu'ils seront aussi remboursés de leurs Capitaux dans un tems raisonnable et sans aucune défalcation.

IX.

On agréera volontiers les Garanties proposées dans cet article; mais il faudra voir après la paix faite et conclue, lesquelles des Puissances nommées ici voudront se charger de la susdite Garantie.

Beilage Q.

Sächsische Replic auf die preußische Antwort.

ad I.

C'est avec une satisfaction toute particulière, qu'on reconnait, que Sa Majesté le Roi de Prusse en adoptant en plein l'Article I du Projet de paix tel qu'il a été proposé de ce coté-ci, a bien voulu déclarer, qu'Elle est animée d'un désir égal de cimenter par le futur Traité de paix l'amitié sincère et le bon voisinage, qui sera le moyen le plus sûr d'avancer les interets reciproques. Ce qu'il a plû à Sa Majesté d'y joindre touchant les dédommagemens et autres prétensions y relatives, depend de la façon dont on pourra convenir du contenu de l'Article V. On espère d'obtenir là dessus de la justice et de l'équité de Sa Majesté Prussienne une déclaration conforme aux bonnes dispositions de faire quelque chose pour la Saxe, que Sa Majesté a fait entrevoir dès le commencement de la presente negociation.

ad II.

Sa Majesté le Roi de Pologne a fait les instances les plus pressantes, pour obtenir des Cours qui pourroient être dans le cas d'avoir des restitutions à faire à Sa Majesté le Roi de Prusse, que le terme de la cessation entière de toute sorte de contributions et de prestations soit fixé au 1ᵉʳ Janvier

1763. Si ces demarches produisent l'effet desiré, Sa Majesté le Roi de Pologne s'attend de la part de Sa Majesté Prussienne à une réciprocité parfaite. En tout cas la justice et l'équité de Sa Majesté le Roi de Prusse ne Lui permettront pas de Se refuser à l'usage presque generalement reçu de faire cesser les hostilités et prestations de guerre dès le jour de la Signature du Traité de paix ou des Préliminaires si le Traité en est précédé; Et comme cette cessation generale est de nature de mettre egalement fin aux demandes ultérieures et à l'exaction des arrérages qui peuvent être dûs pour les Contributions et prestations antérieurement demandées, on se croit assuré, que Sa Majesté y voudra acquiescer, d'autant plus qu'Elle a expressement déclaré dans Sa reponse aux Précis des conditions de paix de Sa Majesté l'Impératrice Reine de Hongrie et de Bohême, de vouloir pareillement renoncer aux arrérages des contributions. Pour acquitter les Contributions et autres prestations demandées à l'occasion de la présente guerre, les sujets de Sa Majesté le Roi de Pologne Electeur de Saxe ont été assez souvent obligés et même contraints à donner des lettres de change et des promesses de payement aux sujets de Sa Majesté le Roi de Prusse, et il est de notoriété publique, qu'on s'est servi de ce moyen pour anticiper des paymens non échus, et pour s'assurer de ceux dont l'acquit paroissoit impossible. On attend donc de l'équité de Sa Majesté le Roi de Prusse qu'en renonçant generalement aux arrerages des Contributions et prestations Elle y voudra egalement comprendre ce qui est encore dû sur de telles lettres de change et promesses de payement.

ad III.

Comme le tems qui s'écoulera nécessairement entre la Signature du Traité ou des Préliminaires et l'échange des ratifications suffira pour faire des dispositions nécessaires à l'evacuation, on ne doute pas, que Sa Majesté le Roi de Prusse en conséquence de Son désir sincere de soulager la Saxe fera tellement mettre à profit le dit tems, que l'évacuation puisse être commencée le jour de l'échange des ratifications et finie en quinze jours au plus tard, et qu'en attendant l'Armée tirera les subsistances des Magazins déja établis, ou les achettera argent comptant sans être à charge au pais.

ad IV.

Pour eviter toute contestation, on ne redemande des sujets de Sa Majesté le Roi de Pologne, faits prisonniers de guerre ou entrés en quelque façon que ce soit au service de Sa Majesté le Roi de Prusse, que ceux qui s'y trouvent encore actuellement.

Pour ce qui regarde l'Artillerie et l'attirail de guerre, l'on insiste à la première demande puisque ce qui n'existe plus peut être remplacé par le même nombre, de même calibre, poids, et métal. Au reste on accepte la déclaration de Sa Majesté le Roi de Prusse touchant les otages et les autres personnes qui ont été arrêtées à l'occasion de la présente guerre, comme aussi celle qui a été donnée par rapport aux papiers qui appartiennent aux Archives de Sa Majesté le Roi de Pologne ou aux autres bureaux du pays.

ad V.

L'on ne sauroit se dispenser de représenter, que Sa Majesté Prussienne aiant pris la Saxe en dépôt, s'est engagée ipso facto d'en restituer non seulement les revenûs, mais aussi de bonnifier les dommages, qui en ont été les tristes suites. Pour l'amour de la paix Sa Majesté le Roi de Pologne Electeur de Saxe veut bien sacrifier au bien public une partie du dédommagement, qu'Elle pourroit prétendre proportionné aux pertes qu'Elle a souffertes et qui montent à tant de millions. Elle ne peut cependant renoncer entièrement à toute indemnisation, quoiqu'Elle ne refusera pas de mettre en ligne de compte les convenances que Sa Majesté Prussienne voudra bien indiquer et proposer.

ad VI.

La promesse générale et illimitée de Sa Majesté le Roi de Prusse, d'avoir soin Elle même de l'indemnisation de la Ville de Leipzig, bey künftig erfolgendem Frieden, selbst für die Schadloshaltung der Stadt Leipzig besorgt zu seyn, est si précieuse à cette pauvre ville, qui va succomber sous le poids des malheurs de la guerre, qu'on ne lui peut pas refuser la consolation, de rappeler constamment à Sa Majesté la dite promesse. Au reste on ignore totalement que l'avance demandée à la Ville de Leipzig au commencement de la guerre, ait eu le moindre rapport aux Contributions des Etats de la Lusace, et il seroit absolument inutile de compter sur quelque arrangement qu'on pourroit faire avec les dits Etats, aussi énervés par les suites de cette longue guerre, qu'éloignés de reconnoitre des pretendues avances, faites sans leur aveu et consentement. On est donc obligé de se tenir de la part de la Ville de Leipzig, comme aussi par rapport à la demande du Corps de la Noblesse de Saxe, purement et simplement à la promesse de Sa Majesté le Roi de Prusse, et d'en solliciter l'accomplissement.

ad VII.

Il est absolument impossible de fixer un status quo, observé avant le commencement de la présente guerre dans les affaires de Commerce. En 1755 on convint de suspendre toutes nouvelles ordonnances d'imposition, de prohibition ou de repressailles, par lesquelles le commerce mutuel avoit été gêné et presque entièrement detruit, et de s'arranger au moyen d'une Commission à établir à Halle. Les Commissaires commencèrent leurs Conférences au mois de Décembre 1755 et se separerent au Mai 1756 sans avoir réussi. La rupture des Conférences remit tout sur le pied, sur lequel il se trouvoit avant leur ouverture, c. à d. le commerce mutuel fut de rechef interrompu par des impositions, prohibitions et repressailles, et même de l'autre coté on y ajouta de nouvelles entraves. La guerre y survint au mois d'Aout 1756, et rendit inutiles les dispositions, qu'on voulut faire, pour remedier aux suites facheuses de ces mésintelligences. Il est donc evident que l'epoque du commencement de la guerre n'offre aucun status quo, qui puisse convenir aux relations de commerce des Etats et Sujets de Sa Majesté le Roi de Pologne Electeur de Saxe, et de Sa Majesté le Roi de Prusse, et que pour s'assurer mutuellement d'un bon et utile voisinage, il faudra etablir des Principes fondés sur l'équité et l'avantage reciproque ou les faire établir par des Commissaires éclairés et impartiaux. On est persuadé que Sa Majesté le Roi de Prusse reconnoitra l'équité et l'utilité des Principes qu'on a proposés de ce coté-ci. Si cependant Sa Majesté trouve à propos de les faire ulterieurement examiner, on pourroit, pour écarter de la présente négociation tout ce qui la feroit trainer en longueur, convenir de nommer incessament apres la paix de part et d'autre des Commissaires, qui apres avoir etabli des Principes solides, parviendroient en peu de tems à redresser les abus, et à fixer un etat de commerce convenable aux vrais avantages de deux Etats, dont les interets commerciaux sont de nature à ne pouvoir pas être separés.

ad VIII.

On accepte que Sa Majesté le Roi de Prusse consent d'accèder et de faire accèder Ses Sujets Créanciers de la Steuer de Saxe, aux arrangemens qu'on veut prendre incessament par rapport aux interets à payer et à l'établissement d'un fond d'amortissement solide et durable sans aucune préférence. Pour écarter tout équivoque ou mal entendu, on déclare en même tems, qu'on ne pense pas à aucune défalcation des Capitaux dûs aux Créanciers de la Steuer; mais que par rapport à la prestation des interêts, qui une fois reglés suivant l'état actuel du païs, seront payés exactement, comme aussi par rapport à la fixation du tems du remboursement des Capitaux, il sera necessaire qu'en conséquence du principe reconnû de Sa Majesté le Roi de Prusse qu'aucune preférence n'y doit avoir lieu, on se concerte là-dessus avec tous les Créanciers à l'amiable, et que les Conditions qu'on leur pourra proposer, dépendront du repit et des avantages, que le païs obtiendra par le Traité à faire et surtout par le 2me Article. Sa Majesté Prussienne sait Elle-même, qu'il a été d'une impossibilité absolue, que le païs chargé des Contributions et autres prestations de guerre auroit pu en même tems fournir aux interets de la Steuer.

ad IX.

La Déclaration de Sa Majesté le Roi de Prusse touchant les Garanties proposées dans l'Article IX, ne laisse rien à desirer, et comme il faudra voir après la paix faite et conclue, lesquelles des Puissances nommées voudront se charger de la dite Garantie, il conviendra d'ajouter au dit Article la clause: Que le Traité ne subsistera pas moins dans toute sa vigueur et dans tous ses points et Articles, quand même ces Garanties ne pourroient pas être obtenues.

Beilage R.

Preußische Duplik an Sachsen.

On s'était flatté, que la Reponse du Roi sur le premier projet d'un traité de paix, fourni par le Plénipotentiaire de Sa Majesté le Roi de Pologne, auroit été trouvée satisfaisante, mais comme le susdit Plénipotentiaire de Sa Majesté Polonoise vient de communiquer à celui du Roi un nouveau projet contenant des demandes ultérieures, on s'empresse d'y répondre et de s'expliquer sur les conditions de la paix à faire d'une manière qui fera voir, qu'on veut apporter toutes les facilités que les circonstances permettent, pour avancer un ouvrage si salutaire.

Ad I.

Le Roi est animé d'un désir égal à celui de Sa Majesté le Roi de Pologne Electeur de Saxe, de rétablir et de cimenter avec ce Monarque non seulement la paix, mais aussi l'ancienne amitié et le bon voisinage, et c'est en conséquence qu'Elle a adopté et adopte de nouveau l'Article I du Projet d'un Traité de paix, qui Lui a été communiqué par la Cour de Saxe; mais comme Sa Majesté ne demande point de dédommagement, malgré les pertes immenses qu'Elle a souffertes dans cette guerre, et qu'Elle est encore moins dans le cas d'en donner, on propose et insiste avant toutes choses, que de part et d'autres on renonce à toute prétention de dédommagement. Cette stipulation est conforme à ce qui a été pratiqué dans le Traité de paix de Dresde, et elle est indispensablement nécessaire pour ôter le germe d'une nouvelle discension entre les deux Cours.

ad II.

La cessation des prestations de guerre ne peut être fixée à aucun terme antérieur à la signature des preliminaires de paix. Cela seroit contraire à l'usage général, et il ne pourroit qu'en résulter une infinité de Décomptes et de Contestations très-désagréables; mais on consent, que toutes les hostilités et prestations de guerre cesseront dès le jour de la signature du Traité de paix, ou des préliminaires, si le Traité en est précédé, et on ne demandera point les Contributions et autres prestations de guerre qui pourront être arriérées ce jour là. On se reserve pourtant de nouveau, que toutes les lettres de change, billets, engagemens et promesses de paiement par écrit, qui à l'occasion des Contributions, Livraisons ou prestations de guerre quelconques, auront été donnés par les sujets Saxons jusqu'au susdit terme de la signature de la paix, ou des préliminaires, au Roi ou à ses officiers et employés militaires et civils, ou à d'autres sujets de Sa Majesté, seront exactement et précisement acquittés, comme l'usage et la bonne foi l'exigent également.

ad III.

Le Roi est toujours sincèrement disposé de vouloir soulager la Saxe par une promte évacuation, mais comme on ne veut promettre que ce qu'on peut tenir, on aime mieux dire avec franchise ce qu'on croit possible de faire ou non. Dès que les préliminaires seront signés, Sa Majesté fera partir d'abord tous les régimens qui ont leurs quartiers en Westphalie, en Prusse, en Silésie et dans le pays de Magdebourg. Mais comme il n'y a point de magazins dans les Marches et en Pomeranie, on ne pourra faire marcher les Régimens destinés pour ces deux Provinces, que lorsque les rivières seront ouvertes, pour y transporter les Magazins, et on calculera la marche de ces Troupes selon le transport des Magazins, de sorte qu'elles puissent arriver le même jour dans les Etats de Sa Majesté. Moyennant cela on espère de pouvoir effectuer l'évacuation entière de la Saxe dans l'espace de trois semaines après l'échange des Ratifications, mais si elle trainoit quelques jours de plus, par des difficultés imprévues, cela ne pourra pas tirer à conséquence. Du jour de la signature des préliminaires, le Roi fera nourrir les Troupes de ses propres Magazins, qu'Elle a présentement à Lommatsch, Leipzig, Wittenberg et Torgau, et dont Elle Se reserve la libre disposition, sans que Sa Majesté Polonaise puisse y faire la moindre préhension. Dès que les susdits Régimens de Prusse, de Silésie, de Westphalie et de Magdebourg seront partis, Sa Majesté fera évacuer la Thuringe et le cercle des montagnes, afin que les Troupes de Sa Majesté Polonoise puissent y prendre leurs quartiers, et Elle reserrera le reste de Ses troupes entre Leipzig et Wittenberg jusqu'à leur départ entier.

Les Hopitaux ne pourront pas non plus être transportés avant l'ouverture des rivières. La Saxe ne pourra se dispenser de fournir les Vorspann pour la marche des Troupes. Enfin il est toujours sousentendu que les Troupes Antrichiennes évacueront en même tems et d'un pas égal la partie de la Saxe qu'elles occupent, aussi bien que tous les Etats du Roi dont elles sont ou seront alors en possession.

ad IV.

On ne sauroit gueres rendre des gens qui ont pris volontairement service dans les troupes du Roi. L'on a aussi déja allégué dans la réponse précédente les raisons pourquoi on ne peut remplacer l'Artillerie de Saxe, qui n'existe plus, mais on restituera à Sa Majesté Polonoise ce qui se trouve encore de Son Artillerie marqué à Ses armes en Saxe.

ad V.

L'on est surpris que la demande d'un dédommagement soit encore renouvellée dans cet Article, après tout ce que le Roi a fait déclarer là dessus en tant d'occasions et surtout dans la dernière reponse. Le motif tiré du dépôt de la Saxe, qu'on cherche à faire valoir ici, n'est pas d'un grand poids, et on ne comprend pas, comment on peut encore reclamer ce titre, après que Sa Majesté Polonoise a pris parti avec les ennemis de Sa Majesté et a fait agir Ses troupes contre Elle. On espère donc, que Sa

Majesté Polonoise renoncera à la fin entierement à cette demande de dédommagement, et qu'Elle imitera l'Exemple du Roi et ceux du Duc de Bronsvic et du Landgrave de Hesse, qui ont tous sacrifié leurs pertes énormes au bien de la paix.

Sa Majesté est cependant bien aise de renouveler ici l'assurance qu'Elle a déja donnée, que s'il se présentoit quelque occasion de procurer des convenances à Sa Majesté le Roi de Pologne, Electeur de Saxe, ou à Sa Maison, sans que ce soit à Ses dépends, Elle y contribuera avec le plus grand zèle, et qu'Elle Se concertera pour cet effet avec Sa dite Majesté Polonoise et avec leurs amis communs. On observera pourtant, que ce n'est pas au Roi, mais plutôt à Sa Majesté Polonoise Elle même à indiquer et à proposer ces sortes de convenances.

ad VI.

Le Roi ne peut pas entrer dans une discussion, qui est entre la Ville de Leipzig et les Etats de la Lusace. Sa Majesté ne s'est pas aussi engagée à indemniser la susdite Ville, et d'ailleurs toutes les prétensions contenues dans cet Article ne sauroient plus avoir lieu, après que les hostilités survenues entre les deux Rois ont entierement changé la face des affaires.

ad VII.

Les conférences tenues en 1755 et 1756 pour le règlement du Commerce entre les deux Etats furent rompues par les Commissaires Saxons. Quoiqu'il en soit, le Roi consent, que d'abord après la paix conclue, on nomme une nouvelle Commission pour régler le susdit Commerce sur des Principes équitables et reciproquement utiles.

ad VIII.

On réitère la déclaration donnée dans la reponse précédente, par rapport aux billets de la Steuer, appartenants aux Sujets du Roi, mais on souhaiteroit encore d'avoir des éclaircissemens ultérieurs sur les arrangemens qu'on prendra en Saxe pour assurer le paiement des Capitaux et des intérêts, dûs aux Sujets de Sa Majesté.

ad IX.

Par rapport aux Garanties proposées dans cet Article, on entend qu'on n'en fera point d'article particulier dans le Traité de paix, mais qu'on les recherchera après la paix faite. D'ailleurs la paix doit être aussi stable et permanente que si toute l'Europe l'avoit garantie.

ad X.

L'on sait, qu'il a été stipulé dans le Traité de paix de Drèsde, que Sa Majesté le Roi de Pologne Electeur de Saxe cèderoit au Roi la ville et le péage de Fürstenberg, aussi bien que le village de Schidlo avec les deux rives de l'Oder contre un équivalent. Cette échange n'aïant pas encore eu lieu, on demande qu'elle soit à présent reglée définitivement pour suppléer par là à ce qui manque encore à cet égard à l'exécution du Traité de paix de Drèsde.

ad XI.

On desire enfin, de pourvoir par un article particulier, qu'il sera administré bonne et prompte justice à ceux des sujets respectifs, qui auront des procès dans les Etats de l'une ou de l'autre partie, et que, quand il y en aura, qui auront changé ou voudront encore changer de domicile, et le transférer de la domination de l'une sous celle de l'autre des hautes parties contractantes, on ne leur fera point de difficultés et de chicanes à cet égard. Cette stipulation sera nécessaire pour obvier aux plaintes fréquentes qu'on reçoit sur ces deux articles. On se flatte que la Cour de Saxe reconnaitra dans cet article ainsi que dans les précédens l'attention que le Roi apporte non seulement à faciliter l'établissement de la paix, mais encore à prévenir dès à présent tout ce qui pourroit la troubler par la suite des tems.

Beilage S.

Befehls-Schreiben des Churprinzen an den Geheimen Rath von Fritsch, d. d. Dresden, 29. Januar 1763.

Mit äußerstem Befremden habe ich — — ersehen, daß der von Collenbach, statt durch eventuale Erklärung seines Ultimati den Abschluß zu befördern, und etwa dadurch, wenn er damit bedingungsweise herfürgegangen, diesseitigem Interesse annoch einigen Nutzen zu schaffen, nunmehr sich beikommen lässet, sogar die schriftliche Communication eines diesseitigen ultimati zu verlangen, um sodann erst sich darüber erklären zu können; man weiß zu Wien vorlängst, worinnen diesseitige Demandes bestehen. Man hat deren Mäßigung belobet und die Unterstützung versprochen. Der einzige Weg, dieses in der That und nicht blos in Worten zu leisten, war, wenn dem Kaiserl. Hofe gefällig gewesen wäre, diejenigen sacrifices die er zu Erlangung des Friedens zu machen ohnehin gesonnen ist, mit diesseitigen avantages zu verbinden, und dem König von Preußen deutlich zu erkennen zu geben, daß er bey jenen nicht seinen Zweck erreichen werde, wenn er nicht in Ansehung dieser wenigstens leidliche Bedingungen einräumte. Statt dieses ganz natürlichen modi hat sich der von Collenbach zeithero mit der Erklärung begnüget, daß er nicht eher schließen würde, bis man diesseits befriedigt sey, dabey aber immer, daß man die Umstände consideriren und den Abschluß nicht aufhalten möge, empfohlen. Diese Erklärung würde gut gewesen seyn, wenn der König von Preußen den Frieden suchte; so aber, da derselbe seine Vortheile nur allzuwohl kennet, hat sie nichts anders hervorgebracht, als daß derselbe durch Verdoppelung seiner Härte gegen hiesige Lande von dieser Seite die Annehmung aller nur ihm selbst beliebigen

Bedingungen zu erzwingen gesuchet hat, so daß dasjenige, was der von Collenbach bey zeitiger Herausgabe seines ultimati zu besorgen vorgibt, in der That jetzo schon bey dem entgegengesetzten Fall sich zuträget, und ohne Zweifel durch des von Collenbach Zurückhaltung diesseitige conditio durior geworden ist. Wie denn auch vorauszusehen stehet, daß der König von Preußen nicht eher die Evacuation von Sachsen bewilligen wird, bevor er der Evacuation von Glaz versichert ist. Bey diesen Umständen ist es doppelt hart, wenn des Königs Majestät und Dero Lande, so ohnehin schon von diesem Kriege das beständige Opfer gewesen sind, nachdem solche am Ende bei der versprochenen Assistenz gleichwohl der feindlichen Willkühr überlassen bleiben, in der Folge noch vielleicht dem Vorwurfe bei gesammtem Reiche bloß gestellet seyn sollen, daß um ihretwillen der Frieden verzögert oder gar vereitelt worden sey.

    Wie der Herr Geheime Rath überhaupt zu beständiger Communication mit dem von Collenbach angewiesen ist; also habe Ich auch kein Bedenken den Inhalt meiner Resolutiones auf sämtliche Punkte der preußischen Duplic ihm allenfalls auch schriftlich mittheilen zu lassen, wobei jedoch zu gleicher Zeit der Herr Geheime Rath alles Obgedachte ihm gleichfalls schriftlich zu erkennen geben und ihm daneben äußern wird, wie das einzige, wodurch er noch bey des Königs Meines Herrn Vaters Majestät sich und seinem Hof ein meritum machen könne, dieses sey, wenn er die Sache zum Abschluß befördere, inmaßen man einmal alles, was der Feind nur wolle, sich gefallen lassen, oder die völlige Verwüstung hiesiger Lande mit ansehen müsse; dabei aber wenigstens durch möglichste Beschleunigung der Sache gegen das teutsche Reich und ganz Europa der Verantwortung am längern Unheil des Krieges Schuld zu seyn, sich entschütten wolle.

    — — — Uebrigens ermißt der Herr Geheime Rath von selbst, daß außer meinen obgedachten Resolutionen ein sogenanntes Ultimatum, als dergleichen nur Mächte, die zwischen Krieg und Frieden die Wahl haben, ertheilen können, nicht einmal möglich sey, vielmehr bey denen immer beschwerlicher werdenden Conjuncturen und gänzlich ermangelnder werkthätiger Assistenz des Wiener Hofes zum Haupt-Grundsatz angenommen werden müße, den Frieden so gut als er bewandten Umständen nach möglich, zu schließen, allemal aber den Abschluß nach allen Kräften zu befördern, als wozu ich den Herrn Geheimen Rath ausdrücklich authorisire. Ich habe eben deswegen auch demselben bereits Meine Absicht dahin zu erkennen gegeben, daß weiter keine Hauptschrift in Form einer anderweiten replic oder eines ultimati aufgesetzet werden solle, immaßen dadurch nur noch mehr Zeit verlohren geht. — — Vielmehr ist zum Tractat selbst nunmehro ohne Anstand das Project zu entwerfen, und des von Herzberg Antrag gemäß ein Artikel nach dem andern durchzugehen und ins reine zu bringen; — — da denn gut seyn wird, wenn von Preußen die Unterzeichnung diesseitigen Tractats allenfalls auch mit conditioneller Beziehung auf den annoch zu schließenden Oesterreichischen zu erhalten wäre.

Beilage T.

Special-Begehren zu Behuf der Catholischen Religion in Schlesien und Glatz.

1° Daß der König in Preußen die Catholische Religion in allen Rechten, Vorzügen, Freyheiten, freyen Religions-Exercitio, in eben dem Stand erhalten solle, wie solche sich bey der Abtretung an das Hauß Brandenburg in anno 1742 befunden.

2° solle der Catholischen Gemeinde dieser Länder erlaubet seyn, einen Deputirten an dem Königl. Hoff zu Berlin zu halten, durch welchen alle Klagen bey dem Ministerio, und nach erforderndem Fall bey S.r Majt Selbsten können fürgetragen werden; Auch solle dieser Gemeinde verstattet seyn, nicht allein erwehnten Deputirten zu wählen, sondern auch, wenn selbiger seine Function nicht recht verrichtet, oder sonst die Gemeinde mit seiner Auffführung nicht zufrieden, ihn Deputirten zurück zu berufen, und nach Gutfinden einen andern an die Stelle zu ernennen.

3° Wäre dieser Gemeinde der Zugang in Religions-Sachen an den Päbstlichen Hoff zu gestatten.

4° solle dem Dohm-Capitul in Breslau die freye Wahl eines Bischofen zugestanden werden, ohne daß sich der Preußische Hoff dahin einmischen könne; Wie dann alle Geistliche Pfründen und Beneficia auf die nehmliche Art und Weise zu begeben wären, als es unter der Regierung des Hauses von Oesterreich üblich wäre.

5° Soll die Eintretung in den Geistlichen Orden Niemanden verwehret seyn, wie denn auch die Abtheilung deren Ordens-Provintzien aufzuheben wäre.

6° Wann zwey Persohnen zweyerley Religionen sich verehligen und diesfalls Streitigkeit entstünde, wäre solche bey dem Catholischen Consistorio zu entscheiden; die Appellation aber hierinnenfalls, wie in allen dergl. Geistlichen Sachen, hätte ihren Zug an die Nunciatur zu nehmen.

7° Kein Stifft noch Geistliche Communitaet wäre höher, als die Weltlichen, in Contributionali anzulegen.

8° Das Edict von Anno 1753, worinnen in denen Königl. Preußischen Landen alle Vermächtnüsse und Zuwendungen ad pias causas, wie auch die Errichtung fast aller neuen Fundationen gäntzlich verbothen, die pia legata und Vermächtnüsse für Seelen Messen bis 500 ℳ verschränket worden, solle gäntzlich aufgehoben werden; Nicht weniger

9° wären die Testamenta Ecclesiasticorum blos bey dem Geistl. Vicariat zu publiciren, und die daraus entstehende Streitigkeiten daselbst zu entscheiden.

Beilage U.

Protestnote des sächsischen Bevollmächtigten gegen den Art. 18 des Friedensvertrags zwischen Oesterreich und Preußen.

Le soussigné Plénipotentiaire de S. M. le Roi de Pologne Electeur de Saxe a remarqué que dans l'Article 18 du Traité de Paix conclû entre S. M. l'Impératrice Reine de Hongrie et de Bohême et S. M. le Roi de Prusse, dont les Ratifications viennent d'être échangées, on a stipulé le renouvellement de la Convention faite en 1741 entre S. M. le Roi de Prusse et S. Alt. Electorale Palatine au sujet de la Succession de Juliers et de Bergues.

Dès le commencement des Conférences tenues à Hubertusbourg, le Soussigné a demandé et insisté pour qu'on fasse abstraction entière d'un objet totalement étranger à la Négociation de Paix, et si manifestement contraire aux Droits incontestables du Roi, son Maître, et de la Maison de Saxe, fondés sur les expectatives et investitures de tant d'Empereurs, et accompagnés des promesses les plus solemnelles de la Maison d'Autriche, l'Empereur Maximilien aïant joint au droit primitif et principal la promesse subsidiaire et éventuelle, de satisfaire lui-même les Ducs de Saxe pour leurs Droits et Prétensions sur les Duchés de Juliers et de Bergues et leurs appartenances.

Comme cependant malgré cette demande faite par écrit, et non obstant les protestations et instances constamment réitérées de vive voix durant le cours de la Négociation, S. M. l'Impératrice Reine de Hongrie et de Bohême a fait insister sur le dit renouvellement proposé par Son Plénipotentiaire, et qu'ainsi il est arrivé que la promesse de ce renouvellement a été stipulée dans le Traité conclû entre Sa dite Majesté l'Impératrice et S. M. le Roi de Prusse, pûrement et sans même réserver ni les Droits du Tiers, ni l'exercise du suprême pouvoir judiciaire du Chef de l'Empire;

Le Soussigné Plénipotentiaire de S. M. le Roi de Pologne Electeur de Saxe, en conséquence des ordres exprès de Sa Cour, ne peut se dispenser de protester par le présent acte de la manière la plus forte et la plus solemnelle contre l'Article dix-huit du dit Traité, et contre tout ce qu'il contient de préjudiciable aux droits et intérêts du Roi Son Maître et de toute la Maison de Saxe; et comme des droits bien fondés en eux-mêmes ne peuvent pas être affaiblis par de tels arrangemens particuliers faits au préjudice d'un Tiers, il déclare que le Roi Son Maître pour Lui et pour toute la Maison de Saxe se tient constamment aux dits Droits légitimement acquis et duement conservés, se reservant de les faire valoir par tous les moïens convenables et conformes aux Lois et Constitutions de l'Empire.

Fait au Château de Hubertsbourg, le 1er mars 1763.

Baron de Fritsch.

Beilage V.

Oesterreichisch-preußischer Friedenstractat.

Au Nom de la Très Sainte Trinité,
Père, Fils et Saint Esprit.

Sa Majesté l'Impératrice Reine Apostolique de Hongrie et de Bohême, et Sa Majesté le Roi de Prusse étant également animés du désir de mettre fin aux calamités de la guerre, laquelle à Leur grand regret se soutient depuis plusieurs années, et voulant à cette fin par une réconciliation promte et sincère rendre le repos et la tranquillité à Leurs Sujets et Etats respectifs, ainsi qu'à ceux de leurs Amis et Alliés, on a travaillé à un ouvrage aussi salutaire, dezque Leurs dites Majestés ont été informées de la conformité de Leurs Intentions à cet égard, et on est convenu de faire tenir au Chateau de Hubertsburg des conférences de Paix par les Plénipotentiaires nommés de part et d'autre. Sa Majesté l'Impératrice Reine Apostolique de Hongrie et de Bohême a nommé et autorisé à traiter et conclure en Son Nom, le Sieur Henry Gabriel de Collenbach, Son Conseiller Aulique Actuel, et Trésorier de l'Ordre Militaire de Marie Térèse, et Sa Majesté le Roi de Prusse a nommé et autorisé de Son coté pour la même fin, le Sieur Ewald Fréderic de Hertzberg, Son Conseiller privé d'Ambassade, Et l'esprit de conciliation, qui a présidé à cette Négociation, lui aïant donné tout le succès desiré, les susdits Plénipotentiaires, après s'être duement communiqué et avoir échangé leurs Pleinpouvoirs, sont convenus des Articles suivants d'un Traité de Paix.

Article I.

Il y aura désormais une Paix inviolable et perpétuelle de même qu'une sincère union et parfaite amitié entre Sa Majesté l'Impératrice Reine Apostolique de Hongrie et de Bohême d'une part, et Sa Majesté le Roi de Prusse de l'autre, et entre Leurs héritiers et Successeurs et tous leurs Etats et Sujets, de sorte, qu'à l'avenir les deux hautes Parties Contractantes ne commettront ni permettront qu'il se commette aucune hostilité secrètement ou publiquement, directement ou indirectement, et n'entreprendront quoique ce soit et sous quelque prétexte que ce puisse être, l'une au préjudice de l'autre; Mais Elles apporteront plutôt la plus grande attention à maintenir entre Elles et Leurs Etats et Sujets une amitié et correspondance réciproque, et évitant tout ce qui pourroit altérer à l'avenir l'union heureusement retablie, Elles s'attacheront à se procurer en toute occasion ce qui pourra contribuer à Leur gloire, intérêts et avantages mutuels.

Article 2.

Il y aura de part et d'autre un oubli éternel et une amnistie générale de toutes les hostilités, pertes, dommages et torts commis pendant les derniers troubles des deux cotés, de quelque nature qu'ils puissent être, de sorte, qu'il n'en sera jamais plus fait mention, ni demandé aucun dédommagement sous quelque prétexte ou nom que ce puisse être. Les Sujets de part et d'autre n'en seront jamais inquiétés, mais ils jouiront en plein de cette amnistie et de tous ses effets, malgré les avocatoires émanés et publiés. Toutes les confiscations seront entièrement levées, et les Biens confisqués ou séquestrés seront restitués à leurs propriétaires qui en etaient en possession avant ces derniers troubles.

Article 3.

Sa Majesté l'Impératrice Reine Apostolique de Hongrie et de Bohème renonce tant pour Elle que pour Ses Héritiers et Successeurs, généralement à toutes les prétensions qu'Elle pourroit avoir ou former contre les Etats et Païs de Sa Majesté le Roi de Prusse, et sur tous ceux qui Lui ont été cédés par les Articles préliminaires de Breslau et le Traité de Paix de Berlin, comme aussi à toute indemnisation des pertes et dommages qu'Elle et Ses Etats et Sujets pourroient avoir soufferts dans la dernière guerre.

Sa Majesté le Roi de Prusse renonce également pour Elle et Ses Héritiers et Successeurs généralement à toutes les prétensions qu'Elle pourroit avoir ou former contre les Etats et Païs de Sa Majesté l'Impératrice Reine Apostolique de Hongrie et de Bohème, comme aussi à toute indemnisation des pertes et dommages qu'Elle et Ses Sujets pourroient avoir soufferts dans la dernière guerre.

Article 4.

Toutes les hostilités cesseront entièrement de part et d'autre dez le jour de la signature du présent Traité de Paix. A cet effet on dépêchera incessamment les ordres nécessaires aux armées et troupes des deux Hautes Parties Contractantes, en quelque lieu qu'elles se trouvent; Et au cas, que par cause d'ignorance de ce qui a été stipulé à cet égard il arrivait, qu'il se commit quelques hostilités après le jour de la signature du présent Traité, elles ne pourront être censées y porter aucun préjudice, et on se restituera fidèlement en ce cas les hommes et effets, qui pourroient avoir été pris et enlevés.

Article 5.

Sa Majesté l'Impératrice Reine Apostolique de Hongrie et de Bohème retirera Ses Troupes de tous les païs et Etats de l'Allemagne qui ne sont pas de Sa domination dans l'espace de vingt un jours après l'échange des Ratifications du présent Traité, et dans le même terme Elle fera entièrement evacuer et restituer à Sa Majesté le Roi de Prusse le Comté de Glatz, et généralement tous les Etats, Païs, Villes, Places et Forteresses, que Sa Majesté Prussienne a possédées avant la présente guerre, en Silésie ou autre part, et qui ont été occupées par les Troupes de Sa Majesté l'Impératrice Reine Apostolique de Hongrie et de Bohême, ou par celles de Ses Amis et Alliés pendant le cours de la présente guerre.

Les Forteresses de Glatz, de Wesel et de Gueldres seront restituées à Sa Majesté Prussienne dans le même état par rapport aux fortifications où elles ont été, et avec l'artillerie qui s'y est trouvée lorsqu'elles ont été occupées.

Sa Majesté le Roi de Prusse retirera dans le même espace de vingt un jours après l'échange des Ratifications du présent Traité Ses Troupes de tous les Païs et Etats de l'Allemagne, qui ne sont pas de Sa domination, et Elle évacuera et restituera de Son coté tous les Etats et Païs, Villes, Places et Forteresses de Sa Majesté le Roi de Pologne Electeur de Saxe, conformément au Traité de Paix qui a été conclû ce même jour entre Leurs Majestés les Rois de Prusse et de Pologne, de sorte que la restitution et l'evacuation des Provinces, Villes et Forteresses occupées réciproquement doit être faite en même tems et à pas égaux.

Article 6.

Les contributions et livraisons de quelque nature qu'elles soyent, ainsi que toutes demandes en recrues, pionniers, chariots, chevaux etc. et en général toutes les prestations de guerre cesseront du jour de la Signature du présent Traité. Et tout ce qui sera exigé, pris ou perçu depuis cette Epoque sera restitué sans délai et de bonne foi.

On renoncera de part et d'autre à tous les arrérages de Contributions et prestations quelconques; Les lettres de change ou autres promesses par écrit, qu'on a données de part et d'autre sur ces objets, seront déclarées nulles et de nul effet, et seront restituées gratuitement à ceux qui les ont données. L'on rélachera aussi sans rançon les ôtages pris ou donnés par rapport à ces mêmes objets, et tout ce qui dessus aura lieu immédiatement après l'échange des Ratifications du présent Traité.

Article 7.

Tous les prisonniers de guerre seront rendus réciproquement et de bonne foi, sans rançon et sans égard à leur nombre ou à leur grade militaire, en paiant toute fois préalablement les Dettes qu'ils auront contractées pendant leur captivité. L'on renoncera réciproquement à ce qui leur aura été fourni ou avancé pour leur Subsistance et entretien, et l'on en usera en tout de même à l'égard des malades et blessés d'abord après leur guérison. On nommera pour cet effet de part et d'autre des Généraux ou Commissaires qui procéderont d'abord après l'échange des Ratifications dans les endroits dont on conviendra à l'échange de tous les prisonniers de guerre.

Tout ce qui est stipulé dans cet Article aura également lieu à l'égard des Etats de l'Empire, en conséquence de la stipulation générale exprimée à l'article dix-neuf. Cependant comme Sa Majesté le Roi de Prusse et les Etats de l'Empire ont eux mêmes fourni à l'entretien et à la subsistance de Leurs prisonniers de guerre respectifs, et qu'à cette fin des particuliers pourroient avoir fait des avances, les Hautes Parties Contractantes n'entendent point déroger par les stipulations ci dessus aux prétensions des dits particuliers à cet égard.

Article 8.

Comme l'on est d'accord de se rendre mutuellement les sujets de l'une des Hautes Parties Contractantes qui pourroient avoir été obligés d'entrer dans le service de l'autre, l'on s'entendra après la Paix amiablement sur les mesures nécessaires à prendre pour exécuter cette stipulation avec l'exactitude et la réciprocité convenables.

Article 9.

Sa Majesté l'Impératrice Reine Apostolique de Hongrie et de Bohême fera fidèlement restituer à Sa Majesté le Roi de Prusse tous les Papiers, Lettres, Documents et Archives qui se sont trouvés dans les Païs, Terres, Villes et places de Sa Majesté Prussienne, qu'on Lui restitue par le présent Traité de Paix.

Article 10.

Il sera libre aux habitans du Comté et de la Ville de Glatz, qui voudront transférer leur domicile ailleurs, de pouvoir le faire pendant l'espace de deux ans, sans païer aucun Droit.

Article 11.

Sa Majesté le Roi de Prusse confirmera et maintiendra la Collation de toutes les Prébendes et Bénéfices Ecclésiastiques, qui a été faite pendant la dernière guerre in turno Clivensi au Nom de Sa Majesté l'Impératrice Reine Apostolique de Hongrie et de Bohême, ainsi que la Nomination qu'Elle a faite aux Places de Drossard, qui sont devenues vacantes pendant cette guerre dans les païs de Clèves et de Gueldres.

Article 12.

Les Articles préliminaires de la Paix de Breslau du 11 de Juin 1742 et le Traité définitif de la même Paix signé à Berlin le 28 de Juillet de la même année, le Recès des Limites de l'année 1742 et le Traité de Paix de Drèsde du 25 Decembre 1745 pour autant qu'il n'y est pas dérogé par le présent Traité, seront renouvellés et confirmés.

Article 13.

Sa Majesté l'Impératrice Reine Apostolique de Hongrie et de Bohême, et Sa Majesté le Roi de Prusse s'engagent mutuellement, de favoriser réciproquement, autant qu'il est possible, le Commerce entre Leurs Etats, Païs et sujets respectifs, et de ne point souffrir qu'on y mette des entraves ou chicanes, mais Elles tacheront plutôt de l'encourager et de l'avancer de part et d'autre fidèlement, pour le plus grand bien de Leurs Etats réciproques.

Elles Se proposent de faire travailler pour cet effet à un Traité de commerce aussitôt que faire se pourra; Mais en attendant et jusqu'à ce qu'on ait pû convenir sur cet objet, une chacune d'Elles arrangera dans ses Etats selon sa volonté tout ce qui a du rapport au commerce.

Article 14.

Sa Majesté le Roi de Prusse conservera la Religion Catholique en Silésie dans l'état où elle était au tems des Préliminaires de Breslau, et du Traité de Paix de Berlin, ainsi qu'un chacun des habitans de ce païs dans les possessions, libertés et Privilèges qui lui appartiennent légitimement, sans déroger toutes fois à la liberté entière de Conscience, de la Religion Protestante et aux Droits du Souverain.

Article 15.

Les deux Hautes Parties Contractantes renouvellent les engagemens qu'Elles ont pris dans l'Article 9 et dans l'Article séparé du Traité de Berlin du 28 Juillet 1742 relativement au païement des Dettes hypothéquées sur la Silésie.

Article 16.

Sa Majesté l'Impératrice Reine Apostolique de Hongrie et de Bohême et Sa Majesté le Roi de Prusse se garantissent mutuellement de la manière la plus forte Leurs Etats, savoir: Sa Majesté l'Impératrice Reine tous les Etats de Sa Majesté Prussienne, sans exception, et Sa Majesté le Roi de Prusse tous les Etats que Sa Majesté l'Impératrice Reine de Hongrie et de Bohême possède en Allemagne.

Article 17.

Sa Majesté le Roi de Pologne Electeur de Saxe doit être compris dans cette Paix sur le pied du Traité de Paix que Sa dite Majesté a conclu ce même jour avec Sa Majesté le Roi de Prusse.

Article 18.

Sa Majesté le Roi de Prusse renouvellera la Convention faite en 1741 entre Elle et l'Electeur Palatin au sujet de la Succession de Juliers et de Bergue, sous les mêmes conditions, sous lesquelles elle a été conclue.

Article 19.

Tout l'Empire est compris dans les stipulations des Articles deux, quatre, cinq, six et sept, et moyennant cela tous ses Princes et Etats jouiront en plein de l'effet des dites stipulations, et ce qui est arrêté et convenu entre Sa Majesté l'Impératrice Reine Apostolique de Hongrie et de Bohême et Sa Majesté le Roi de Prusse, aura également et réciproquement lieu entre Leurs dites Majestés et tous les Princes et Etats de l'Empire.

La Paix de Westphalie et toutes les autres Constitutions de l'Empire sont aussi confirmées par le présent Traité de Paix.

Article 20.

Les deux Hautes Parties Contractantes sont convenues de comprendre dans le présent Traité de Paix Leurs Alliés et Amis, et Elles Se reservent de Les nommer dans un Acte séparé qui aura la même force que s'il étoit inséré mot à mot dans ce Traité, et il sera également ratifié par les deux Hautes Parties Contractantes.

Article 21.

L'échange des Ratifications du présent Traité de Paix se fera à Hubertsbourg dans quinze jours à compter du jour de la Signature, ou plutôt si faire se pourra.

En foi de quoi Nous soussignés Plénipotentiaires de Sa Majesté l'Impératrice Reine Apostolique de Hongrie et de Bohême, et de Sa Majesté le Roi de Prusse en vertu de Nos Pleinpouvoirs, qui ont été échangés de part et d'autre, avons signé le présent Traité de Paix, et y avons fait apposer les cachets de Nos armes. Fait au Chateau de Hubertsbourg ce Quinze Février de l'année mil sept cent soixante Trois.

Article séparé 1.

Sa Majesté le Roi de Prusse Electeur de Brandenbourg voulant donner à Sa Majesté l'Impératrice Reine Apostolique de Hongrie et de Bohême une preuve de Son amitié et du plaisir, qu'il se fait de se prêter à ce qui peut Lui être agréable; Lui promet Sa voix en faveur de S. A. R. l'archiduc Joseph pour l'Election à venir d'un Roi des Romains ou d'un Empereur.

Le présent Article séparé Premier aura la même force que s'il étoit mot à mot inséré dans le Traité de Paix et il sera également ratifié des deux Hautes Parties Contractantes.

En foi de quoi les soussignés Plénipotentiaires de Sa Majesté l'Impératrice Reine Apostolique de Hongrie et de Bohême, et de Sa Majesté le Roi de Prusse ont signé ce présent Article et y ont apposé le cachet de Leurs armes. Fait au Chateau de Hubertsbourg, le Quinze Février l'an mil sept cent soixante trois.

Article séparé 2.

Sa Majesté l'Empereur et Sa Majesté l'Impératrice Reine Apostolique de Hongrie et de Bohême aïant arrêté au moyen d'une Convention avec le Ser^{me} Duc de Modène, le Mariage de l'un des Archiducs puis-nés avec la Princesse de Modène sa petite fille, et Se proposant de demander dans son tems à l'Empereur et à l'Empire l'Expectative à la Succession des Etats de Modène en faveur de celui des Archiducs qui épousera cette Princesse;

Sa Majesté le Roi de Prusse, qui se fait un plaisir de complaire à Leurs Majestés Impériales dans tout ce qui peut dépendre de Lui, Leur promet dez à présent Sa Voix pour le cas en question; Et Leurs dites Majestés assurent en échange Sa Majesté Prussienne de Leur gratitude et et de l'envie sincère qu'Elles ont de Lui donner réciproquement des preuves de Leur amitié dans toutes les circonstances qui pourront Leur en fournir l'occasion.

Le présent Article séparé second aura la même force que s'il étoit mot à mot inséré dans le Traité de Paix, et il sera également ratifié des deux Hautes Parties Contractantes. En foi de quoi les soussignés Plénipotentiaires de Sa Majesté l'Impératrice Reine Apostolique de Hongrie et de Bohême et de Sa Majesté le Roi de Prusse ont signé ce présent Article, et y ont apposé le cachet de Leurs armes.

Fait au Chateau de Hubertsbourg le Quinze Février l'an mil sept cent soixante trois.

Beilage W.
Preußisch-sächsischer Friedensvertrag.

Sa Majesté le Roi de Pologne Electeur de Saxe et Sa Majesté le Roi de Prusse, animés du desir reciproque de mettre fin aux calamités de la guerre, et de rétablir l'union et la bonne intelligence entre Eux, et le bon voisinage entre Leurs états respectifs, aïant reflechi sur les moïens les plus propres pour parvenir à un but si salutaire, et Son Altesse Roïale le Prince Roïal de Pologne et Electoral Hereditaire de Saxe S'étant emploié à concerter une Assemblée de Plenipotentiaires, qui fût suivie d'une Negociation, pour l'avancement de laquelle et pour écarter les retardemens, que l'éloignement auroit pû faire naitre, Sa Majesté le Roi de Pologne Electeur de Saxe, Lui a confié le soin d'y menager Ses interêts, on est convenû de faire tenir au Chateau de Hubertsbourg des Conferences de paix.

En consequence de quoi Leurs Majestés ont nommé et autorisé des Plenipotentiaires, savoir: Sa Majesté le Roi de Pologne Electeur de Saxe, le Sieur Thomas Baron de Fritsch, Son Conseiller privé, et Sa Majesté le Roi de Prusse, le Sieur Ewald Frederic de Hertzberg, Son Conseiller privé d'Ambassade, lesquels après s'etre duëment communiqué et avoir échangé leurs Pleinpouvoirs en bonne forme ont arreté, conclu et signé les Articles suivans d'un Traité de Paix.

Art. I.

Il y aura une paix solide, une amitié sincére et un bon voisinage entre Sa Majesté le Roi de Pologne Electeur de Saxe, et Sa Majesté le Roi de Prusse, et Leurs Heritiers, Etats, Païs et Sujets: en consequence de quoi il y aura une Amnestie generale et un Oubli éternel de tout ce qui est arrivé entre les Hautes Parties Contractantes à l'occasion de la presente guerre, de quelque nature que cela puisse avoir été, et il ne sera point demandé de dedommagement de part et d'autre, sous quelque pretexte ou nom que ce puisse être, mais toutes les prétensions reciproques, occasionnées par cette guerre, demeureront entiérement éteintes, annullées et anéanties.

Les Hautes Parties Contractantes et Leurs Heritiers cultiveront à l'avenir entre Elles une bonne harmonie et parfaite intelligence en tachant d'avancer Leurs interêts reciproques, et d'écarter tout ce qui Leur pourroit préjudicier ou y donner la moindre atteinte.

Sa Majesté le Roi de Prusse promet en particulier, que dans les occasions qui se presenteront de pouvoir procurer des convenances à Sa Majesté le Roi de Pologne Electeur de Saxe ou à Sa Maison, sans que ce soit aux depens de Sa dite Majesté Prussienne, Elle y contribuera avec le plus grand zéle et Se concertera à cet effêt avec Sa Majesté Polonoise et avec Leurs Amis communs.

Art. II.

Toutes les hostilités cesseront entiérement à compter du onze de Fevrier inclusivement, et depuis le même jour Sa Majesté Prussienne fera cesser entiérement et pleinement toutes Contributions ordinaires et extraordinaires, toutes livraisons des provisions de bouche, fourages, chevaux et autre betail ou autres effets, toutes demandes de recrües, valets, travailleurs et voitures, et generalement toutes sortes de prestations de quelque nature et denomination qu'elles puissent être, et sous quelque titre ou prétexte qu'elles pourroient être demandées et exigées, comme aussi toute coupe de bois et autres endommagemens dans tout l'Electorat de Saxe et toutes ses parties et dependances, y compris la Haute et Basse Lusace. Si les ordres que Sa Majesté le Roi de Prusse a donné là dessus ne fussent pas arrivés le dit jour en tous les endroits occupés par les Trouppes de Sa Majesté Prussienne, et que par cette raison ou sous d'autre pretexte il dut arriver qu'on eut pris ou exigé encore quelque argent ou quelque autre prestation, de quelque nature ou prix qu'elle pourroit être, des caisses ou des sujets de Sa Majesté Polonoise, ou qu'on eut causé d'autres dommages, Sa Majesté Prussienne fera restituer sans delai tout ce qui auroit été pris ou exigé, et bonifier tout dommage et perte. En consequence de cette cessation generale de toute sorte de prestations, Sa Majesté Prussienne renonce également à tous les arrérages des contributions, livraisons et autres prestations anterieurement demandées et exigées, et declare, que toutes les prétensions y rélatives seront et démeureront entiérement éteintes, annullées et anéanties, de sorte qu'il n'en sera jamais plus fait mention.

Art. III.

Sa Majesté le Roi de Prusse promet de commencer les dispositions necessaires pour une prompte evacuation de la Saxe, dés que le present Traité sera signé, et d'effectuer et achever l'evacuation et la restitution de tous les Etats et Païs, Villes, Places et Forts de Sa Majesté Polonoise, et generalement de toutes parties et dependances des dits Etats, que Sa Majesté Polonoise a possedées avant la presente guerre, dans l'espace de trois semaines à compter du jour de l'echange des ratifications, bien entendu que les Trouppes de Sa Majesté l'Imperatrice Reine d'Hongrie et de Bohême evacuent toute la Saxe dans le même espace de tems.

Dès le onze de Fevrier Sa Majesté le Roi de Prusse fera nourir Ses Trouppes de Ses propres Magazins, sans qu'elles soient à charge au païs, et on procedera incessamment au reglement des routes que les dites Trouppes prendront en quittant les états de Sa Majesté le Roi de Pologne, dans lesquelles elles seront conduites et logées par des Commissaires nommés par Sa Majesté Polonoise, qui auront pareillement soin des Vorspann dont les Trouppes auront besoin pour leurs marches, et qui leur seront fournis gratuitement à condition que ces Vorspann ne soient pas obligés de passer les frontiéres de Saxe que jusqu'au premier gite.

Art. IV.

Sa Majesté le Roi de Prusse renverra sans rançon et sans délai tous les Generaux, Officiers et Soldats de Sa Majesté le Roi de Pologne Electeur de Saxe, qui sont encore prisonniers de guerre, et les autres Sujets de Sa dite Majesté Polonoise qui ne voudront pas rester dans le service et dans les états de Sa Majesté Prussienne, bien entendu, que chacun d'eux païe préalablement les dettes qu'il aura contractées.

Sa dite Majesté le Roi de Prusse rendra aussi toute l'Artillerie appartenante à Sa Majesté le Roi de Pologne qui se trouve encore en Saxe et qui est marquée aux armes de Sa dite Majesté Polonoise.

En particulier les Villes de Leipzig, Torgau et Wittenberg seront restituées par rapport aux fortifications dans le même état, ou elles sont à présent, et avec l'Artillerie qui s'y trouve marquée aux armes de Sa Majesté Polonoise.

Sa Majesté Prussienne mettra aussi en liberté les ôtages et autres personnes qui ont été arretées à l'occasion de la presente guerre, et fera rendre tous les papiers qui appartiennent aux archives de Sa Majesté le Roi de Pologne Electeur de Saxe, ou aux autres bureaux du païs, et à l'avenir il n'en sera rien allegué ou inferé contre Sa Majesté le Roi de Pologne, ni contre Ses Heritiers et Etats.

Art. V.

Le Traité de paix conclu à Dresde le 25. Decembre 1745. est expressement renouvellé et confirmé dans la meilleure forme et dans toute sa teneur autant que le present Traité n'y deroge pas, et que les obligations y contenuës sont de nature à pouvoir encore avoir lieu.

Art. VI.

Pour redresser reciproquement tous les abus, qui se sont glissés dans le Commerce au préjudice des païs, états et sujets respectifs des Hautes Parties Contractantes, il est convenu, que d'abord aprés la paix concluë on nommera de part et d'autre des Commissaires qui regleront les affaires de Commerce sur des principes équitables et reciproquement utiles.

Il sera aussi reciproquement administré bonne et prompte justice à ceux des sujets respectifs qui auront des procés et des prétensions liquides dans les états de l'une ou de l'autre Partie, et quand il y en aura qui auront changé ou voudront encore changer de domicile, et le transferer de la domination de l'une sous celle de l'autre des Hautes Parties Contractantes, on ne leur fera point de difficulté à cet égard.

Art. VII.

Sa Majesté le Roi de Prusse consent d'acceder et fera acceder Ses sujets créanciers de la Steuer de Saxe aux arrangemens qu'on prendra incessamment par rapport aux interêts à païer, et pour l'établissement d'un fond d'amortissement solide et durable sans aucune préference.

Sa Majesté le Roi de Pologne Electeur de Saxe assure et promet d'un autre coté, que conformement aux dits arrangemens tous les sujets de Sa Majesté Prussienne qui ont, ou auront des capitaux dans la Steuer de Saxe, recevront leurs interêts exactement, et que les capitaux leur seront aussi remboursés en entier, sans la moindre reduction ni diminution, et dans un espace de tems raisonnable.

Art. VIII.

L'échange de la ville et du péage de Furstenberg et du village de Schidlo contre un equivalent an Land und Leuten, stipulé dans l'article VII. de la paix de Dresde, aiant rencontré beaucoup de difficultés dans l'execution, on est ulterieurement convenu, que pour le faciliter, la ville de Furstenberg avec ses dependances, situées en deça de l'Oder, ne sera pas comprise dans ce troc et restera à Sa Majesté Polonoise, mais que d'un autre coté Sa dite Majesté le Roi de Pologne Electeur de Saxe cedera à Sa Majesté Prussienne non seulement le péage de l'Oder, qu'Elle a perçu jusqu'ici à Furstenberg, et le village de Schidlo avec ses appartenances au delà de l'Oder, mais aussi generalement tout ce qu'Elle a possedé jusqu'ici des bords et rives de l'Oder, tant du coté de la Lusace que de celui de la Marche, de sorte que la riviére de l'Oder fasse la limite territoriale, et que la superiorité des deux rives et bords de l'Oder et de tout ce qui est au delà de l'Oder du coté de la Marche apartienne desormais en entier et exclusivement à Sa Majesté le Roi de Prusse, Ses Successeurs et Heritiers à perpetuité.

Il est aussi convenû, que l'equivalent à donner à Sa Majesté Polonoise ne pourra être evalué qu'à proportion du revenû réel, qu'Elle a tiré jusqu'ici des possessions, qu'Elle cedera à Sa Majesté Prussienne, en consequence de quoi Sa Majesté Polonoise Se contentera d'un equivalent an Land und Leuten, dont le revenû réel seroit égal au revenû réel des possessions, qu'Elle cedera à Sa Majesté Prussienne.

Au reste dans tous les autres points relatifs à cet échange, l'Article VII. de la paix de Dresde sera exactement observé et executé.

Art. IX.

Sa Majesté le Roi de Prusse accorde à Sa Majesté le Roi de Pologne Electeur de Saxe le libre passage en tout tems par la Silesie en Pologne, et renouvelle en particulier ce qui a été stipulé là dessus dans l'Article X. du Traité de paix conclu à Dresde en 1745.

Art. X.

Les Hautes Parties Contractantes Se garantissont reciproquement l'observation et l'execution du présent Traité de Paix, et tacheront d'en obtenir la Garantie des Puissances, avec les quelles Elles sont en amitié.

Art. XI.

Le présent Traité de Paix sera ratifié de part et d'autre, et les Ratifications seront expediées en bonne et duë forme, et echangées dans l'espace de quinze jours, ou plûtot si faire se peut, à compter du jour de la Signature.

En foi de quoi les soussignés Plenipotentiaires de Sa Majesté le Roi de Pologne Electeur de Saxe et de Sa Majesté le Roi de Prusse, en vertu de leurs Pleinpouvoirs, ont signé le présent Traité de Paix, et y ont fait apposer les cachets de leurs armes.

Fait au Chateau de Hubertsbourg, le quinze Fevrier Mil-Sept-Cent Soixante Trois.

(L. S.) Thomas Baron de Fritsch.   (L. S.) Ewald Frederic de Hertzberg.

Article separé I.

On est convenu, que dans les arrérages ou autres prestations arriérées, qui devront cesser du Onze de Fevrier 1763., ne sera pas compris ce qui est encore dû sur les lettres de change et autres engagemens par ecrit, enonoés dans la Specification ci-jointe, que Sa Majesté le Roi de Prusse Se reserve expressement, et que Sa Majesté le Roi de Pologne promet de faire acquiter exactement, et selon la teneur des dites lettres de change et autres engagemens par écrit donnés là dessus, sans le moindre rabais ou defalcation, et dans les monnoïes y promises.

Art. separé II.

Pour ne laisser aucun doute sur la nature et la solidité des arrangemens à prendre sur les affaires de la Steuer, dont il a été fait mention dans l'Article VII. du Traité de Paix, Sa Majesté le Roi de Pologne Electeur de Saxe declare, qu'Elle prendra des arrangemens, pour qu'aucun des créanciers de la Steuer ne perde la moindre partie de son capital;

Qu'il est impossible de leur païer les interêts arriéres, après que tous les revenus du païs ont été notoirement absorbés par les calamités de la guerre;

Que la même raison doit valoir pour l'année présente après toutes les charges, aux quelles le païs a deja été obligé de fournir:

Mais que pour le futur Sa Majesté prendra incessamment avec les Etats de la Saxe assemblés en Diéte les arrangemens necessaires pour établir un fond prélevable sur les revenûs les plus clairs du païs, lequel sera
1mo) principalement emploié pour païer exactement les interêts, qui ne pourront pas être fixés au dessous de Trois pour Cent, tout comme ils ne pourront pas passer les dits Trois pour Cent;

2do) Que le reste fera le fond d'amortissement pour l'acquit successif des capitaux, qui augmentera à proportion de l'acquit des capitaux et de la diminution des interêts, et dont la distribution se fera annuellement par le sort, sans aucune preference pour qui, ou à quel titre que ce soit;

3^{tio}) Que l'administration du dit fond total destiné au païement des interêts et au remboursement des capitaux sera fixée en la susmentionnée Diéte prochaine des Etats de Saxe, de façon que pléniere sureté s'y trouve, Sa Majesté le Roi de Pologne Electeur de Saxe promettant de donner là dessus toutes les assurances convenables.

Art. separé III.

Il a été convenû et arreté, que les Titres emploïés ou omis de part et d'autre à l'occasion de la présente Negociation dans les Pleinpouvoirs et autres Actes ou par tout ailleurs, ne pourront être cités ou tirés à consequence, et qu'il ne pourra jamais en resulter aucun préjudice pour aucune des Parties interessées.

Les presens trois Articles separés auront la même force que s'ils étoient mot à mot inserés dans le Traité principal, et ils seront également ratifiés des deux Hautes Parties Contractantes.

En foi de quoi les soussignés Plenipotentiaires de Sa Majesté le Roi de Pologne Electeur de Saxe, et de Sa Majesté le Roi de Prusse ont signé ces presens Articles separés et y ont fait apposer les cachets de leurs armes.

Fait au Chateau de Hubertsbourg le quinze Fevrier Mil-Sept-Cent Soixante Trois.

(L. S.) Thomas Baron de Fritsch. (L. S.) Ewald Frederic de Hertzberg.

Specificatio derer in dem Ersten Articulo separato reservirten Wechselbriefe und Engagemens.

I. Leipziger Kreis an Johann Ernst Gozkowsky
  1) Obligation d. d. 31. Jan. 1763. . . . Rthlr. 400,000. = =
  2) Obligation d. d. 2. Febr. 1763. . . = = 86,418. = =
  3) Obligation von 2. Febr. 1763. . . . = = 24,000. = =

II. Rath und Stadt Leipzig an Gozkowsky
  1) Obligation d. d. 18. April. 1761. . . = = 80,000. = =
  2) detto, d. d. Mich. Messe 1761. . . . = = 894. 14. =
  3) Rest auf eine Oblig. d. d. 25. Febr. 1762. = = 259,300. = =
  4) Obligation d. d. 23. Decembr. 1762.
    in Ducaten . . . . = = 350,000. = =
    in Münze . . . . = = 700,000. = =

III. Cammer-Collegium an Christoph Goslar aus
  dem Holz-Contract vom 4. Decembr. 1762. = = 40,000. = =

248 Beilagen.

IV. Wegen des unterm 22. Decbr. 1762. geschlossenen Holtz-Contracts durch Vier unterm 26. Jan. 1763. von George Christian Städter an Carl Leveaux ausgestellte Wechselbriefe,

    1) Jubil. Messe 1763. zahlbar . . . Rthlr. 21,347. 5. -
    2) Jubil. Messe 1763. zahlbar . . . - - 21,347. 5. -
    3) Margg. Messe 1763. zahlbar . . - - 21,347. 5. -
    4) Neujahr-Messe 1764. zahlbar . . - - 21,347. 5. -

V. Thüringische Stände an Goslar, mit Vorbehalt der §. 2. der Punctation bedungenen Abrechnung
    Capital . . . . - - 228,328. 13. -
    Interessen . . . . - - 23,118. - -

VI. Stände des Stiffts Naumburg-Zeitz, an Leveaux, laut Obligation d. d. 30. Jan. 1763. - - 11,111. 6. -

VII. Stadt Chemnitz an das Preußische Kriegs-Directorium restiret annoch ein Wechselbrief von Johann Gottlieb Langens seel. Erben d. d. 4. Decembr. 1762. zahlbar den 15. Febr. 1763 . . . . - - 6,900. - -

VIII. Stadt Lauban
    1) Einen Wechselbrief von Seyfert und Fischer an den General-Major von Ramin d. d. 31. Januar. 1763. zahlbar in der Franckf. Reminisc. Messe . . . - - 2,200. - -
    2) Einen dergl. von Seyfert und Fischer . - - 1,000. - -
    3) Einen von Fischer sen. und Comp. d. d. 3. Febr. a. c. zahlbar med. Febr. . - - 2,250. - -
    4) Einen dergleichen von Fischer sen. und Compag. d. d. 4. Febr. a. c. zahlbar medio Febr. . . . . - - 1,000. - -
    5) Einen von Johann Gottfried Kirchhof d. d. 4. Febr. 1763. zahlbar in der Laetare-Messe . . . . - - 2,100. - -
    6) Einen von Johann Sigismund Dittmann d. d. 4. Febr. 1763. zahlbar in der Laetare-Messe . . . . - - 548. - -
    7) Einen von Seyfert und Fischer jun. d. d. 4. Febr. a. c. acht Tage nach Sicht zahlbar . . . . - - 1,000. - -
    8) Einen von Johann Traugott Blochmann d. d. 4. Febr. a. c. zahlbar in der Reminiscere-Messe zu Franckfurth . . - - 2,880. - -

IX. Stadt Görlitz
1) Einen Wechselbrief an den General-Major von Ramin d. d. 30. Jan. zahlbar in dem Breßlauer Johannis-Marckt 2000. St. Ducaten oder in neuen August d'or   Rthlr.   16,000.
2) Einen dergleichen im Breßlauer Marien-Marckt zahlbar 2000. Ducaten oder .   , , 16,000.
3) Einen dergleichen im Breßlauer Elisabeth-Marckt zahlbar 3000. Ducaten oder .   , , 24,000.

X. Der Graf von Promnitz zu Sorau an den General-Major von Möllendorf eine Versicherung auf . . . . , , 30,000.
d. d. 1. Febr. a. c. halb auf Johan. und halb auf Michael. zahlbar.

XI. Die Herrschafften Forst und Pförthen eine Verschreibung an den General-Major von Möllendorf d. d. 5. Febr. a. c. in der Michael-Messe zahlbar . . . .   , , 12,000.
Cammer-Rath Heineken einen Wechsel à . . . .   , , 10,000.

XII. Es ist auch der zwischen dem General-Major von Linden und dem Cammer-Commissario Lorentz wegen derer Porcellain-Bestellungen unterm 7. Febr. a. c. geschlossene Vergleich unter denen zu erfüllenden Verschreibungen mit begriffen.

Hierüber annoch:

A. Auf Verschreibungen des Grafen von Bolza de ao. 1759. laut gegebener Berechnung .   Rthlr.   87,786.   13. 5.
B. Wechselbrief von Johann Christian Renner vom 3. Septbr. 1759. von dem von Dieskau an die Preuß. Haupt-Magazin-Casse indossiret unterm 31. Jan. 1763. . . . . .   , , 1,000.

Thomas Frhl. von Fritsch.   Ewald Friederich von Hertzberg.

Da in dem zwischen Seiner Königlichen Majestät in Pohlen und Seiner Königlichen Majestät in Preußen unterm heutigen Dato getroffenen Friedens-Schluß fest gesetzet worden, daß von dem Eilften Februar. inclusive an gerechnet, alle Kriegs-Praestationes in Sachsen cessiren, und die Churfächsischen Lande in Zeit von Drey Wochen, nach geschehener Auswechselung derer Ratificationen, von denen Königlich Preußischen Trouppen evacuiret werden sollen, beydes aber, wegen der dabey vorkommenden Umstände einige Erläuterungen bedarf, so haben die Unterzeichnete beyde Gevollmächtigte folgende Neben-Convention verabredet und geschlossen.

1.

Werden Seine Königliche Majestät in Preußen von dem Sechzehenden Febr. a. curr. an, Dero sämtliche Trouppen aus dem Erzgebürgischen und Thüringischen Creise zurück ziehen, und gedachte Creise den Zwanzigsten Februar. völlig evacuiren lassen. Die Stadt Leipzig soll den Ersten Martii geräumet werden, und Seine Königliche Majestät in Preußen werden hiernächst alles mögliche thun, daß Sie die sämtliche Churfächsische Lande in der in dem Friedens-Tractat festgesetzten Zeit von Drey Wochen, nach ausgewechselten Ratificationen, von Dero Trouppen evacuiren lassen; wenn aber solches wieder Vermuthen, wegen noch nicht offener Schiffart, in solcher Zeit nicht völlig geschehen könnte, und ein Theil der Königlich Preußischen Trouppen eine Zeit von Acht bis höchstens Zehn Tagen noch länger in Sachsen stehen bleiben müßte; so soll dieses Königlich Pohlnischer und Churfürstlich Sächsischer Seits nicht als eine Contravention des Friedens angesehen werden, sondern es soll Seiner Königlichen Majestät in Preußen frey stehen, solche Trouppen, die jedoch über Zwanzig Bataillons nicht ausmachen werden, zwischen der Elbe und Mulda, und in den nächsten Gegenden von Torgau und Wittenberg, jenseit der Elbe, auf so lange stehen zu lassen.

2.

Verbleiben sämtliche in Sachsen gegenwärtig befindliche Magazine zu Seiner Königlichen Majestät in Preußen Disposition, um theils die Armée, so lange solche sich noch in Sachsen befindet, daraus zu verpflegen, theils auch die Vorräthe, nach dem es die Umstände erfordern, transportiren zu lassen. Wenn hiernächst auch die Armée aus Sachsen weg marchiret, so verbleiben die übrigen Magazin-Bestände zu Torgau, Pretsch und Wittenberg bemohngeachtet zu Seiner Königlichen Majestät in Preußen Disposition, und stehet Deroselben frey, solche wegschaffen oder versilbern zu lassen, welches so bald als möglich geschehen wird; wie denn auch die nöthigen Magazin-Bediente bis dahin darbey stehen bleiben.

3.

Behalten Seine Königliche Majestät in Preußen sich vor, daß die ohnumgänglich erforderliche Fuhren, um so wohl innerhalb derer Churfächsischen Lande, und weitestens bis zum ersten Nacht-Lager über der Gräntze, der Armée die Fourage aus denen Magazinen anzufahren, als auch allenfalls die Magazin-Bestände bis Torgau, Pretsch oder Wittenberg zu transportiren, ingleichen zum Holtz-Anfahren, die Krancken-Fuhren, und alle zum March bis in das erste Nacht-Lager über die Gräntze, ohnumgänglich erforderliche Vorspann und Ordonnanz-Pferde, bis zur §. 1. bestimmten gäntzlichen Evacuation, vom Lande, ohnweigerlich und ohnentgeldlich, gestellet werden, welches alles mit denen Königlich-Pohlnischer und Churfürstlich-Sächsischer Seits abzuordnenden Creis- und March-Commissarien zu reguliren.

4.

Wenn die Königlich-Preußischen Trouppen Sachsen evacuiren, so bleiben die Lazarethe zu Torgau und Wittenberg so lange, bis bey offenwerbender Schiffart die Krancken, und alles, was zum Lazareth gehöret, transportiret und weggeschaffet werden können, und behalten so lange freyes Obdach, Licht und Feuerung. Seiner Königlichen Majestät in Preußen stehet auch frey, bey denen Lazarethen und Magazinen überhaupt ein Detachement von Dreyhundert Mann von Dero Trouppen zu lassen. Der Transport derer Lazarethe geschiehet auf Ihro Königlichen Majestät in Preußen alleinige Kosten.

5.

Der Armée, samt allem, was dazu gehöret, nebst Directorial- und Commissariats-Proviant-Beckerey- und Fuhrwesens-Bedienten, wird, so lange selbige vorbestimmtermassen noch in Sachsen bleiben, freyer Quartier-Stand, als Obdach, Feuer und Licht, und auf dem March, Lager und Streu-Stroh ohnentgeldlich gestattet.

6.

Behalten Seine Königliche Majestät in Preußen sich vor, daß von allem, was bis zu denen Terminis evacuationis der Armée zu ihrem Gebrauch zugeführet wird, oder dieselbe wegschicket, weder Zoll noch Geleite, oder Accise, noch Fehr- und Brücken-Geld gefordert werde.

7.

Wegen des zum Behuf der Armée, Beckerey und Lazareths erforderlichen Holtzes, bleibet es überall, bis zur Evacuation, bey dem Innhalt der Convention vom 22. Decbr. ai. pr.

8.

In Ansehung der Müntz-Sorten soll es bis zu denen §. 1. bestimmten Evacuations-Fristen, auf den bisherigen Fuß bleiben, und bis dahin von beyden Theilen, in beyderseitigen Landen, keine Reduction vorgenommen werden.

Diese Neben-Convention soll eben die Kraft haben, als wenn solche dem Friedens-Tractat wörtlich einverleibet worden, auch zu solchem Ende von beyden Hohen Contrahirenden Theilen ratificiret werden.

Zu dessen Urkund haben beyderseits Gevollmächtigte selbige eigenhändig unterschrieben und besiegelt.

So geschehen Schloß Hubertsburg am Funfzehenden Februar. Eintausend Siebenhundert Drey und Sechzig.

(L. S.) Thomas Frhl. von Fritsch. (L. S.) Ewald Frederic de Hertzberg.

Inhalt.

	Seite
Einleitung	1
Erste Eröffnungen	6
Von Dresden bis Wermsdorf	28
Hubertusburg	46
Schriftenwechsel zwischen Preußen und Oesterreich	60
Schriftenwechsel zwischen Preußen und Sachsen	85
Schlußverhandlungen	121
Russische Vermittlungsversuche	175
Ratification	184
Beilagen	193

www.ingramcontent.com/pod-product-compliance
Lightning Source LLC
Chambersburg PA
CBHW021405230426
43666CB00006B/643